福祉政治史

格差に抗するデモクラシー

History of Welfare Politics:
Democracy against Inequality

Takuji Tanaka

田中拓道

keiso shobo

まえがき

本書は、およそ第二次世界大戦後から今日までの欧米（イギリス、アメリカ、ドイツ、フランス、スウェーデン）と日本の福祉国家を対象とし、その形成・変容過程をできるかぎり共通の視座から比較したものである。

先進国では過去三〇年にわたって福祉国家の改革が大きなテーマとなってきた。そのプロセスは、グローバル化に対応して福祉支出を削減し、市場の役割を拡大させる、という単純なものではなかった。多くの国は拡大する格差を抑え込もうと試み、若者や女性への支援を増やし、失業層や移民を包摂する政策に取り組んできた。そこでは「ワークフェア」「アクティベーション」「社会的包摂」「人への投資」「自由選択」など、さまざまなアイディアが生まれ、実験がくり返されてきた。

ひるがえって日本を見てみると、かつて「一億総中流」と称された日本社会では、今日至るところに分断線が引かれ、その亀裂が拡大している。正規雇用と非正規雇用、男性と女性、都市と地方、子どもの貧困など、どの指標も深刻な格差を示しているが、これらに対応する政策は遅々として進んでいない。若者や女性など、社会の再生産を担う層で不安定な暮らしに直面する人びとが増えており、少子化にも歯止めがかからなくなっている。

なぜ日本では、新たな状況に対応する政策が進められてこなかったのか。他の先進国と何が共通し、何が異なっているのか。二〇世紀の先進国に現れた福祉国家は今日どこに向かっており、先進国のあいだでどのような分岐が見られるのか。私たちにはどのような選択肢が残されているのか。本書は、こうした素朴な疑問から出発して、できるだけ広い視野から福祉国家のゆくえを考えようとしたものである。

本書の執筆にあたっては、以下の三つの点を重視した。第一に、現在までの主要な歴史学、政治学、社会政策学、政治経済学の研究をできるだけ広く渉猟し、その全体像を俯瞰するよう心がけた。三〇年来の福祉国家改革を受けて、各国ごと、政策ごとの変化を分析する研究は数多く蓄積されている。歴史学の分野でも、国ごと（あるいは地域ごと）の福祉の実態を歴史的に明らかにする研究が増えている。しかし、歴史研究と現代の政策論を結びつけ、先進諸国の共通性と差異を全体として明らかにする研究は、まだほとんど存在していない。本書では、おもに日本語、英語、フランス語の資料に限定されているが、主要な二次研究と、政党・政治家・社会運動の理念を示す一次文献に目をとおし、これまでの研究で何が明らかにされてきたのか、何が論争点になっているのかを明示するよう心がけた。おもに活用した機関は、一橋大学附属図書館、東京大学附属中央図書館、法学部附属図書館、早稲田大学附属図書館、高田早苗記念図書館、フランスの国立図書館、社会資料館、イギリスのLSE図書館、ブリティッシュ・ライブラリーである。

第二に、比較の視座のもとで日本を位置づけようと試みた。日本の戦後史や雇用・福祉のあり方が、他国と比較できない「特殊」なものであるという理解は、くり返し語られてきた。これに対して本書では、戦後の日本がブレトンウッズ体制という国際秩序、フォーディズムという国内の仕組みを他国と共有し、一九六〇年前後に福祉国家化を遂げた、と理解した。先進国との比較を踏まえることで、今日の日本社会にみられる「格差」が、単純な所得格差だけでなく、「インサイダー／アウトサイダーの分断」という側面をもつこと、同様の問題に取り組んだヨーロッパ諸国の経験から示唆を得られることを示そうとした。

第三に、本書は先行研究に多くを負っているが、いくつかの点では筆者の仮説を提示している。各国で歴史的に形成されたヘゲモニー（支配的な社会規範）の働きを重視すること、福祉国家の再編を経路依存と経路破壊の二つの段階に区分すること、「政治的機会構造」の開放化／閉鎖化という概念を用いて、いわば「上から」と「下から」のデモクラシーの違いが福祉国家を分岐させているととらえること、現代アメリカを「金融主導型レジーム」の典型ととらえること、ドイツとフランスの分岐を強調すること、レジームを超えた「ワークフェア」と「自由選択」という二類型への収斂を指摘することなどである。これらの解釈の妥当性については、読者自身の目で厳しく判断していただければ幸いである。

＊

まだ粗い出来の書物ではあるが、本書が完成するまでには多くの方のお世話になった。以下では本書の内容に直接の影響を与えた方々にしぼって謝辞を申し上げておきたい。

筆者が比較福祉国家研究に関心をもつようになったきっかけは、北海道大学大学院の博士課程・助手時代に、たまたま同大学院に赴任してこられた新川敏光先生、宮本太郎先生の学問に接したことだった。当時お二人は、比較政治経済学という新しい分野を日本で切りひらきつつあるところだった。その議論の射程の広さ、問題意識の鋭さに感銘を受け、後を追うようにしてこの分野に足を踏み入れた。約一五年が過ぎ、現在この分野は、政治学でもっとも活発な領域のひとつとなりつつある。その一方で、専門分化が進むにつれて全体像を見わたすことは難しくなり、方法的にも問題意識も、当初見られた凝集性は弱まりつつあるように思われる。本書を執筆した最大の動機は、優れた先行世代から筆者が学んだことを形にし、次の世代（研究者のみならず、この分野に関心をもつ学生や一般の方々）へと引き継ぎたい、と思ったことだった。

本書はきわめて広い範囲を扱っており、それぞれの国については優れた専門家がいらっしゃるため、そうした方々に内容をチェックしていただくことは不可欠だった。以下の方々は労を惜しまず、該当する章の内容に目をとおし、詳細なコメントを寄せてくださった。イギリスに関しては近藤康史氏（筑波大学）、アメリカに関しては坂部真理氏（大東文化大学）、ドイツに関しては近藤正基氏（神戸大学）、スウェーデンに関しては渡辺博明氏（龍谷大学）、日本に関しては堀江孝司氏（首都大学東京）である。不躾なお願いに快く応じ、専門知識を提供してくださったことに深く感謝申し上げる。ただしもちろん、内容に関する最終的な責任は筆者にある。

学会での議論も本書の構想および内容に直接の影響を与えた。二〇一一年度政治学会共通論題、二〇一二年度比較政治学会分科会、二〇一四年度社会政策学会共通論題での報告と討議は、本書の基礎的な構想を形づくる機会となり、政治学会、比較政治学会、社会政策学会でのコメンテーターなどの機会では、若手研究者の議論に多くの刺激を受けた。これらの機会を与えてくださった関係者の方々に御礼申し上げる。

本書の一部は大学での講義で学生向けに話され、修正をくり返すことで現在の形になった。とくに二〇一〇年～一六年度の一橋大学社会学部の講義（比較政治）では、学生から寄せられた質問や感想に多くを学んだ。二〇一一六年度の学部ゼミナール、大学院ゼミナールでも本書の草稿に多くの意見をいただいた。そのほか新潟大学法学部、広島大学法学部、早稲田大学政治経済学部の講義でも一部の内容を扱った。これらの講義に参加し、意見や感想を寄せてくださった（元）学生の方々に感謝申し上げる。

最後に、勁草書房編集部の関戸詳子氏は、遅々として執筆の進まない筆者に辛抱づよく働きかけ、本書を完成へと導いてくださった。各章ごとに細かく目をとおし、読者の視点を意識した的確なコメントをくださったおかげで、本書の読みにくさは幾分か改善されたことと思う。本書は文字どおり、編集者との共同作業の結果である。ご協力に感謝申し上げたい。

なお本書は、以下の研究助成による研究成果の一部である。二〇一〇～二〇一二年度科学研究費補助金（若手研究B）「再商品化と脱商品化――福祉国家再編の新しい政治的対抗軸に関する比較枠組みの構築」（課題番号 22730113）、二〇一〇～二〇一三年度科学研究費補助金（基盤研究A、研究分担者）「福祉・雇用レジームの転換と利益集団政治変容」（課題番号 22243011）、二〇一三～二〇一六年度科学研究費補助金（基盤研究C）「福祉国家再編の政治的対立軸――社会的投資戦略とそのオルタナティヴ」（課題番号 25380150）。

田中　拓道

目次

目　次

カバー写真（左から二人目）：©CPAM75-Gérard Schaeffer
パリ医療保険中央金庫の社会保障四〇周年式典で演説するピエール・ラロック（一九八五年）

序　章　福祉国家をどうとらえるか

1　日本の現状

日本では、世界のなかでも類をみない少子高齢化が進んでいる。合計特殊出生率は二〇〇五年に過去最低の一・二六となり、二〇一四年でも一・四二にとどまっている（人口を維持できる水準は二・〇八）。総人口は二〇〇八年から減少を始め、国立社会保障・人口問題研究所の中位推計によれば、二〇六〇年には現在より約四〇〇〇万人少ない八六八〇万人となる。同じ時期には六五歳以上が全人口の四割に達し、生産年齢人口は現在の八〇〇〇万人から四〇〇〇万人へと半減すると予測されている。

高齢化にともなって、社会保障費は毎年一兆円の規模で増えつづけている。一方、日本の財政はすでに長期にわたって歳出と歳入の構造的な不均衡に陥っている。バブル崩壊以後、一九九〇年代から税収は落ち込みをつづけ、支出は拡大をつづけてきた（図0－1）。過去二〇年にわたる歳入と歳出の開きは「ワニの口」と称されることもある。二〇一四年には消費税が八％に引き上げられ、二〇一九年には一〇％となる予定であるが、これらによる増収も社会保障費の自然増のうち一〇年分程度の額に相当するにすぎない。

先進国でも最大の財政赤字によって、政府のとりうる政策は限定されている。ところがすでに、日本社会はさまざまな「格差」によって引き裂かれつつある。ＯＥＣＤの統計によれば、日本の相対的貧困率は二〇

図 0-1　一般会計歳出と税収の推移

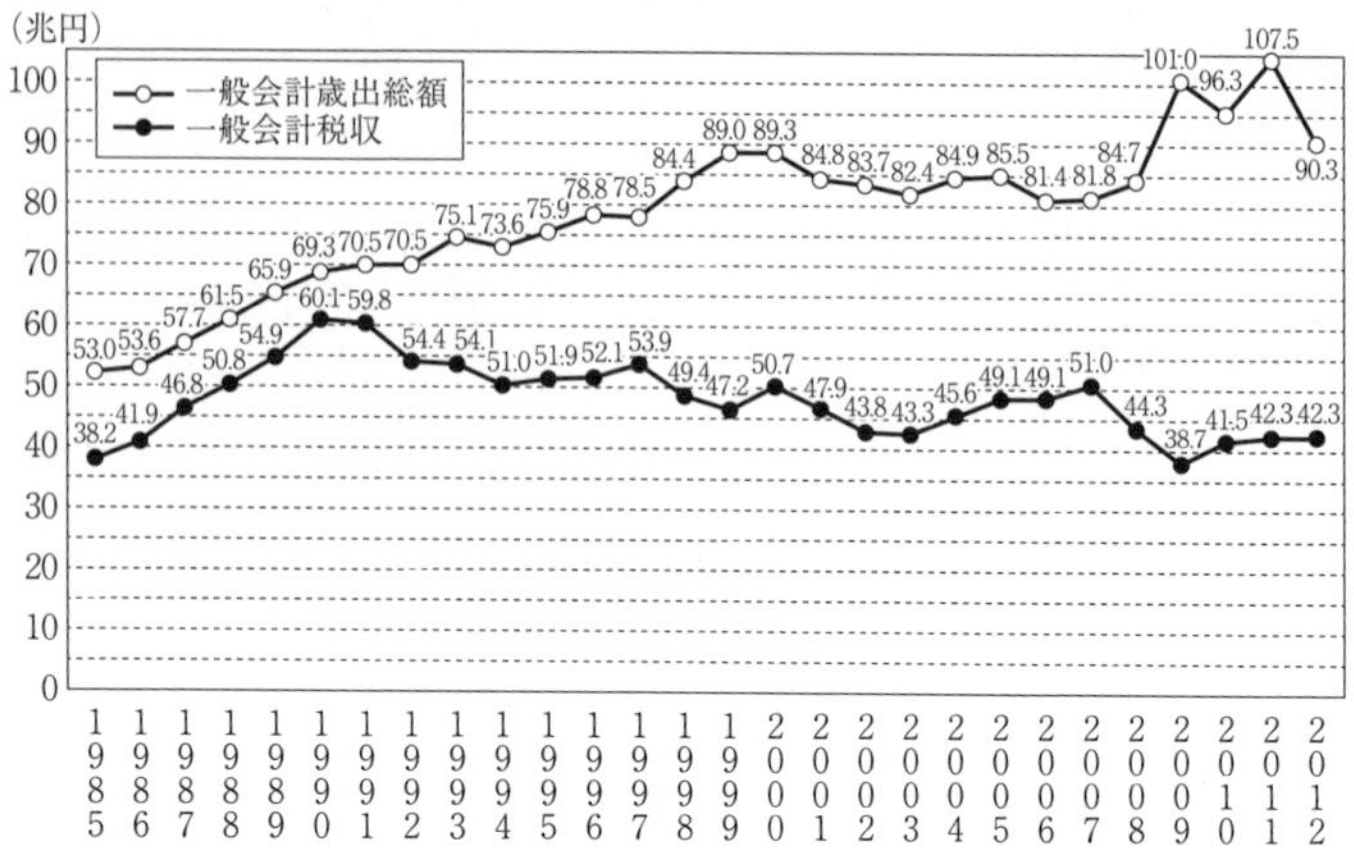

出典：財務省「税制について考えてみよう」（2015 年 4 月 8 日アクセス）より作成

一二年の段階で一六・一%と、先進国のあいだではアメリカに次いで高くなっている。子ども世代の貧困はさらに深刻である。ひとり親世帯の子どもの貧困率は二〇〇〇年代半ばで五八・七%と先進国でもっとも高い（OECD 2008）。貧困層が増えているにもかかわらず、所得の再分配効果は小さく、過去三〇年のあいだに最下層の実質所得が低下したのはイスラエルと日本の二か国のみである（OECD 2013; 大沢 二〇〇七）。

格差の拡大はおもに高齢化に起因するという議論もあるが、近年では若年層のあいだでも格差が広がっている（大竹 二〇〇五）。非正規労働の割合は一九九〇年の二〇・二%から二〇一四年の三七・四%へと一・八倍に増え、今日では若年層の四割、女性に限ってみれば六割近くが非正規労働者となっている（総務省「平成二四年就業構造基本調査」）。正規労働者との待遇や賃金の格差が固定されているため、若者や女性の多くは将来の生活への見とおしをもつことができず、家庭を築くことすら難しくなっている。さらに、都市と地方のあいだでも格差は広がっている。すでに三大都市圏を除けば人口は流出をつづけており、ある試算によれば、二〇四〇年に全国の過半数にあたる八九六自治体が消滅する可能性もあるという（増田 二〇一四）。

要するに、日本社会では少子高齢化が進み、今後も労働力人口が減りつづけていくなかで[1]、現在すでに高齢層と若年層、正規労働者と非正規労働者、男性と女性、都市部と地方のあいだにいくつもの分断線が引かれ、その裂け目が広がりつつあるのである。こうした状況を放置するなら、日本の経済・社会は持続可能性を喪失してしまうだろう。

なぜ日本社会はこのような行きづまりに陥ってしまったのだろうか。「グローバル化」のもとで格差の拡大は避けられないのだろうか。現在の傾向を反転させる手がかりはどこに見いだせるのだろうか。私たちにはどのような選択肢が残されているのか。本書で取り組みたいのは以上のような問いである。

2　先進国の現状

ここで先進国の現状に目を向けてみよう。格差の拡大に直面しているのはけっして日本だけではない。OECDは二〇〇八年の報告書『格差は拡大しているか？』、二〇一一年の報告書『格差拡大の真実』で、広がる格差に警鐘を鳴らしつづけてきた。これらによると、過去二〇年のあいだにOECD諸国の相対的貧困率は一・五％、所得格差を示すジニ係数は〇・〇二ポイント上昇した。後者の数字は、低所得層から高所得層へと七％の所得が移転したことを示している。その背景にあるのはいわゆる「グローバル化」だけではない。産業構造の変化によって、高度な知識や技能を要する職が増え、そうした技能を必要としない職とのあいだで二極化が進んだことが、格差拡大の大きな要因とされる。

表0-1　公的社会支出の推移（GDP比、%）

	1980年	2000年	2010年
フランス	20.8	28.6	32.4
スウェーデン	27.1	28.4	28.3
ドイツ	22.1	26.6	27.1
イギリス	16.5	18.6	23.8
日本	10.3	16.3	22.3
アメリカ	13.2	14.5	19.8

出典：OECD Statistics, Social Expenditure

表0-2　所得移転前／後の相対的貧困率の推移（%）

		1995年	2010年
フランス	再分配前	35	34.7
	再分配後	7.6	7.9
ドイツ	再分配前	28.7	32.3
	再分配後	7.2	8.8
スウェーデン	再分配前	29.6	27.8
	再分配後	3.7	9.1
イギリス	再分配前	32.2	31.9
	再分配後	10.5	10.0
日本	再分配前	19.0	32.0
	再分配後	13.7	16.9
アメリカ	再分配前	26.4	28.4
	再分配後	16.7	17.4

注：フランスは1994年、イギリスは1996年、日本は2009年の値。
出典：OECD Statistics, Income Distribution and Poverty, Poverty rate before/after taxes and transfers, Poverty line 50%

それでは先進国は、グローバル化や産業構造の変化による格差の拡大に手をこまねいてきたのだろうか。D・ハーヴェイなど「新自由主義」への収斂を指摘する論者は、「グローバル化」によって大企業の経営者や金融業界が権力を強め、先進国でも途上国でも、いわば「もてる者」がさらに豊かになるような仕組みへと変革されてきた、と論じている[2]（Harvey 2005; Jessop 2002: 119ff）。しかしこうした議論は、かならずしも先進国の現状を正確に表しているわけではない。過去二〇年の公的社会支出をみると、一九九〇年代末まで増加がつづいており、二〇〇〇年代に入ってもおおむね横ばいがつづいている（表0-1）。

表0-2は所得移転前と所得移転後の相対的貧困率の推移である。所得移転とは政府による財の再分配を指している。ここで注目されるのは、再分配後の相対的貧困率である。再分配前はどの国でも三割近くの貧困率があり、ドイツと日本を除けば過去一五年のあいだに大きな変動はない。一方、二〇一〇年の数値をみるとフランス、ドイツ、スウェーデン、イギリスでは政府の再分配によって貧困率が二〇%近くも減ってい

表0-3　家族関係支出の国際比較（GDP比、%）

イギリス	3.81
スウェーデン	3.75
フランス	3.20
ドイツ	2.09
日本	1.35
アメリカ	0.70

出典：『平成26年度版少子化対策白書』

表0-4　最低所得保障の国際比較（GDP比、%）

日本	2.99
イギリス	3.46
スウェーデン	4.34
フランス	6.09
ドイツ	6.40
アメリカ	8.28

注：失業給付、生活保護その他、2009年。
出典：国立社会保障・人口問題研究所『平成22年度社会保障費用統計』

る。ところが日本とアメリカでの再分配効果は小さく、貧困率は高いままである。つまりヨーロッパ諸国の多くは国家の介入によって格差の拡大を抑え込んできたのであり、日本とアメリカはむしろ例外なのである。

表0－1、**表0－2**から示唆されるのは、先進国が「新自由主義」へと収斂していくわけではない、ということである。別の言い方をすれば、あらゆる福祉国家が「縮減（retrenchment）」へと向かっているわけではない。むしろ多くの国は福祉の中身を「再編（recalibration）」させ、環境変化に対応する途上にある（Ferrera 2008）。ただし、その方向性にも違いが見いだせる。歴史学者のG・カザは、各国の官僚や学者のあいだで情報の共有（アイディアの「国際的波及」）が進み、各国の政策はますます似かよったものになっている、と指摘している（Kaza 2006）。たしかに、医療保険、年金など古くからある制度では、改革の方向性は似かよっているようにみえる。しかし、福祉国家改革の全体をみると、こうした議論もまた推測の域を出ない[3]。今日でも公的社会支出の総額だけでなく、家族にかかわる政策の支出、最低所得保障への支出においても、各国のあいだには無視できない相違が存在している（**表0－3**、**表0－4**）。たとえばイギリスやスウェーデンの家族関係支出はアメリカの五倍、日本の二・五倍以上である。最低所得保障への支出では、日本はフランス、ドイツ、アメリカの半分以下

にとどまっている。

なぜ先進諸国は、グローバル化、産業構造の変化、家族の変容という共通の状況に直面しているにもかかわらず、異なる対応をとっているのだろうか。なぜ「新自由主義」への収斂はみられないのだろうか。これらは一過性の現象なのか、それとも長期的な意味をもつ現象なのか。本書では、各国ごとに厚く蓄積されてきた歴史学や政治史の知見を参照しつつ、同時に近年まで蓄積されてきた政治学や政治経済学の知見を組みあわせることで、これらの問いに答えようと試みる。

3　本書の目的

本書の目的は、欧米（アメリカ、イギリス、ドイツ、フランス、スウェーデン）と日本の福祉国家を対象とし、その形成・変容過程を約一〇〇年にわたる長いタイムスパンのなかに位置づけ、比較考察することである。福祉国家はどのような要因によって発展してきたのか。それはいかなる条件に支えられたのか。現在どう変容を遂げつつあるのか。福祉国家の何が持続し、何が変化しているのか。これらの問いを検討することで、日本を含む先進国の現状を一人ひとりが評価し、将来像を選択する手がかりを提供することが、本書の目的である。

ここで本論に進む前に、本書のアプローチについて言及しておきたい。やや専門的な話となるため、方法論に関心のない読者は以下を読み飛ばし、次章に進んでいただいてもかまわない。

先進国では、過去三〇年にわたって雇用政策や福祉政策の改革が大きな関心事となってきた。どの国でも医療、年金、教育、家族政策、失業者支援、公的扶助などの分野で大きな改革が進められている。学問の世界でも、個別の政策を対象とした研究が積み重ねられてきた。そこで主流となった方法とは、各政策（従属変数）を比較し、それらの違いをもたらした要因（独立変数）を特定し、原因―結果のあいだに何らかの因果モデルを抽出することであった。できるかぎり多くの事例を対象とし、統計的な操作を加え、「いかなる要因があればいかなる政策が行われやすいのか」を特定することが社会科学の目的とされた[4]。これらの研究によって、改革の進度や方向を規定するさまざまな変数――福祉制度や政治制度による「経路依存（path dependence）」、政党の党派性、政党組織、改革のタイミング、統治リーダーの言説戦略など――が発見されてきた。

これらのアプローチは、短期的・中期的な政策変化を分析し、社会科学的な知見を蓄積するうえで大きな意義をもっている。他方、個別政策に関する知見が蓄積され、専門分化が進んでいくにつれて、福祉国家を総体としてとらえる視点は後景へと退くことになった。今日では「福祉国家はどこに向かっているのか」という大きな問いを扱うことはますます困難になっている。たとえば、家族への支援策が増えている国とそうでない国、人への投資を行っている国とそうでない国があるとして（それぞれについて選挙制度、政党の党派性、政治家のリーダーシップなどの要因が特定されたとして）、それらは全体として何を意味するのだろうか。福祉国家の役割とは何であり、今日それはどう変化しているのだろうか。個別の実証研究を積み重ね、「因果モデル」を構築できたとしても、こうした大きな問いに答えたことにはならない。

本書の採用するアプローチは、約百年前にマックス・ヴェーバーが社会政策研究について述べた次の考え方に近い。

（仮定上の）「法則」や「要因」を確定することは、……いくつかの研究段階のうち、最初の段階にすぎない。上述の「諸要因」の、そのつど歴史的に与えられた個性的な集合と、それら「諸要因」の、この歴史的集合によって制約された、具体的な、独特の意義をそなえた協働作用とを、分析し、秩序づけて叙述すること、そしてとりわけ、この意義の根拠と性質とを理解させることが、第二の段階であろう。（ヴェーバー　一九九八：八一）

個別の現象にかかわる因果関係を特定することは、研究の「最初の段階」として位置づけられる。現実の社会現象は、これら複数の因果関係が相互に影響しあい、全体としてひとつの個性をもつにいたった集合としてある。ある集合体の個性を「説明」し「理解」すること、それを過去から未来への時間軸のなかに位置づけ、その意味を明らかにすることが、社会科学のもっとも重要な役割のひとつである。言い換えれば、個別政策の研究を積み重ね、因果モデルを探ることと、それらをひとつの集合として再構成し、ある社会現象の意味を総体として理解することは、どちらも社会科学にとって欠かすことのできない課題である。両者は方法的に相いれないものではなく、むしろ相互補完的である。

本書もまた、福祉国家を個別政策の集まりであると同時に、二〇世紀の先進国に現れたある歴史的な個性をもった固まりとして理解する。個別政策に関する研究の蓄積を踏まえつつも、福祉国家がどのように形成され、現在どう変容しているのか、いわば「福祉国家はどこから来て、どこに向かっているのか」を明らかにすることが、本書の目的である。

4　福祉国家の理論

それでは、福祉国家を総体としてとらえるためにどのような理論が必要となるのだろうか。そもそも「福祉国家」とは何を指しているのだろうか。もちろん、これらは本書全体をつうじて明らかにすべき問いであり、何らかの定義を理論から演繹するだけで答えられるものではない。以下では、今後の叙述にあたって参照基準となる考え方を提示しておきたい。

これまでの研究史をふり返ると、福祉国家のとらえ方として大きく三つを挙げることができる。①近代化・産業主義論、②階級闘争論、③新政治経済学である。以下、それぞれの概要と問題点をまとめておこう。

①近代化・産業主義論

一九五〇年代から六〇年代にかけての社会科学では、産業が発展して社会が豊かになるにつれて、階級対立が沈静化し、やがて「イデオロギーの終焉」に至る、という議論が広く唱えられた（Parsons 1951; Rostow 1960; Bell 1960）。近代化や産業化が一定の段階になると下層階級の政治への参加が拡大し、階級対立は緩和していく。豊かな中産階級が生まれ、より調和のとれた近代社会へと到達する、というのである。

イギリスの社会学者トマス・ハンフリー・マーシャルは、近代市民権の発展史を、イギリスをモデルとして次のように描いた（Marshall 1964）。一八世紀には市民的自由の権利（人身の自由、思想・言論の自由、労働の自由など）が保障され、一九世紀には政治的権利（参政権、被代表権）が労働者階級にまで拡大する。労働者の政治参加によって、二〇世紀に入ると社会的権利（公的扶助、社会保険、住宅供給、公教育など）も市民の権利として認められるようになった。マーシャルによれば、近代の歴史とは、資本主義のもたらす不平等が是正され、実質的な平等が拡大してきた発展のプロセスということになる。

福祉国家研究の分野で産業主義論を代表するのはハロルド・ウィレンスキーである。彼は先進国、途上国あわせて六〇カ国以上を比較し、福祉国家の大きさ（GNP比の公的社会支出）を決定づける要因を特定しようと試みた[5]（Wilensky 1975）。彼によれば、文化や政治体制・経済体制（自由民主主義か共産主義かなど）の違いは福祉国家の大きさを決定づける要因とならない。各国のあいだには経済の発展にしたがって福祉国家も発展する、という「収斂」傾向が見いだせるからである。経済水準が一定の段階に達すると人口の高齢化が始まる。高齢者向けの福祉政策を導入するため、官僚制が拡大する。官僚制はいったん作られると政策を拡大させつづけるため、時間が経てば経つほど福祉支出も増大していく、という。

これらの研究によれば、福祉国家とは、社会の成熟（経済発展、人口の高齢化）とともに必然的に発展していくような現代国家のあり方を指す。産業化によって人びとの生活水準が上がり、平等の観念が行きわたると再分配も増えていく。高齢化が進むとそれまで家族が担ってきたケアを公的サービスへと移しかえることも必要となる。いわば社会学的な要因（家族・共同体の解体、人口高齢化など）によって、福祉国家はどの国でも似た段階をたどって発展していく、とされるのである。

ただし、ウィレンスキー自身が福祉国家の「収斂と多様性」の両方を指摘していたように、経済水準のみで福祉国家の成立や発展を説明できるとはかぎらない。実際、先進国のあいだでも福祉国家の成立時期には大きなばらつきがある（ドイツのビスマルク統治期、アメリカのニューディール期、イギリスの戦後期など）。途上国を除外して先進国だけをみると、経済水準と公的社会支出のあいだに大きな相関はない、という指摘もある（Castles and Mckinlay 1979）。さらに、一人当たりＧＤＰがもっとも高いアメリカは、先進国のなかでＧＤＰ比公的社会支出がもっとも小さな国のひとつである。近代化論や産業主義論では、アメリカや日本のような例外がうまく説明できない。

②階級闘争論

近代社会を単線的な発展のプロセスではなく、階級対立に貫かれた社会ととらえるのが階級闘争論である。戦後の社会科学において、近代化論と階級闘争論はながらく対抗関係にあった。階級闘争論によれば、近代社会を規定しているのは生産手段の私有と無限の資本蓄積によって特徴づけられる資本主義である。資本主義のもとでは、生産手段を所有する資本家と、それらを所有せずに労働賃金のみによって生活の糧を得る労働者とのあいだに根本的な対立が生まれる。国家はこの階級対立を緩和し、資本主義を長期的に存続させるための装置とみなされる。

一九世紀に階級闘争論を唱えたカール・マルクスやフリードリッヒ・エンゲルスは、国家を資本家階級による支配の道具ととらえていた。しかし福祉国家が発展する二〇世紀後半になると、一部のマルクス主義者たちは、資本主義と国家がより柔軟な相互関係を取りむすんでいる、と考えるようになった。国家は階級対立から「相対的に自律」し、一見したところ資本家階級の利益に反するような再分配政策や社会保障政策を行う（Poulantzas 1970; ゴフ 一九九二）。これらの政策は資本主義の原理（資本蓄積の要請）と本質的に矛盾するため、現代国家は経済不況や財政危機を必然的に抱え込む、という（オコンナー 1981）。

現代社会を階級対立に貫かれた秩序としてとらえ、福祉国家を階級対立の一時的な緩和装置ととらえるこれらの議論は、一九七〇年代以降の先進国にみられた経済停滞や財政赤字を説明するうえでは、一定の説得力をもっていた。ただしその後の実態と照らしあわせると、これらの議論もまたいくつかの問題点を抱えている。

第一に、福祉国家の「危機」や「矛盾」という想定に反して、ほとんどの先進国では一九八〇年代以降も公的社会支出が増えつづけてきた（表０－１）。現代国家による資本主義の修正（階級対立の緩和、再分配）がどの時点で限界に突きあたるのかは、そもそも経験的に確かめることが困難である（ハバーマス 一九七九：九九：田中 二〇〇八）。二〇世紀後半のマルクス主義者たちは、階級対立を重視するあまり、国家もまた最終的に資本主義によって「規定」され、本質的に「矛盾」に引き裂かれている、という想定にとらわれすぎている。

第二は、そもそも現代社会を資本家と労働者の階級対立に還元して把握することが妥当か、という問題である。二〇世紀後半の先進国では、ホワイトカラー層、技師・専門職のような「（新）中産階級」が一貫して増大している。労働者・資本家の二大階級への収斂は観察されない。そもそも階級闘争論が想定するような、経済的・文化的・政治的な一体性をもった「階級」という集合自体、自明視できるものではない（Kriesi et al. 2012）。実際には、企業や使用者の利益は多様であり、労働者の利益も多様である。「階級」とは、生産関係に規定された集合というよりも、政治的な運動や対抗のなかでのみ構築されるものとみなすべきである（cf. Giddens 1973）。今日の先進国ではジェンダー、エスニックなどのより多様な集団間の亀裂も顕在化している。

③新政治経済学

一九八〇年代以降、新政治経済学と呼ばれる新しい潮流が生まれてきた。この潮流によれば、政治と経済、つまり国家と資本主義は、それぞれ別のメカニズムで動きつつ、相互に関連しあっている(6)。どちらかがどちらかを「規定」しているわけではない。経済の領域では資本主義が発展し、階級対立が生まれていく。政治の領域では議会制民主主義が根づき、労働者階級も自分たちの政党を組織して政治へと参画していく。左右の党派のあいだに競争が生まれ、資本主義の枠内で、それを修正するような雇用政策、社会保障政策が実現される。つまり福祉国家のあり方を規定するのは、経済水準や資本家階級の支配ではなく、左右の政党競争による「政治」である（Esping-Andersen 1985）。

政治と経済の相互関係を考察する新政治経済学は、さまざまな分野に応用されてきた（建林、曽我、待鳥二〇〇八）。ここではそのうち、福祉国家研究の刷新をもたらした「権力資源論（Power Resource Theory）」について紹介しておこう（Korpi 1989; Esping-Andersen 1990; Hicks and Misra 1993; O'Connor and Olsen 1998; 新川 二〇〇五）。この理論によると、福祉国家の大きさを規定するのはおよそ二つの要因である。ひとつは、労働組合がどれほど権力をもっているか。もうひとつは、左派政党が労働者以外に支持層を広げたかどうかである(7)（図0‐2）。

権力資源論によれば、福祉国家とは、慈善や施しとしてではなく、市民の権利として「脱商品化（de-commodification）」を保障するような国家のあり方を指している。「脱商品化」とは、市民が失業、けが、病気、老齢などによって（一時的に）就労できなくなったとしても、一定の生活水準を保障されることを指す（エ

図0-2　権力資源論のイメージ

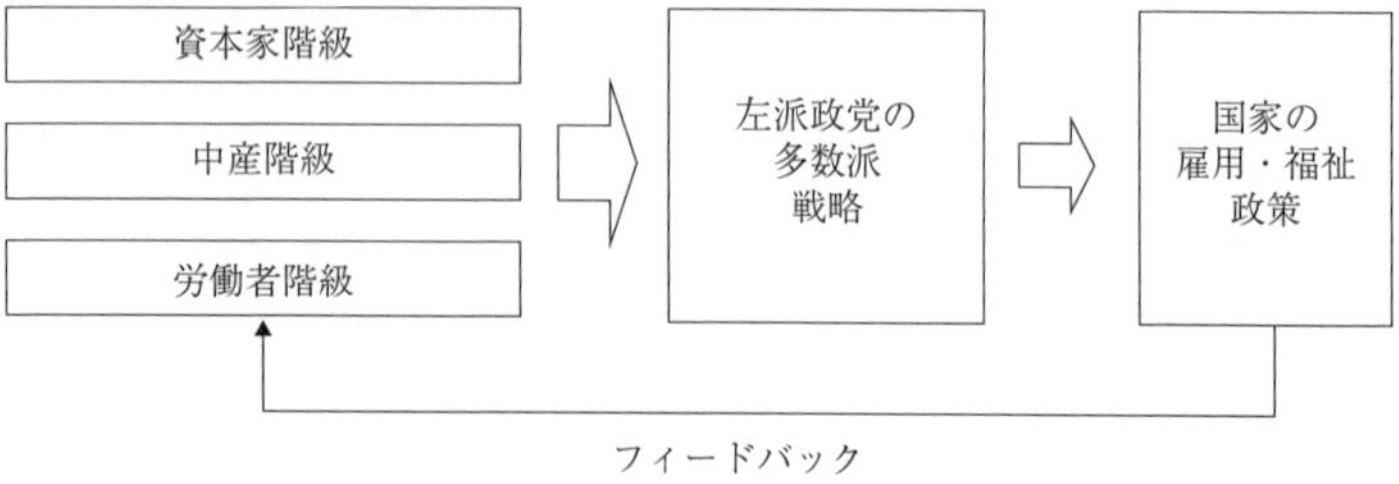

出典：筆者作成

スピン‐アンデルセン 二〇〇一a：二四）。要するに、市民一人ひとりが市場に依存しなくても生活できるかどうか、を測る指標である。「脱商品化」の程度は、公的社会支出の大きさだけでは決まらない。医療保険・年金・失業給付の給付水準、給付を受けるのに必要な拠出期間、給付期間など、いわば福祉の「寛大さ」を示すさまざまな質的指標を組みあわせて計測される[8]。彼らがこの指標を導入したのは、労働者階級の運動において「脱商品化」がくり返し要求されてきたからである。労働運動の権力資源が大きく、左派政党が政権に就いた期間が長ければ長いほど、「脱商品化」の水準は高くなる。逆に右派政権の期間が長いほど、「脱商品化」の水準は低くなる。「脱商品化」がどの範囲の市民に保障されるかは制度によって異なるため、福祉国家がかならずしも市民間の「平等」を実現するとはかぎらない。福祉国家自体が市民間の階層化をもたらすこともある。彼らはこうした指標を用いて、戦後福祉国家を三つのレジームに区分した（表0‐5）。

④本書の分析枠組み

以上、福祉国家を大きくとらえる理論として、近代化・産業主義論、階級闘争論、新政治経済学という三つを紹介した。福祉国家の共通性と違いを主題に据える本書にとって、もっとも参考になるのは第三の新政治経済学である。福祉国家のあり方は、経済発展の水準のみに規定されるわけではなく、労使の階級対立によって規定されるわけでもない。それはさまざまな社会集団のあいだの対立や権力関係を背景として、左右政党の競争を媒介することで決まると考えられる。

表 0-5　三つのレジーム

レジーム	国	制度の特徴	脱商品化	階層化
自由主義	アングロ・サクソン諸国	公的扶助と低水準の社会保険	低	高
保守主義	大陸ヨーロッパ諸国	職域別の社会保険	高	高
社会民主主義	北欧諸国	普遍的な社会保険	高	低

出典：エスピン－アンデルセン（二〇〇一ａ）、新川ほか編（二〇〇四：七章）より筆者作成

ただし、今日の文脈からみれば権力資源論にもいくつかの修正が必要である。大きくふたつの点について補足しておきたい。

第一に、権力資源論は労使の階級権力、とりわけ労働者階級の影響力に焦点を絞りすぎている。権力資源論を唱えたコルピやエスピン＝アンデルセンらは、いずれも北欧の労働運動の経験をモデルとして理論を組み立てていた。しかし、北欧以外の国も視野に含めるならば、福祉国家の形成に影響を与えたのは労働運動だけにかぎられない。大陸ヨーロッパの国々では社会カトリシズムの影響も大きく、保守的な官僚のイニシアティブ、使用者のパターナリズムも無視できない。さらに権力資源論では、ジェンダー、エスニックといったほかの重要な社会集団の権力関係が視野からこぼれ落ちてしまう(9)。

権力資源論の重要なポイントは、さまざまな社会的亀裂を反映する集団が、国家を「場」として闘争することで組織化され、それらの権力関係が政党をつうじて政治へと反映される、ととらえることであった。この発想を生かすためには、労使の階級関係だけでなくジェンダー、エスニックなどによる社会的亀裂も考慮に入れ（「社会的亀裂」については第1章で説明する）、これら

のアクター間の権力関係がどう国家の政策へと反映されたのかを考察しなければならない。とりわけ本書では、優越した社会集団による社会規範（ヘゲモニー）の影響に注意を払う。これらを検討することで、各々の福祉国家がいかなる目的をもって形成されたのかを、歴史的文脈のなかで明らかにすることができるだろう。

第二に、福祉国家の本質を「脱商品化」ととらえる見方には一定の留保が必要である。近年では、福祉政策の役割を労働者の技能形成、あるいは「人的資本」への「投資」ととらえる見方が有力となっている[10]。ただしこれらの議論は、福祉国家を導いたアクターの多くが、資本主義市場のもたらす権力関係からの「自律」「解放」を求めていた、という歴史的事実を過小評価している。

むしろ本書が注目するのは、エスピン＝アンデルセンの「脱商品化」という指標が、失業や病気などによって一時的に働けなくなった人への基礎的な生活保障という意味に限定されている、という点である[11]（Room 2000: 333）。実際、福祉国家の形成に影響を与えたアクター――労使階級のみならず、農民、保守主義者（旧地主階級、自営業者、宗教勢力）、労働者、中産階級など――は、それぞれ資本主義と結びついた社会的権力関係（階級、さまざまな形の従属、格差）からの「解放」や「自律」を求めて運動した。

さらに一九七〇年代以降の先進国では、福祉国家の画一性を批判し、より柔軟な働き方やライフスタイルを求める社会運動が活性化している。労使階級の一体性は解体し、むしろライフスタイル、働き方、ジェンダー平等、移民の権利、環境などをめぐる新たな対立が浮上している（イングルハート 一九九三：Kitschelt 1994）。政治社会学者のハーバート・キッチェルトによると、一九八〇年代以降の西欧政治では、ミニマムな生活水準を保障するための再分配のあり方は、もはや左右の主たる対立軸ではなくなっている。新たな文化的対立は、「リバタリアニズム」と「権威主義」と称される。つまり「自由」をめぐる規範的対立と、それらの対抗を担う社会運動が、福祉国家の変容をもたらす新たな要因となっている。

以上を踏まえると、福祉国家の形成・変容をより広い視野からとらえなおすためには、労使階級以外のアクターを考慮に入れ、「脱商品化」という概念を、アクターの運動の意図を踏まえつつ「自律」へと拡張して用い、それらに対応する政策群を導くことによって、新しい対立軸を分析的に構築していく必要がある。

5　本書の流れ

以上の視角にしたがって、本書は次のような構成で議論を進める。

まず第Ⅰ部では、福祉国家の形成と分岐について包括的に検討する。第1章では、福祉国家の前史として、宗教、エスニックなどの「社会的亀裂」を考察の対象とし、各国の社会構造を自由主義、保守主義、社会民主主義、日本の四つに区分する。次にイギリス、アメリカ、フランス、ドイツ、スウェーデン、日本の福祉国家の形成を、労使関係と政治制度を軸として比較考察する。この時期にもっとも重要であったのは労使の階級関係であるが、それ以外のジェンダー、宗教、エスニックによる社会的亀裂も考慮する。アクター間の権力関係によってどのような社会規範が形成されてきたのかを重視し、これらの社会規範が、福祉国家の再編にも影響を与えていくことを指摘する。

第Ⅱ部では、一九七〇代から今日までの福祉国家再編を扱う。この時期に階級の一体性は失われ、むしろライフスタイル、ジェンダー平等、移民の権利、環境などをめぐる新たな文化的争点が浮上する。「自由」

「自律」をめぐる規範的対立と、それらの対立を担う社会運動が、福祉国家の変容をもたらす新たなアクターとして登場する。本書では、福祉国家の再編において、新自由主義の延長上に登場した「ワークフェア」と「自由選択（free choice）」という二つの考え方のあいだに対立軸が形成され、それにしたがって政党の新たな競争空間が出現しつつあることを指摘する。

第Ⅲ部では、グローバル化と不平等、労働市場改革、少子化への対応という三つの論点について各国の政策を比較する。「ワークフェア」と「自由選択」との対立が、具体的な政策においてどう現れているのかを検討する。以上を踏まえ、最終章では将来の日本の選択肢について、本書から導かれる考察をまとめることにしたい。

第Ⅰ部　戦後レジームの形成と分岐

第1章　福祉国家の前史

1　福祉国家に至る三段階

序章では福祉国家をとらえるための代表的なアプローチを紹介し、本書の視角を導入した。労使関係だけでなく、宗教、エスニック、ジェンダーを含む社会集団の権力関係を考察する必要がある、と論じた。そこで第I部では、福祉国家の形成について包括的に比較する。欧米の主要国と日本ではいかなる共通点があり、なぜ分岐が生じたのかを検討していく。

ところで、福祉国家が成立するのは第二次世界大戦前後であるが、それ以前にもさまざまな形で救貧が行われていた。「福祉国家とは何か」という問いに答えるためには、福祉国家の前史との関係を明らかにしておく必要がある。そこで第1章では、伝統的な救貧行政から福祉国家へと至る過渡期について取りあげておきたい。やや回り道となるため、戦後の福祉国家に関心のある読者は、直接第2章に進んでいただいてもかまわない。以下では資本主義と国家の関係を軸として、①資本主義の生成（一七～一九世紀前半）、②資本主義の修正（一九世紀半ば～二〇世紀前半）、③福祉国家の成立（二〇世紀半ば以降）という三つの段階を理念型として設定する。(1)

①資本主義市場の成立（一七〜一九世紀）

第一の段階は、商品経済が浸透し、私的所有と資本蓄積によって特徴づけられる資本主義経済が成立していく段階である。世界経済史家のイマニュエル・ウォーラーステインが指摘したように、西ヨーロッパを中心とした資本主義経済にほかの地域が結びつくことで、一六世紀以降にひとつの「世界経済」が生まれていった（ウォーラーステイン二〇一三a：二〇一三b：二〇一三c）。世界各地は分業化され、別々の役割を担っていった。中核地域となる西ヨーロッパでは、一七〜一八世紀のプロト工業化（農村部での問屋制家内工業）を経て、一八世紀後半以降に工業化が進展していく。国内では重商主義から自由主義への転換によって「自由な市場」が形成される。一方、周辺地域（アフリカ、アジア、ラテンアメリカ）では、ヨーロッパ諸国による軍事的侵略や植民地化を経て、伝統的な農業や手工業が衰退し、商品作物や原材料を中核地域へと供給する役割が担われていく。その中間である中東欧、北欧、日本などでは、中核地域からのインパクトを受けて「上から」の近代化と工業化が進められていった。

こうした中核—半周辺—周辺地域への分業化は、それぞれの地域の国家によって推進された。資本主義的な世界経済の特徴は、単一の帝国ではなく、複数の国家によって統治されたことにある。中核地域では、国家への集権化と域内住民の同質化が進み、強力な「国民国家」が形成されていく。さらに国家への集権化にともなって、域内関税や職業ギルドが廃止され、国内に「自由な市場」（私的所有、営業の自由、労働の自由）が形成されていく。たとえばイングランドでは、一七九九年、一八〇〇年に団結禁止法が制定され、一八一三〜一八一四年には徒弟法が廃止された。フランスでは、一七八九年に始まるフランス革命で封建制の廃止が決議され、一七九一年には同業組合の廃止（ル・シャプリエ法）が定められた。プロイセンでは、ナポレオン戦争に敗北したのちの一八〇六年に財産権、職業選択の自由が、一八一〇年には同業組合の廃止が定められた。スウェーデンでも一八四六年に職業ギルドが廃止され、一八六四年に営業の自由令が定められた。

中核地域における救貧政策についても触れておこう。「自由な市場」の成立にともなって、それまで救貧を担ってきた教会組織、職業ギルド、地域共同体は力を失っていく。働ける人は自由な市場において労働を担い、賃金を得て自活すべき存在とみなされる。「自助」が新たな社会規範となる一方で、施しに頼る「怠惰な貧民」は管理と抑圧の対象へと転化していった（Himmelfarb 1984）。さらに、働けない人への救貧は徐々に公権力が担うようになっていった（Lis and Soly 1979: 118-130）。そのもっとも早い例は一五七二年、一六〇一年のエリザベス救貧法である。この法では、教区が単位となったものの、救貧行政を国家のもとに統一化し、効率化することがめざされた。カトリック国であるフランスは救貧法をもたなかったが、一七世紀には王権によって総合救貧院が作られ、物乞いが禁じられるとともに、違反者は救貧院に収容されて労働を強制された（Sassier 1990: 175）。プロイセンでは一八四二年に、スウェーデンでは一八五三年に救貧法が定められた。

②資本主義の修正（一九世紀半ば〜二〇世紀前半）

第一の段階が、「自由な市場」の形成と、国家による古典的な救貧行政の時期であったとすれば、一九世紀半ばから二〇世紀前半は、工業化の進展とともに、資本主義市場に内在する問題が意識され、その修正が図られていく段階である。

資本主義市場の成立により、自らの労働力を商品として売り、生活の糧を得る「自由な労働者」が生みだされた。ところが、伝統的な共同体から切り離された「自由」な労働者とは、不況時には生存を維持する手段をもたないぜい弱な個人にすぎなかった。この時期、都市部の工業労働者のあいだに現れた膨大な貧困は人びとにショックを与え、「大衆的貧困（pauperism, paupérisme, Pauperismus）」と呼ばれるようになった。もはや貧困とは、労働能力や道徳の欠如による個人的問題ではなく、社会構造に内在する問題として認識されるようになる。およそ一九世紀半ば以降、それは「社会問題」とも称されていく（Castel 1999; 田中 二〇〇六；田中 二〇一一b）。「社会問題」に対応するため、労働組合、共済組合などの団体が作られ、相互扶助が活性化していく（イギリスの一八二四年団結禁止法廃止、フランスの一八八四年職業組合法、一八九八年共済組合憲章など）。さらに児童労働の禁止、長時間労働の禁止など、「自由な市場」を規制する初期の社会立法も導入された（ポラニー 二〇〇九）。

ただし、この時期の「社会問題」への認識と対応は、国によって異なっていた。何を「問題」とみなすのかは、それぞれの国でどの社会階級が「ヘゲモニー」を握っていたのかに依存する。「ヘゲモニー」とは、特定の社会階級が、その政治的・経済的力を背景として、自らの階級利益を社会全体の利益として表象し、他の階級がそれを受けいれているような状態を指す(2)（Huber and Stehepns 2001: 30）。大きく言えば、イギリスやアメリカでは金融・工業資本家層のヘゲモニーのもとで、貧困とは、市場から脱落した者の個人的問題とみなされる傾向がつづいた（自由主義的貧困観）。一方、手工業者、職人層、自営業者などの旧中間層の影響力が根づよく残りつづけたフランスやドイツでは、資本家階級のヘゲモニーは確立せず、「社会問題」とは自由な市場による伝統集団の解体と、個人の孤立化の帰結とみなされる傾向が強かった。これらの問題はしばしば「社会学」という新たな学問によって語られ、中間集団をつうじた「社会」の再統合が模索された

（共同体的貧困観）。スウェーデンでは、貧困は「国民」の統一と発展をおびやかす問題であり、国家が対応すべき問題ととらえられる傾向が強かった（国民主義的貧困観）。最後に日本では、貧困とは近代化を阻害する秩序不安の要因であり、国家による管理の対象とみなされる傾向が強かった（残滓的貧困観）。

③福祉国家の成立

第二の段階では、資本主義の修正が試みられたにせよ、おもな対応は中間集団の相互扶助、労働者保護の法規制などであり、国家による介入の範囲は大きくなかった（ピアソン 一九九六：二一二）。しかし第三の段階、すなわち二度の世界大戦を経た後に、国家の介入は飛躍的に拡大していく。それは働けない人への生活保障だけでなく、働く人がこうむる日常的なリスク（労働災害、けが、病気、高齢、失業、家族扶養など）への対応にまで広がっていく。国家が公共事業などの雇用政策を行い、すべての人に働く場所を提供するという役割も広く認められるようになる。市場に深く介入し、完全雇用と社会保障を担う戦後国家は「ケインズ主義的福祉国家」とも呼ばれる。

「ケインズ主義的福祉国家」を支えたのは、「ブレトンウッズ体制」と呼ばれる国際的な自由貿易体制と、国内の「フォーディズム」と呼ばれる政治経済の仕組みであった（これらは第２章で詳しく説明する）。欧米諸国と日本はこの枠組みのもとでそれぞれの雇用・福祉政策を選択していくことになる。本書では、こうした各国の雇用・福祉政策を総称して「レジーム」と呼ぶことにしよう(3)。

以上の三つの段階を踏まえ、第二節では福祉国家の前史にあたる第二の段階、すなわち資本主義の修正期にみられる各国の「社会問題」認識を概観し、戦後レジームが分岐する背景を明らかにしておきたい。以下では中核の覇権国の代表としてイギリス、アメリカ、覇権国に挑戦した大陸ヨーロッパの代表国としてフランス、ドイツ、半周辺国の代表としてスウェーデン、日本を取りあげる。

2　資本主義の変容——一九世紀から二〇世紀前半まで

この節では、一九世紀から二〇世紀前半にかけて、各国でどのように「社会問題」が認識され、資本主義の修正が図られていったのかを検討する。この違いが自由主義、保守主義、社会民主主義という戦後レジームの違いへとつながっていくことになるからである。

①覇権国と社会問題

(1)　イギリス

ウォーラーステインによれば、近代世界システムで覇権（他国に政治・経済のルールを押しつけると同時に、世界の秩序を維持する役割を果たすような支配的権力）を握った国は三つしかなかった。一六四八年から一六六〇年代のオランダ、一八一五年から一九世紀後半までのイギリス、そして二〇世紀半ばからのアメリカである（ウォーラーステイン 二〇〇三b：xx）。一八世紀以降のイギリスは、オランダ、フランス、スペインとの海上貿易の抗争に勝利して海上覇権を確立しただけでなく、アフリカから新大陸への奴隷貿易、新大陸やインド植民地でのプランテーション農業経営、これら農産物のイギリスへの輸入と国内工業製品（綿製品、毛織物）の輸出という「三角貿易」をつうじて莫大な富を蓄積し、一八世紀後半には本格的な工業化を経験した。国内では「自由な市場」が形成されるとともに、一八四六年穀物法廃止にみられるとおり、周辺諸国にも自由貿易を強制し、いわゆる「自由貿易帝国主義」をとっていった。

一八三四年の救貧法改正は、この時期の自由主義的な考え方をよく表している。エドウィン・チャドウィックとナソー・シーニアの起草した『救貧法委員会報告書』によれば、「最も緊急の対策を要する悪とは、労働能力をもつ者の救済にかかわることである」（The Poor Law Report of 1834 1974: 334）。救貧行政の拡大によって、働けるにもかかわらず公的救貧に依存する者（able-bodied pauper）が増え、救貧税が高騰している。働ける能力がある者は、物乞いなどを行ってはならず、公的な救貧の対象にもならない。違反した者は労役所に収容し、働いている貧民（laboring poor）よりも低い生活水準にとどめおくべきである（劣等処遇原則）。このように新救貧法では、働ける能力のあるすべての者が労働市場で自活するよう強制し、国家の役割をできるだけ小さくすることが意図された。一九世紀前半までのイギリスでは、貧困はあくまで個人の能力不足や怠惰に由来する問題とみなされていた。

イギリスで「社会問題」が認識されるようになるのは、一八七三年の「大不況（Great Depression）」と呼ばれる経済不況期のことである。この時期、イギリスは鉄鋼・石炭の生産でドイツ、アメリカに追い抜かれ、国内では失業が拡大した。一八八〇年代から世紀転換期にかけては、下層労働者の生活・健康・住居などに関する社会調査が専門家、民間団体、ジャーナリストなどによって数多く行われた。とくに有名なものはチャールズ・ブース、ベンジャミン・S・ラウントリーらの調査である。これらによって貧困が「再発見」され、それはもはや個人の問題ではなく、社会全体で取り組むべき問題、すなわち「社会問題」とみなされるようになる（Harris 1992: 121; 安保 二〇〇五）。

ただし、イギリスは製造業で後れをとったのちも、植民地への投資（鉄道建設、公共事業への債権など）を増やすことで、世界金融の中心としての地位を保持しつづけた。一八世紀以降の支配層であった大土地所有層（ジェントリ層）は、都市部の商工業・金融資本家たちと身分的に混合し、イギリス独特の支配層である「ジェントルマン」階級を構成し、ヘゲモニーを維持した（ケイン、ホプキンズ 一九九七）（図1-1）。一方、一九世紀半ばには労働者階級が形成されていくが、熟練労働者層の生活水準は世紀後半にも上昇をつづけた。彼らは「リスペクタビリティ」や「自助」といったブルジョワ的な行動規範をしばしば内面化していた。イギリスの労働運動は、労使の階級対立へと向かうよりも、職場や工場単位での個別交渉を好み、国家の介入を避けつつ、労使協調の枠内で労働条件の改善をめざすものとなっていった。

一九世紀末に非熟練労働者や下層民を中心として貧困が「再発見」されると、二〇世紀初頭には従来の自由放任主義からの転換が起こる。しかしこれは、個人主義から集団主義への転換（A・V・ダイシー）というよりも、ジェントルマン階級や中産階級のヘゲモニーを背景とした自由主義の修正（ニュー・リベラリズム）にとどまった。この転換をおもに担ったのは、ジョン・アトキンソン・ホブソンやレオナルド・ホブハウスなど、自由党に近い中産階級出身の著述家たちであった[(4)]。彼らは個人能力を最大限に発展させ、「自己決定」と「自律」を可能にするための条件を整備するという目的に限って一定の国家介入を許容した（Hobhouse 1911=1994: 76; Emy 1973）。

二〇世紀初頭にはニュー・リベラリズムの影響を受けた自由党政治家ロイド＝ジョージの手により一連の社会立法が整備される。一九〇八年には老齢年金法、一九一一年には国民保険法（疾病、失業）が導入された。ただしこれらには厳しい所得制限がつき、有罪判決のない者に対象が限られるなど、個人の道徳に応じ

図 1-1　イギリス（左）、アメリカ（右）の社会構造とヘゲモニー

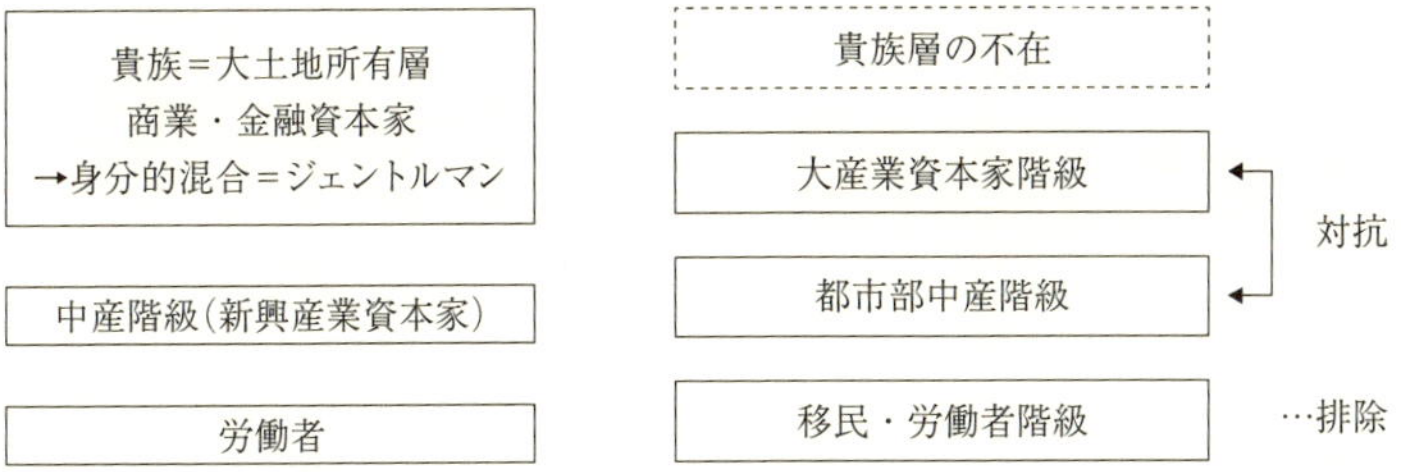

出典：筆者作成

た選別や制約が組み込まれていた。給付水準はあくまで「自助」を損なわない範囲に限定された（Fraser 2009: 14–15）。

（2）アメリカ

アメリカでは、一九世紀後半に北東部と中西部で石油精製、鉄鋼、鉄道、電気、銀行などの巨大産業が集積し、大資本家層が形成されていく。政治権力は上層資本家層や職業政治家に独占され、大量に流入した移民、都市下層労働者層はこうした人びとによる私的な利益供与の関係に組み込まれることで、都市部の「ボス政治」を支えた。

一九世紀をつうじて独立自営農民や商人・職人層に抱かれていた社会規範とは、公権力の介入を最小限にとどめ、貧困を個人の怠惰や能力不足の結果とみなす自由主義的貧困観であった。自由な市場での競争の結果、すぐれた資質をもった者が生き残り、そうでない者が淘汰されていく。こうした素朴な考え方は「社会ダーウィニズム」とも呼ばれて広く流通していた[5]。公的救貧は長らく忌避されていたが、一九世紀後半になると、中上層階級による貧民の道徳的な改善を目的とした慈善組織協会、「隣人」として貧民に寄り添いつつコミュニティの再建を図ろうとするセツルメント・ハウス運動など、民間組織による自発的な取り組みが活性化していった（ルバヴ　一九八二：一

四七)。

一九世紀から二〇世紀への転換期になると、都市部の専門職、ジャーナリストなどの新興中産階級を中心とする人びとのあいだで、移民・貧困問題、政治腐敗に対する批判が高まる。これらは「革新主義」運動と総称される(ホッフスタッター 一九六七)。およそこの時期から、貧困は個人の問題にとどまらない「社会問題」である、という認識が生まれていく(中野 二〇一五：二七)。一九一二年には民主党のウッドロー・ウィルソン大統領が誕生し、「革新主義」が実践に移される。独占規制、労働組合の合法化などが行われたが、社会保障にかかわる立法はなされなかった。

このように一九二〇年代までのアメリカでは、金融・工業大資本家層のヘゲモニーに都市部中産階級が対抗する形で社会改革が行われていく。両者の対抗は、共和党と民主党を中心とする政党競争へと反映されていった(6)。一方、移民・下層労働者層は「ボス政治」のもとに組み込まれ、貧困問題への対応は、民間組織による慈善活動と貧民の道徳的改善に限られていた。

②覇権国への挑戦と社会問題

(1) フランス

絶対王政が名誉革命によって打倒されたイギリスと異なり、一八世紀フランスでは絶対王政のもとで大土地所有層(貴族)、都市市民、同業組合などがそれぞれに特権を付与され、「社団国家」が形成された。強力な重商主義政策がとられたものの、「自由な市場」の形成は遅れ、一八世紀末までにはイギリスとの経済競争にも後れをとっていった。一七八九年に勃発したフランス革命は、封建体制から近代社会への転換という側面とともに、イギリスの国際的な覇権に挑戦する「上からの近代化」という側面をもっていた（ウォーラーステイン 二〇一三c：一〇七）。たしかにこの革命によって、フランスでも「自由な市場」が一挙に作られた。一七八九年の封建遺制の撤廃、貴族特権・教会財産の廃止、一七九〇～九一年の国内関税の廃止、一七九一年の同業組合廃止などである。しかし、ナポレオン体制が終焉した一八一五年以降もフランスは工業化の遅れに悩まされつづけた。中小手工業層、自営業層などの伝統的な中産階級が残存する一方、地方の「名望家」層（恩顧―依存関係に立脚する大土地所有層）が影響力を保持しつづけた（Charle 1991）。一九世紀のフランスでは、旧支配層から影響力を引きついだ名望家層と、新たに勃興してきた商工業資本家層、それに労働者層のあいだでヘゲモニー争いがつづき、四度にわたる政治革命と体制転換がくり返された（図1－2）。

一九世紀の半ばになると、都市部の労働者階級を中心とした貧困が「社会問題（question sociale）」と称されるようになる。フランスでこの問題を最初に取りあげたのは、名望家層、保守的使用者層、行政官などの支配層であった（Procacci 1993）。彼らによると、社会問題とは、「自由な市場」が広がることで恩顧―依存関係や、使用者（親方）―職人関係などの伝統的な紐帯が弱まり、個々人がバラバラに切りはなされてしまったことの帰結である。「社会」とは、家族、職業集団、地域共同体などのつながりの集積であり、それらはひとつの「有機体」を構成している。市場によって破壊された紐帯を取りもどし、中間集団を軸とした「社会」の再統合を図らなければならない。国家の役割とは、貧民を直接救済することではなく、こうした中間集団を補助し、それらの役割を調整することにある（田中 二〇〇六：二章）。

一方、一八四〇年代には名望家層や使用者層のパターナリズムに対抗し、労働者の相互扶助が活性化していく。これらの労働運動は反体制的な傾向を強め、一八四八年二月革命の一端を担ったのち、とくに一九世紀後半からはプルードン主義の影響のもとに、革命主義的な色彩を強めていく（田中 二〇一二）。

一八七〇年に始まる第三共和政のもとで、以上の保守的社会観、社会主義者たちの革命運動の双方を調停する思想として、エミール・デュルケーム、セレスタン・ブグレ、レオン・ブルジョワなどの社会学者・政治家によって唱えられたのが連帯主義（solidarisme）である。彼らの意図は、一方で保守主義者の階層的な社会観に対し、個人の平等にもとづく共和主義を擁護しつつ、他方でフランス革命期に唱えられたような国家と個人の二極構造（ジャコバン主義）を修正し、中間集団を活用した社会統合を実現することにあった。彼らによれば、職業的な分業によって一人ひとりが異なる役割を担うようになると、それらのあいだに相互依存――「連帯」――が生まれる。社会とは、こうした相互依存の連なりによって成り立つ有機体である。「連帯」を表現するのは職業組合、共済組合などの中間集団である。国家の役割は、これらの中間集団の結成を支援し、それらの関係を調整することに限定される（Bourgeois 1896; Bourgeois 1914）。

こうした社会観を背景として、都市部中産階級（専門職、中小資本家層）、地方小農層を支持基盤とする急進共和派が主導権を握る世紀転換期に、最初の社会保険が導入される。労災保険（一八九八年）、労働者・農民年金法（一九一〇年）などである。労災保険は労働事故に対する使用者の責任を明確化するものだったが、使用者の保険加入は任意にとどまった。労農年金法は加入の義務化を定めるものだったが、すでに自発的な保険をもっていた農業団体、共済組合、労働組合などが激しく反発し、実際に保険料を拠出したのは加入者の六分の一程度にとどまるなど、国民全体を包括する制度にはほど遠いものとなった（田中 二〇一二）。

以上のように、フランスでは地方小農層や都市部中産階級を支持基盤とする共和派によって最初の社会保険が導入されていった。

（2）ドイツ

一九世紀半ばまで家内制手工業が一般的であったドイツ諸邦では、小農層、手工業労働者などが残存し、一九世紀前半にヘゲモニーを保持したのは、農地改革によって土地を集積した大土地所有層（ユンカー層）であった。ナポレオン戦争での敗北を契機として、一八〇六年職業選択の自由、一八一〇年手工業者による同業組合（ツンフト）の独占禁止など「自由な市場」の形成は進んだが、議会制を主張する都市市民層も急進的な政治改革（労働者への参政権の拡大など）には否定的であった。

プロイセンを中心とした統一が果たされる一八七一年以降、ドイツは鉄鋼、機械などの生産でイギリスに並ぶようになり、急速な工業化をとげる。その過程でヘゲモニーを握ったのは財産と教養を備えた都市部「教養市民（Bildungsbürgertum）」層（学者、聖職者、専門職）であった。彼らは専門教育を受け、上級官僚職を独占しつつ、ドイツの「上からの近代化」を担っていった。新たに勃興してきた商工業資本家層は、国家介入に対抗して自由主義的な改革を貫徹するというよりも、こうした教養市民層と身分的に混合し、官僚化していった（コッカ編 二〇〇〇：野田 一九九七）。

プロイセンなど一部では、すでに一八三〇年代から「大衆的貧困（Pauperismus）」、「社会問題（Soziale Frage）」という言葉が語られていた（Geck 1963: 34-35）。ただしその内実は、工業化にともなう都市労働者層の貧困というよりも、工業化の遅れに由来する小農層、手工業層の困窮、過剰労働力の問題などを指していた（Eghigian 2000: 47; 木村 二〇〇〇：二五〇）。それへの対応は、国家官僚の指導による工業化と保護に求められた。この時期の代表的な理論家ローレンツ・フォン・シュタインが論じたように、社会とはさまざまな集団が結びつき、ひとつの倫理的目的を共有した「有機体」である。社会の目的を体現する官僚による広範な介入が「社会政策（Sozialpolitik）」として語られていく（シュタイン　一九九一）。

一九世紀後半に入ると労働者の組織化が進み、「社会問題」は「労働問題」と同一視されていく（Beck 1995: 2; Steinmetz 1993: 59–61）。一八七五年にはゴータ綱領によって労働運動の統一が実現し、社会主義労働者党が生まれる。しかし第二帝制初期に導入された社会主義者鎮圧法（一八七八〜九〇年）によって、これらの運動はすぐさま弾圧にさらされた。

「社会問題」への対応は、労働運動の圧力を背景とした「自由な市場」の修正というよりも、官僚・教養市民層の指導によって近代化を推し進めつつ、個人を自立へと「陶冶（Bildung）」＝教化する、という目的のもとに行われた。一八七二年に設立された社会政策学会を率いたのは、グスタフ・シュモラー、アドルフ・ヴァーグナーなど歴史学派の経済学者であった。彼らによれば、「社会」とはひとつの目的をもつ倫理的な共同体である。階級のあいだに融和をもたらすためには国家の役割が重要となる。ルヨ・ブレンターノは学会設立の演説で、「所有階級と非所有者階級を分裂させている闘争」を解決するため、「国家が下層階級の教化と教育に取り組むこと、……居住条件や労働条件に関心をもつこと」が必要である、と述べた（リハ 1992: 153）。社会政策とは、いわば下層階級を物質的・道徳的に陶冶するための「上から」の国家介入を指していた（Steinmetz 1993: 109–110）。

こうした思想を背景として、第二帝制の統治者ビスマルクのもとで、最初の社会保険が導入される。一八八三年の疾病保険、一八八四年の労災保険、一八八九年の老齢・障害保険である。これらは労働者を対象とした強制加入の保険であり、自営業者や農民はそこから除外されていた。財源は税ではなく、労働者・使用

図1-2　フランス（左）、ドイツ（右）の社会構造とヘゲモニー

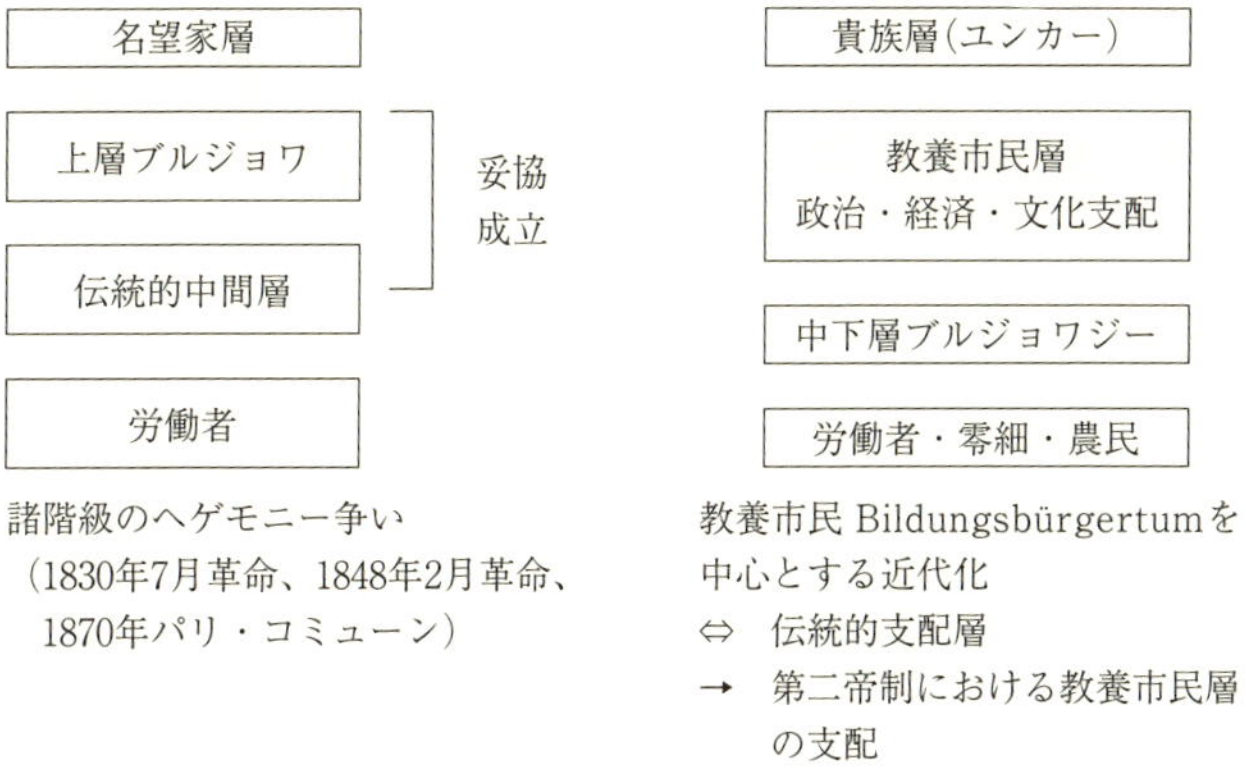

出典：筆者作成

者の拠出に委ねられたため、再分配効果は乏しかった。さらに保険の運営は、国家ではなく労使代表の手によって行われた。こうしてドイツでは、階級融和を目的とし、労使から成る伝統的な中間集団を活用する形で、国家官僚の指導のもとに社会保険が導入されていった[7]。

③半周辺国と社会問題

スウェーデン、日本という二つの国は、いずれも西ヨーロッパ諸国から遅れて世界経済に参入し、一九世紀後半から工業化に取り組んだ半周辺国家である。

(1) スウェーデン

スウェーデンは一九世紀半ばまで、小農中心の農業国であった。一八六五年の対仏通商条約を契機として、国際的な自由貿易体制に組み込まれると、鉄鋼、製材、製紙、機械などの分野で輸出主導の工業化を遂げていく。しかし人口の急増と慢性的な食糧不足のため、一八六〇年から一九三〇年までのあいだに約一二〇万人（全人口の五分の一）が移民として流出するなど、ヨーロッパでもっとも貧しい国のひとつでありつづけた（Davidson 1989: 49; 岡沢 二〇〇九：五〇）。

スウェーデンの特徴は、貴族の土地所有が少なく、中小農民層が多かったため、大土地所有層のヘゲモニーが確立しなかったことである。他方で製材や鉄鋼など地方の資源を活用した急激な工業化により、都市と地方のあいだに大きな亀裂が生まれず、比較的に均質な労働者階級が形成された[8]（宮本 一九九九：四二）。世紀転換期の都市部「教養市民」（専門職、資本家）層は、同じ時期のドイツ国家論の影響を受け、国家をさまざまな階級・身分から成る「有機体」ととらえ、下層市民や労働者階級と対抗するというよりも、これらの階級と協調しつつ、「国民運動（folkrörelse）」を活用して、スウェーデンの国家統合と近代化を推し進めていった（Davidson 1989: 54; 石原 一九九六：四一―四七）。このようにスウェーデンでは、特定の階級がヘゲモニーを独占せず、都市部中産階級、労働者階級、地方の土地所有層のあいだに緩やかな協調関係が形成され、近代化・国民化が進められた点に特徴がある（図1－3）。

工業化の進展を受けて、一八七一年には新しい救貧法が制定されるが、その対象は労働能力がなく、身寄りのない者に制限され、貧民の不服申し立て権もない「施し」にとどまった（石原 二〇一一：二四七）。一八八九年にはイギリスの慈善組織協会（COS）をモデルとした慈善調整協会（FVO）が設立されるなど、救貧はおもに民間の慈善団体に委ねられ、近代的な救貧行政は一九世紀末までみられなかった。

世紀転換期になると、貧困はたんなる個人の労働能力や道徳の欠落によるものではなく、「社会問題」として語られていく。それは農民・手工業者の没落、労働者階級の貧困を指すだけでなく、「国民（folk）」の一体性をおびやかす問題として認識された。中上層資本家は、下層階級のふるまいや道徳を改善するための相互扶助、禁酒、学習サークルなどを結成し、「国民」にふさわしい生活と道徳を身につけるよう指導する。

図 1-3　スウェーデンの社会構造とヘゲモニー

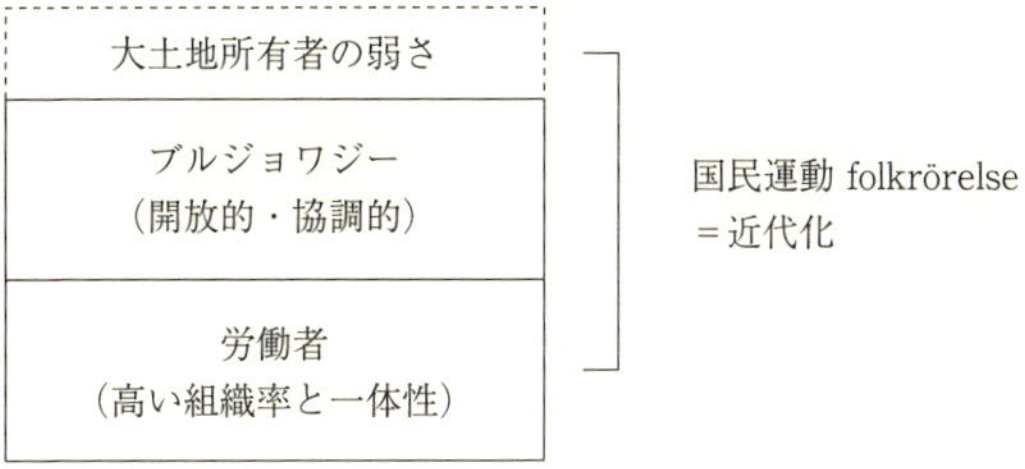

出典：筆者作成

これらのモラル改善運動は、やがて一九二〇年代に唱えられる「国民の家」構想へとつながっていくことになる。

（2）日本

一九世紀半ばまで、三〇〇あまりの領邦に分かれ、封建的土地所有を基盤としていた日本は、欧米諸国のアジア進出によって市場開放を迫られ、一八六七年の体制転換（明治維新）によって世界経済へと強制的に組み込まれた。幕藩体制が倒れて新政府が樹立されると、政府主導の「上からの工業化」が急速に進められた。政府の支援のもとで工業化（造船、紡績、鉄道、通信）が推進され、一八八〇年代からは官営工場の払い下げによって三井、岩崎、住友などの民間大資本（財閥）が形成される。日清戦争（一八九四〜九五年）、日露戦争（一九〇四〜〇五年）を経て重化学工業化が進む一方で、伝統的な中小産業や小農層も残存し、いわゆる産業の「二重構造」の原型が形づくられていった。また新たに形成された労働者層は厳しい弾圧にさらされ、政治的影響力をもてなかった。

明治政府のもとでは、一八七四年に恤救規則が定められていたが、これは労働能力を欠き、ほかに救済の手段のない貧民に対する施しにとどまっていた。工業化の進む一八九〇年代に入ると、伝統的貧困とは異なる都市下層民・労働者の貧困への関心が高まっていく。横山源之助など「探訪記者」たちによる生活実態調査や報告書が出版され（一八九六年の「地方の下層社会」連載、一八九九年の『日本之下層社会』など）（松澤 一九七三：一四）、九〇年代後半からは知識層のあいだで「社会問題」に対する認識が急速に広がった（一八九七年『社会雑誌』発刊、労働組合期成会結成、『労働世界』発刊、中村太八郎の社会問題研究会発足、一八九八年東京帝国大学を中心とした社会学研究会発足、一八九九年『社会』発刊など）。ただしこれらの場で語られた「社会問題」とは、貧困問題、労働問題、都市問題、風俗問題など、明治体制の秩序をかく乱するさまざまな問題を総称するものにとどまっていた（石田 一九八四：四七：松澤 一九七三：二七）。その背後にあったのは、国家介入によって体制への脅威を未然に除去し、予防するという支配層の関心であった（松澤 一九七三：三〇）。

日本では、大正デモクラシー最盛期の一九二〇年前後において、「社会」が政治的領域と区別された相互扶助から成る自律的領域として語られはじめる。いわゆる「社会の発見」である。[9]同じ時期にはフランスの「社会連帯」概念が導入され、成員の相互義務という観点から、救貧・医療扶助・児童保護などの「社会事業」が正当化された（生江 一九二七：三一―三五：石田 一九八九：二六八）。一九二九年には、社会連帯思想を背景として、高齢・障害者などへの公的扶助を定めた救護法が導入される。しかし、こうした折衷的思想は左右両派からの批判にさらされていく。社会政策学会が工場法をめぐる内部対立で二六年に活動を停止した後、二九年以降の不況のもとで、「社会連帯」思想は川上貫一、磯村英一らマルクス主義者の批判を受け、三〇年代以降は準戦時体制における「厚生事業」論へと変質していった。

日本において社会保障が最初に導入されたのは、一九三〇年代後半からの総動員体制のもとにおいてであった。その基礎づけを提供したのは、「人的資源」論および「生産力」論であった。早見八十二と並ぶ主導

図 1-4　戦前日本の社会構造とヘゲモニー

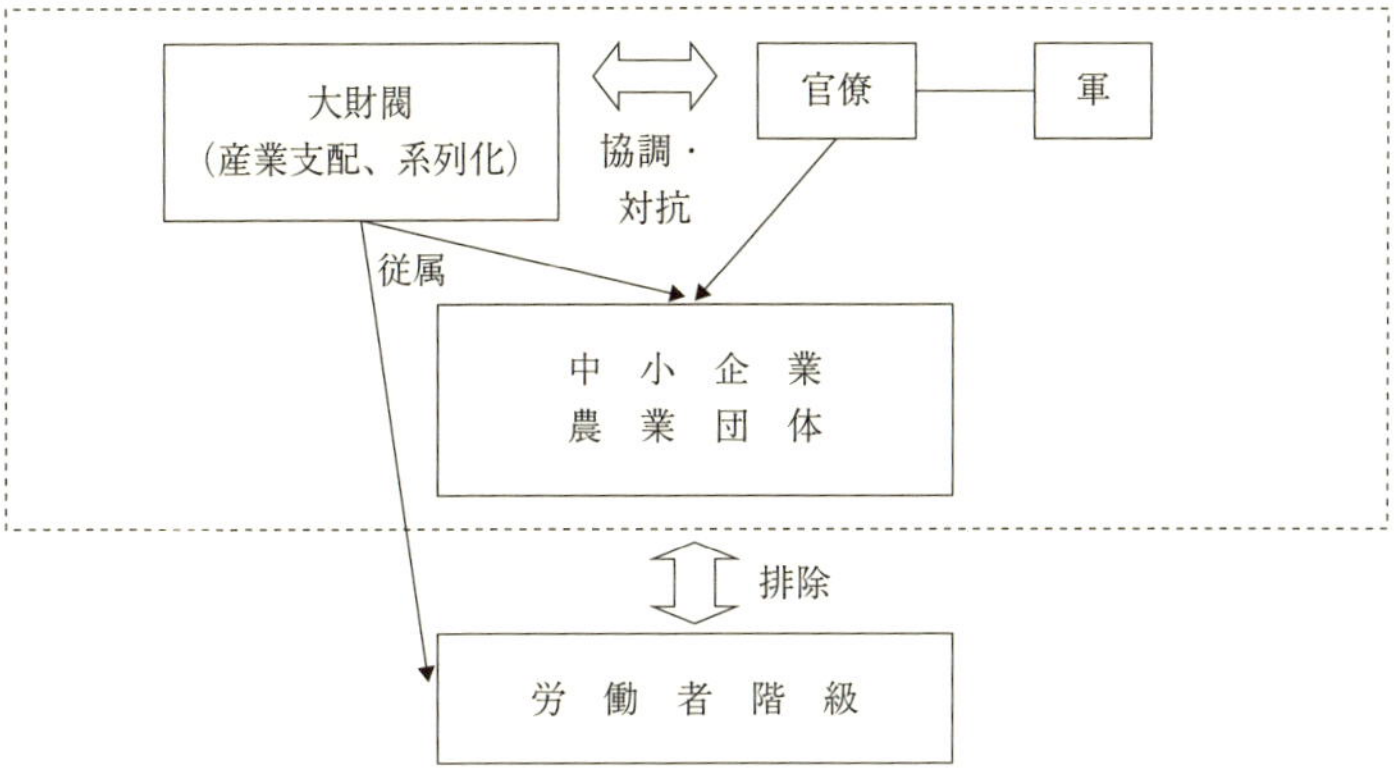

出典：筆者作成

者の一人大河内一男は、社会政策を労働問題の解決ではなく、国民経済発展に不可欠な労働力の保全手段としてとらえ、工場法、労働災害補償法、社会保険などの政策を正当化した。「「人的資源」という言葉は……労働の、国にとっての資源としての存在、その国家性の自覚を代表するものなのである。社会政策の労働力政策としての成立はこの自覚の上にのみはじめて可能となる」（大河内 一九四〇＝一九六九：一四）。四〇年には「紀元二千六百年記念全国社会事業大会」が開かれ、人的資源の育成、国民生活の確保が「厚生事業」の目的として掲げられる。これらの思想を背景として、動員される国民の健康に配慮するため、一九三九年国民健康保険が、一九四一年には労働者年金が導入された。ただし前者は任意加入にとどまり、後者も従業員一〇名以上（一九四四年以降は五名以上）の事務所に限定されるなど、国民全体を包括するものにはならなかった(10)。

　以上のように、戦前の日本では「自由な市場」が確立せず、国家官僚と大財閥とのあいだに寡頭体制が築かれた（図１－４）。こうした支配層のヘゲモニーを背景として、貧困とは既存の体制をかく乱する要因とみなされた。貧困への対応とは、労働運

表 1-1　各国のヘゲモニーと貧困観

	世界システム内の位置づけ	ヘゲモニー	貧困観
イギリス、アメリカ	中核国（覇権）	商工業大資本家層	自由主義的
ドイツ、フランス	覇権国への挑戦	大土地所有層／中間層の抗争	共同体主義的
スウェーデン	半周辺	中間層を中心とした国民化	国民主義的
日本	半周辺	大資本家層と官僚層の寡頭体制	残余的

出典：筆者作成

動を背景とした自由な市場の修正としてではなく、秩序維持策や戦時体制への動員策の一環として行われた。

④ヘゲモニーと貧困観

およそ第二次世界大戦前までの時期に、本書で取りあげる六つの国は、世界システムのなかでの位置と、国内の社会構造およびヘゲモニーの違いによって、それぞれ自由主義的（イギリス、アメリカ）、共同体主義的（ドイツ、フランス）、国民主義的（スウェーデン）、残余的（日本）な貧困認識をもっていた（**表1－1**）。これらの認識を背景として、国家の介入が飛躍的に拡大する第二次世界大戦以降、福祉国家が形成されていくことになる。

第2章　自由主義レジームの形成――イギリス、アメリカ

1　戦後レジームの基礎――ブレトンウッズ体制とフォーディズム

第1章では、福祉国家の前史について検討した。各国は「ヘゲモニー」のあり方に応じて、異なる形で「社会問題」を認識し、それへの対応を行った。ただし国家介入はなお限定的な範囲にとどまっていた。ところが第一次世界大戦、第二次世界大戦という二度の「総力戦」を経ることで、国家の介入は飛躍的に拡大していく（ピアソン　一九九六：二四〇）。

第二次世界大戦後、先進国は共通する枠組みのもとに福祉国家を形成していく。その枠組みとは、自由貿易を原則とする「ブレトンウッズ体制」であり、この体制に呼応する国内の政治経済の仕組みが「フォーディズム」である。第Ⅱ部で扱うとおり、両者の枠組みがくずれたとき、福祉国家は根本的な再編を迫られることになる。この二つの枠組みを理解することは、本書全体の叙述を理解する鍵となる。以下、それぞれについて概要をみておこう。

①ブレトンウッズ体制

一九世紀までの自由な資本主義市場を支えたのは、国家介入の制約と、国際的な金本位制であった。金本

位制とは、各国通貨の発行量を保有する金の量によって規制する仕組みである。一九世紀初頭にイギリスが金本位制を採用すると、通貨の価値を安定させて自由貿易を推進するため、他の主要国も金本位制を採用していった。金本位制のもとでは為替レートが安定する代わりに、景気に応じた金融・財政政策をとる余地は乏しくなる。

しかし二〇世紀初頭になると、金本位制と自由貿易体制を維持することは徐々に難しくなっていった（ポラニー 二〇〇九：一章、二章）。国内の階級対立に悩まされた主要国は対外的な膨張主義（帝国主義）へと向かっていき、やがて大きく二つの陣営に分かれて第一次世界大戦（一九一四〜一九一八年）を経験する。戦後、これらの国々は自由貿易への回帰を図り、金本位制へと復帰していく。ところが一九二九年に世界恐慌が起こると、金本位制は最終的に崩壊へと向かった（平島、飯田 二〇一〇：一六七）。各国は三〇年代前半に次々と金本位制から離脱し、通貨・貿易ブロックを形成する（イギリスのオタワ協定、フランスの金ブロック、アメリカのドル圏、ドイツのマルク圏、日本の円ブロック）。保護主義の高まりによって経済的苦境に陥ったドイツ、日本、イタリアでは、国内で排外的なナショナリズムが高揚し、やがてファシズム勢力が権力を掌握する。こうして世界はふたたび連合国と枢軸国に二分され、第二次世界大戦が勃発した（ガードナー 一九七三：河村 一九九五）。

連合国が勝利を確信するようになった一九四四年七月、ブレトンウッズで国際会議が開かれ、戦後の国際秩序が協議される。戦前のブロック経済に対する反省から出発したこの会議では、アメリカとイギリスの綱引きはあったものの、最終的に次の三つの取り決めがなされた（牧野 二〇一四）。

第一は、多角的・包括的な自由貿易の推進である。一九四八年に発効するＧＡＴＴ（関税と貿易に関する一般協定）では、農産品を除き、原則としてすべての品目の関税撤廃が定められた。

第二に、自由貿易を支える国際通貨体制として、金と兌換性をもったドル（金一オンス＝三五米ドル）を基軸通貨とする固定相場制が採用された。戦前の金本位制のもとでは、各国の保有する金の量によって通貨の発行量が規制されたため、景気に合わせた金融・財政政策を機動的に行うことができなかった。ドル＝金本位制では、各国通貨とドルの為替レートが固定され、ドルのみが金との兌換を求められる。この制度のポイントは、各国が±１％の範囲内で為替レートを調節できるうえ、国際収支が不均衡に陥ったりドル準備金が不足したりした場合には、国際通貨基金（IMF）から一時的な融資を受けられるようになったことである。つまり、景気に合わせて一定の金融・財政政策を自律的に行う余地が認められたのである。ただし固定相場制を維持するため、国境を超えた資本の移動は厳しく規制された。自由貿易を原則としながらも、各国がある程度自律的に金融政策・財政政策を行えるようになったことから、戦後の体制は「埋め込まれた自由主義（embedded liberalism）」と称される（Ruggie 1982）。

第三に、各国の復興と開発を進めるため、長期の貸し付けや融資を行う世界銀行（World Bank）が設立された。

以上のように、アメリカの経済的な覇権を基盤として、自由貿易（GATT）と国際的なドル＝金本位制（IMF による補完）によって成り立つ戦後国際秩序は、会議が行われた地名にちなんで「ブレトンウッズ体制」と呼ばれる。

②フォーディズム

ブレトンウッズ体制のもとで各国は自律的な金融・財政政策を行えるようになった。この枠組みに対応する国内の政治経済の仕組みが「フォーディズム」である。

二〇世紀の前半、各国では議会制民主主義を否定する極左（革命主義）、極右（ファシズム）勢力が影響力をもっていた。ファシズム体制が打倒され、米ソの冷戦が始まると、西側諸国では議会制民主主義への合意が生まれていく。多くの国は戦時中に経済計画を経験し、国家が労使関係に介入して生産性を引き上げるというあり方を許容するようになっていた。アメリカでは一九三〇年代のニューディール政策によって、大規模な公共事業やインフラ整備を政府が実施し、経済をけん引することが試みられた。こうした考え方は戦後のマーシャル・プランや経済援助をつうじてヨーロッパや日本にも波及していく（Maier 1977）。戦後の主要政党は、右と左の違いにかかわらず、経済成長を最優先する「生産性の政治」に合意していくようになる。

この「生産性の政治」を実現する鍵となったのが、労使の和解体制である。戦前の労働運動は階級対立を重視し、生産手段の国有化をつうじた社会主義の実現を標ぼうしていた。戦後になると、使用者団体と労働組合のあいだに一定の協調関係が成立していく。労働側は使用者と協力して生産性の向上に努力する。使用者の側は労働者の雇用を保障し、生産性の向上にあわせた高賃金を約束する。労使和解が特定の産業を超えて広く社会に普及するようになったとき、その仕組みは「フォーディズム」と呼ばれる（アグリエッタ 一九八九；ボワイエ 一九九〇）。

戦後の資本主義の把握にヒントを与えたのは、アメリカの自動車会社フォード社で行われた労務管理の手法であった。フォード社は労働過程を細分化し、単純な作業の組みあわせにすることで（たとえば、チャップ

図 2-1　フォーディズムの概念図

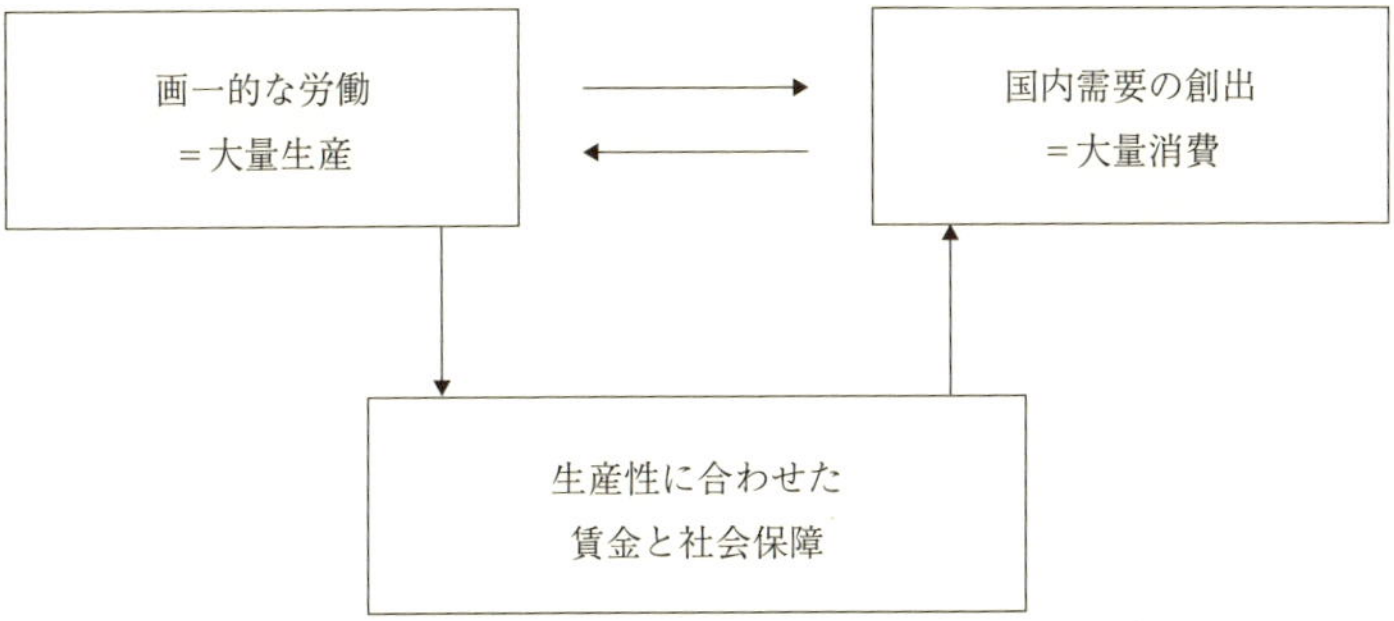

出典：筆者作成

リンの映画『モダン・タイムズ』に描かれたベルトコンベアー式の工場労働）、同じ型の自動車を安く大量生産することに成功した。さらに労働者の離職をできるだけ少なくするため、高賃金を約束し、労働者自身が自分たちの生産した車を購入できるようにした。

「フォーディズム」とは、フォード社で試みられた生産と消費の循環が、社会全体で行われるようになったことを指す言葉である。労働者は管理された単純労働に従事し、生産性を向上させ、同じモデルの製品を大量生産する。使用者は労働生産性の向上に合わせた高賃金を労働者に約束する。さらに労使和解体制のもとで、国家もまた労働者に失業・労働事故・病気・老齢などのリスクに対する所得保障を約束する。こうして労働者は、自らが生産した製品を購入する「消費者」へと転化する。一九世紀以前の資本主義と異なり、第二次大戦後の資本主義では、大量生産と大量消費が循環するようになった（図2-1）。先進国では画一的なモデルの耐久消費財（自動車、冷蔵庫、テレビなど）が一般家庭に普及していった。家族が消費の中心地として位置づけられ、男女の役割分業や「主婦」というあり方も広がった。これらの仕組みのもとで、一九七〇年代半ばまで「黄金の三〇年」と呼ばれる経済成長が実現したのである。

③戦後レジームをとらえる視点

以上のように、戦後の先進国は、国際的な「ブレトンウッズ体制」と国内の「フォーディズム」という枠組みを共有し、経済成長と分配政策（福祉国家）を両立させていった。戦後国家は完全雇用政策と社会保障という両方の役割を担い、市場に深く介入していく。

「生産性の政治」と「フォーディズム」の成立条件となるのは、労使の和解体制であり、左右勢力のコンセンサスである。とはいえ、どの国でも同じようにコンセンサスが成立したわけではない。第1章で検討したとおり、戦前の社会では異なる支配階級が「ヘゲモニー」を構築していた。大きく言えば、自由主義的貧困観（イギリス、アメリカ）、共同体主義的貧困観（フランス、ドイツ）、国民主義的貧困観（スウェーデン）、残余的貧困観（日本）が支配的な社会規範となっていた。戦後の各国は、これらの歴史遺制のうえに福祉国家を築いていく[1]。

そこで以下では、各国でどのような社会階級がヘゲモニーを握り、どのような規範のもとに福祉国家を形成していったのかを検討する。この時期に重要なのは、労働者・使用者のあいだの権力関係であり、それを反映した政党システムである。この二つに加え、保守勢力がヘゲモニーを握っていた場合には家族にかかわるジェンダー規範も重要となる。以下では、労使関係、政党システム、ジェンダー規範の三点を軸として戦後レジームの形成過程を比較する。各国が大きく自由主義レジーム、保守主義レジーム、社会民主主義レジームへと分岐していく要因を明らかにし、これらとの比較から日本の位置づけを探る[2]。

2　イギリス――普遍主義から選別主義へ

イギリスは一七世紀以来の救貧法の伝統をもち、戦後も長らく、市民全体に「ナショナル・ミニマム」を保障する普遍主義的な福祉国家のモデルとして理解されてきた（Baldwin 1990; セイン 二〇〇〇）。救貧法から福祉国家へという発展史は、しばしば社会政策の教科書などでも典型的なモデルとして扱われている(3)。実際今日でも、イギリスの医療費は原則無料であり、年金・失業・労災などへの保険に関しては国民全体が一つの制度に加入するなど、普遍主義的な性格は残っている。他方、イギリスは一九八〇年代に新自由主義改革を経験し、現在も「小さな政府」を志向している国である。公的社会支出の水準をみると、主要国ではアメリカに次いで低い水準にとどまっている（表0-1）。公的年金の所得代替率（現役所得と比較して退職後に給付される年金の水準）は五〇%を切っており（OECD, Pension at the Glance, 2015）、多くの人が民間の年金に頼っている。医療に関しても、自分で医療機関を選べない、診察や手術に長い待ち時間が必要となるなどサービスの質の低さがたびたび批判され、富裕層のなかには民間医療保険に加入し、私立病院を利用する者も多い。

このように、イギリスは普遍主義的な福祉国家のモデルとされてきた一方で、公的な福祉の水準は低く、民間保険や市場の果たす役割が大きい「小さな政府」となっている。なぜこうした性格がもたらされたのだろうか。以下では労使関係と政党関係に着目し、とりわけ戦後のベヴァリッジ・プランの理念的な特徴を指摘することで、自由主義レジームの形成要因を明らかにしよう。

①福祉国家形成の条件

（1）労使関係

第1章でみたとおり、いち早く工業化を遂げたイギリスでは、熟練労働層が労働運動の中心となった。職場単位で労働者・使用者が賃金や労働条件の交渉を行う「職場代表（shop steward）」制が慣行として根づき、労使の頂上団体による中央交渉は発展しなかった。一八六八年には労働組合のナショナル・センターである労働組合会議（TUC: Trades Union Congress）が結成されるが、そこに加入する労働組合は、第二次大戦後になっても全体の四分の一にとどまっていた。さらに国家は法的な介入を最小限にとどめ、労働者・使用者の自治的な協約を重視するという「任意主義（voluntarism）」の伝統もあった（毛利 一九九九：六章）。要するに、イギリスの労使関係の特徴は、現場に近い活動家たちの権限が強い分権的な性格という点にあった。

これらの特徴は大量生産—大量消費の循環である「フォーディズム」を作りだすうえでは不利な条件であった。フォーディズムの成立要件とは、労使のあいだに組織的な妥協が成立することである。労働組合の側はストライキなどを自主規制し、生産性の向上に協力する。使用者の側は生産性に合わせた賃上げと社会保障を約束する。両者の条件が満たされるとき、生産と消費のあいだに好循環が生まれる。ところが戦後イギリスでは、「職場代表制」のため労働組合同士の賃上げ競争が発生し、賃金上昇は物価へと反映してインフレを引き起こした。産業を超えた労使の合意が成立しにくかったため、労働者の職業移動も乏しく、産業構造の合理化は進まなかった（クレッグ 1988; 二宮 二〇一四）。イギリス経済は長らく低成長とインフレに苦しめられていく[4]（Hall 1986）。一九世紀までの自由な労働運動の伝統は、二〇世紀のいわゆる「組織された資本主義」とうまく適合せず、むしろ経済成長にとって桎梏となっていった。

（2）政治制度

一九世紀後半のイギリスでは、商工業資本家層を代表する自由党と、大土地所有層を代表する保守党のあいだに二党制が確立していく。第一次大戦後には労働者層を代表する労働党（一九〇六年結成）が台頭し、自由党に代わって保守党との二党競争を担うようになる。小選挙区制をとるイギリスでは第三党が政権選択に影響を与えることは少なく、一九七〇年代までこれら二党のあいだで政権交代がくり返された（表2－1）。

政治制度についてもう一点つけ加えるべきは、イングランドでいちはやく集権的な近代国家が発達し、国教会が唯一の宗派となったこともあり、民族的、宗教的な亀裂が政治制度へと反映しなかったことである。[5]

表2-1　戦後イギリス政治の流れ

1945～51年	アトリー	労働党
1951～55年	チャーチル	保守党
1955～57年	イーデン	保守党
1957～63年	マクミラン	保守党
1963～64年	ダグラス＝ヒューム	保守党
1964～70年	ウィルソン	労働党
1970～74年	ヒース	保守党
1974～76年	ウィルソン	労働党
1976～79年	キャラハン	労働党

しばしばイギリスの政治制度は「ウェストミンスター・モデル」と呼ばれる。立法権と行政権が一体となった議院内閣制であり、行政の長である内閣総理大臣（首相）が与党多数派から選出されるため、立法・行政の権限が首相へと集中している（レイプハルト 二〇一四：二章）。権力の所在が明確であり、拒否点の少ないこの集権的制度のもとでは、首相のリーダーシップにより大規模な制度変革が行われやすい。実際戦後のイギリスでは、一九四〇～五〇年代の普遍主義的な福祉国家の導入、一九七〇年代末からの新自由主義への転換、という二度の大きな制度変革が行われた。

以上を比較の観点からまとめると、イギリスの労使関係は分権的であるが、政治制度は集権的である。

②戦後レジームの形成

（1）ベヴァリッジの構想

一九三九年九月、イギリスとフランスによる対ドイツ宣戦布告によって第二次世界大戦が勃発すると、一九四〇年代には全就業者の五割以上が戦争関連の産業に従事するなど、イギリスでは国家による「総力戦」が展開された。国民の戦争協力への見かえりとして、すべての人を包括する社会保障の案が政府内で構想された。その中心的役割を担ったのが厚生官僚のウィリアム・ベヴァリッジであった。

ベヴァリッジは自由党の支持者でありながら、ニュー・リベラリズムやフェビアン社会主義などの思想的影響も受け、戦時中には統制経済を支持するなど、一貫した思想家というよりも、実務家としての性格をもった高級官僚であった（Harris 1994; ハリス 二〇〇三；小峰 二〇〇七）。救貧法のもとでの劣等処遇原則を一貫して支持していたように、無条件の救貧や再分配には否定的であり、自由な市場への信頼を終生もちつづけた。とはいえ、自由な市場を機能させるためにこそ一定の国家介入や再分配が必要だとも考えていた。

彼が中心となって起草した一九四二年の『社会保険および関連サービス』（通称ベヴァリッジ・リポート）では、自由な市場だけでは解決できない「五つの巨悪」として、「窮乏、病気、無知、不潔、怠惰」が挙げられた。これらに対応する政策が、社会保障、医療サービス、教育、住宅、雇用政策である。ベヴァリッジの報告書は社会保障だけを論じたものではなく、これらの政策を一体として行うよう提案したものであった。ただし、そのうちもっとも重視されたのは社会保障、つまり最低生活水準の所得をすべての人に権利として保障することであった。彼は社会保障の原則を次のように説明している。

「社会保障計画の主な特色は、稼得能力の中断および喪失に対処し、出生、結婚、死亡のさいに生ずる特別の支出に対処するための社会保険である、という点である。この制度は六つの基本原則を含む。均一額の最低生活給付、均一額の保険料拠出、行政責任の統一、適正な給付額、包括性、被保険者の分類である。」（Beveridge 1942: §17）

ベヴァリッジの原則は三つに要約できる。第一に、社会保障は「ナショナル・ミニマム」の水準に限定されなければならない。それは「すべての個人にたいしてナショナル・ミニマム以上のものを自分で勝ち取る――最低の物質的ニーズ以上の高度で新しいニーズを充足するための手段を発見し、満足させ、かつ生産する――余地を残し、むしろこれを奨励する」（Beveridge 1942: §292）。社会保障とは、各人が自らのライフスタイルを自由に選択できる条件を提供することである。第二に、すべての人への均一給付に対応して、拠出（保険料）もまた均一でなければならない。ただし、働く能力をもたない人に限って無拠出の公的扶助が提供される。第三に、新たな制度には職業にかかわらずすべての人が加入する。それは単一の行政制度として運営されなければならない。

このようにベヴァリッジの構想は、あくまで個々人の「自立」を目的として、一時的な所得の中断や不足に対応しようとするものであり、平等や再分配をめざすものではなかった。それは働ける人が労働を担うという「完全雇用」状態を前提としていた。実際、ベヴァリッジの報告書は、『社会保険および関連サービス』（一九四二年）だけでなく、『雇用政策』（一九四四年）、『ボランタリー・アクション』（一九四八年）という三部作から構成される。社会保障、完全雇用政策、自発的な相互扶助という三つは、お互いに結びつくことではじめて機能する、と考えられたのである。

(2) 戦後コンセンサス

ナチス・ドイツとの戦争を勝利に導いた指導者ウィンストン・チャーチルは、ベヴァリッジらの唱えた社会保障構想の実現に消極的とみなされ、一九四五年の総選挙で敗北を喫する。代わって首相の座に就いたのは、労働党党首のクレメント・アトリーだった。戦後のイギリスは、労働党政権のもとで完全雇用政策と社会保障政策を推し進め、いわゆる「ケインズ主義的福祉国家」を建設していく。

のちにチャーチルが「ゆりかごから墓場まで」と評したような社会保障は、一九四六年の国民保険法（労働災害、失業）に始まる。一九四八年には国民年金法が導入される。これらは全国民がひとつの制度に加入し、均一の保険料拠出にもとづいて、失業・けが・老齢による失職の際に均一額を給付される、という制度だった。働けない人には一九四八年に国民扶助法が導入された[6]。

さらに一九四六年には、保健相アナイリン・ベヴァンのリーダーシップによって、国民健康サービス(NHS: National Health Service）法が制定される。これは税と一律の保険料により、すべての国民が医療サービスを無料で受けられるようにする「革命的」な制度だった（Laybourn 1995: 228）。当時、医療費を無料にすると誰もが医療サービスにアクセスできるようになり、やがて病気自体が減っていくだろう、と考えられたのである[7]。国有化によって職業的な自律性を失うことを恐れた医療従事者たちの反対にもかかわらず、医療サービスは行政的に一つの組織に統一され、地域ごとの格差も小さくなった。

こうしてイギリスは、歴史上初めてすべての個人が「ナショナル・ミニマム」を保障される普遍主義的な福祉国家を導入した。給付の水準はベヴァリッジが当初想定していたよりも低くなり、あくまで「自助」を妨げない範囲に限定されたが、それは施しではなく国民の権利にもとづくものとなった。

福祉国家成立の前提とされたのは完全雇用であった。アトリー労働党政権は、一九五一年までに経済全体の二割を占める主要産業の国有化を行った。一九四六年のイングランド銀行国有化を皮切りに、航空、電気通信、石炭、運輸、ガス、鉄鋼産業が国有化された。

一九五一年にはチャーチルが政権を奪還し、その後六四年まで保守党政権がつづく。この時期にも公的社会支出は拡大をつづけ、完全雇用政策も維持された。世論の多数派は福祉国家の拡大に賛成していたため、その転換を図れなかったのである（Dorey 1996: 61）。一九五〇年代以降、労働党と保守党は自由主義経済、ケインズ主義、普遍的な福祉国家の建設について、「コンセンサス」（保守党バトラーと労働党ゲイツケルの名前をとってバツケリズム（Butskellism）と呼ばれる）を形成していく。(8)

（3）福祉国家の変容（一九六〇～七〇年代）

しかしその後、福祉国家が順調に発展を遂げたわけではなかった。その後の展開を理解する鍵となるのは、均一拠出・均一給付による「ナショナル・ミニマム」の保障という出発点にあった理念と、中産階級の動向であった。

ベヴァリッジの構想に示されるとおり、戦後福祉国家のもっとも重要な目的とは、すべての市民を欠乏から解放し、最低水準の所得を保障することであった。ところが経済復興が進む一九六〇年代になると、どの国でも人びとの生活水準が上昇していく。もはや欠乏からの解放だけが求められるわけではなく、平均的な

図 2-2　イギリスの年金改革

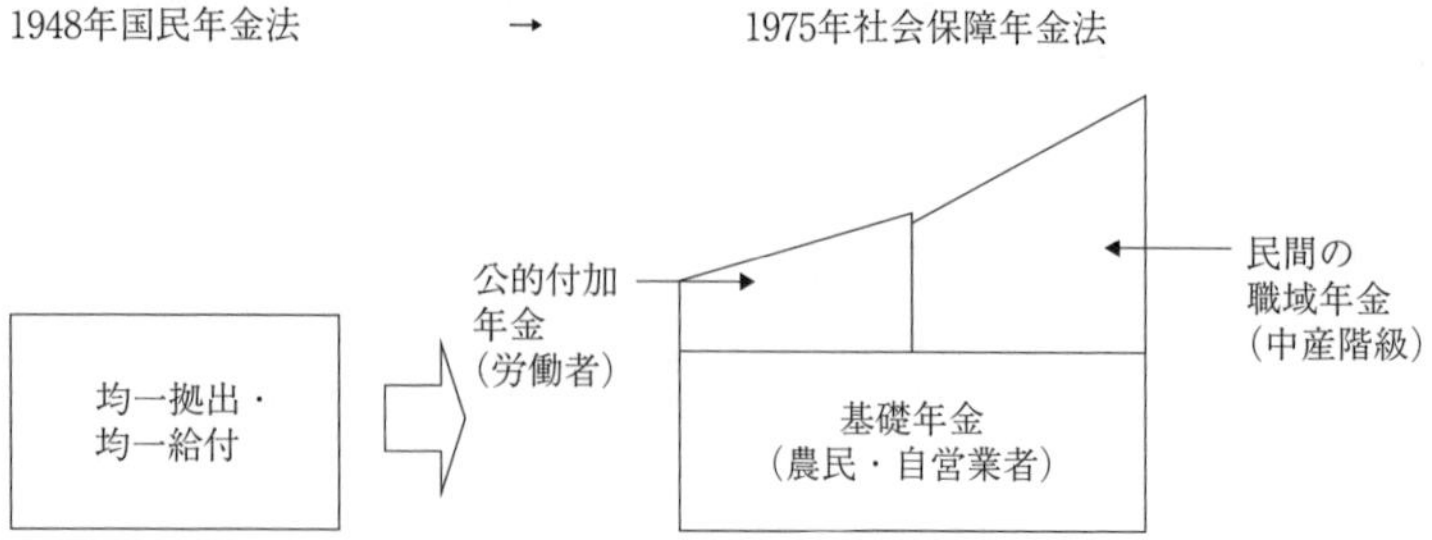

出典：筆者作成

生活水準を国家が保障するかどうかが問われていくことになった（絶対的貧困から相対的貧困へ）。とりわけ事務職・ホワイトカラー層などの新中産階級の動向が、福祉国家の発展の方向を決定づけることになる。

ベヴァリッジ・プランに沿った均一拠出・均一給付という制度では、貧しい層でも拠出できる程度の保険料しか設定できない。給付は普遍的にすべての市民に均一に行われるものの、その水準は低くならざるをえなかった。人びとの生活水準が上昇する一九五〇年代以降、給付の上乗せを求める声が強くなっていく。労働党は一九五七年の年金改革への提言を皮切りに、所得比例型の職域年金を基礎年金の上に付加することを主張していく。一方保守党も、一九五八年の白書以降、職域年金を付加することを主張したが、これらは民間の制度とすべきと主張した。

以上の対立があったにせよ、公的年金の水準を引き上げる（公的付加年金を導入する）ためには、経済全体のパイの拡大と税・保険料の増収が必要となる。ところが戦後イギリスは「不完全なフォーディズム」によってインフレと低成長に悩まされていた。結局、労働党が政権に復帰した一九七五年に行われた改革では、公的付加年金（所得比例）が導入されたものの、その対象は労働者層に限られ、自営業者や農民は含まれなかった。さらにホワイトカラー層（事務員）など中産階級以上は、すでに職域ごとに作られた任意保険に加入していたため、公的保険か任意の職域保険かを選べるようにした（適用除外制度）（Lowe 2005: 154-158; Hill 1993: 66-73; 嵩 二〇〇六：九一－一一三）。

こうしてイギリスの年金制度は、基礎年金を除けばおもに低所得層が加入する制度となり、中産階級以上は任意で加入する職域保険や民間保険に頼るという二重化が進んでいった（図2－2）。当初普遍主義の制度として出発したにもかかわらず、その後の公的制度はより「選別主義」的な性格を強め、給付水準も低いままになっていったのである。

3　アメリカ――最低所得保障への限定

アメリカは「半福祉国家」とも呼ばれるように（Katz 1986: x）、他の国では一般的にみられる国民全体を対象とした医療保険や家族手当が存在しない特異な国である。先進国では日本に次いで公的社会支出が小さく、いわゆる「小さな政府」の典型例とみなされてきた。こうした特徴は、しばしばアメリカの自由放任主義、あるいは国家介入を忌避する自由主義的な伝統によって説明される（ハーツ 一九九四：トラットナー 一九七八）。

これに対して「リベラル学派」と呼ばれる歴史研究(9)では、アメリカの福祉国家が積極的に評価されてきた。これらによると、二〇世紀初頭のアメリカでは大産業資本家に対抗するリベラルな「革新主義」が隆盛となり、他国に先がけて「福祉国家への第一歩を踏み出した」（斎藤、新川 一九七一：四〇八）。実際、アメリカはスウェーデンに先立つ一九三〇年代に福祉支出の「ビッグバン」を経験している（Swenson 2002: 5）。さらに一九六〇年代には民主党ジョンソン大統領の「偉大な社会」計画を経て、アメリカでも他国とそん色ない水準の公的福祉が整備された、という（O'Connor 2004）。とはいえ、一九三〇年代から六〇年代の改革を「リベラル派」の勝利とみなし、自由放任主義から福祉国家への転換ととらえるだけでは、現在に至ってもアメリカがもっとも小さな福祉国家でありつづけている理由はうまく説明できないだろう。

一九七〇年代以降の研究では、「リベラル学派」の立場に修正を加え、革新主義が大産業資本家層の利害と対立するものではなく、むしろ国家の介入によって資本主義を円滑に機能させ、大産業資本家層のヘゲモニーを維持しつつ、農村部・労働者層との協調を図ろうとするものだった、という解釈が提示されている(10)。

さらに近年では、政治制度や労使関係の特徴によって福祉国家の発展が制約された、という「新制度論」の立場が有力となっている。代表的な研究者であるスコチポルは、地方政府の強さ、行政的集権性の弱さ、政党のぜい弱さなどの制度的な特徴によって、アメリカ福祉国家の未発達を説明している（Skocpol 1995）。これらに加えて、ノーブルは大統領制による立法と行政との権力分立を挙げている（Noble 1997）。そのほかスウェンソンは、使用者の態度に着目し、使用者団体の組織化の弱さによって福祉国家の発展が抑制された、と論じている（Swenson 2002）。日本では西山が、州ごとの福祉制度の多様性に焦点をあわせた研究を行っている（西山 二〇〇八）。

これらの研究は、それぞれアメリカの特徴の一側面を表している。この節では、他国とアメリカを共通の枠組みで比較するため、労使関係と政治制度に着目し、とくにどのような「ヘゲモニー」が成立したのかをみることによって、アメリカ福祉国家の特質を検討していくことにしたい。

①福祉国家成立の条件

(1) 労使関係

アメリカでは労使関係を調停する制度が発展せず、大産業資本家層のヘゲモニーが一貫して強かった(Kochan et al. 1986)。移民労働者が多く、黒人・白人間の人種の分断もあり、労働者全体の組織化が進まなかったためである。一八八六年には熟練労働者を中心とした労働総同盟(AFL)が形成されるが、未熟練労働者や移民労働者はそこから排除され、一九三〇年代に入っても組織率は一四%程度にとどまっていた。このように資本家層の権力優位のもとで、一九二〇年代からはテイラー主義と呼ばれる労働の科学的管理技法が普及していく(Swenson 2002)。

(2) 政治制度

一九世紀末から鉄鋼、鉄道、電気、金融などで大産業資本が形成されると、都市部では「選挙マシーン」と呼ばれる移民労働者への利益供与と投票の動員によって、大資本家層が政治権力を独占した。二〇世紀に入ると都市部の中産階級が政治腐敗への批判を強め、腐敗浄化運動を展開していく。これらの運動は、小選挙区制のもとでの共和党・民主党の政党競争にも影響を与え、やがて民主党革新派に率いられたニューディール政策へと結びついていく。

アメリカの政治制度にみられるもうひとつの特徴は、権力分立がさまざまに埋め込まれている点である。連邦制をとっているため州ごとの自律性が強く、行政的な集権性は弱い。大統領と議会のあいだで行政・立法権限の分立もある。そのうえ民族的多様性によって政党組織も断片的であり、政党規律は弱い(Skocpol

1995: 19, 138)。これらの特徴から、アメリカではイギリスのように大きな制度変革を行うことが困難であり、福祉改革においても過去からの「経路依存」がより強くはたらくことになった。

②戦後レジームの形成

(1) ニューディール政治秩序

第一次世界大戦を経てイギリスの覇権が衰退していく一方、一九二〇年代のアメリカは未曾有の好景気を迎え、世界最大の工業国としての地位を確立する。ところがアメリカの過剰生産・過剰投機をきっかけに一九二九年に株が暴落すると、第一次世界大戦の痛手から立ち直っていなかったヨーロッパへと金融危機が波及し、世界大恐慌が発生する（大恐慌の原因をめぐっては複数の学説がある）。アメリカの工業生産は一九二九年から三三年のあいだに六〇％も落ち込み、七五〇〇万人の失業者が生まれた（有賀ほか 一九九三：二四〇）。

共和党大統領のハーバート・フーヴァーが有効な対策を打てないまま恐慌が深刻化していくと、一九三二年に民主党候補のフランクリン・ローズヴェルトが選挙に勝利し、新大統領に就任する。農村部と都市部中産階級を支持基盤とし、「革新主義」運動に支えられた彼は、大規模な公共事業によって不況に対応するとともに、はじめて社会保障法を導入する。

第一に、一九三三年の全国産業復興法（NIRA）では四〇〇万人の失業者雇用が行われた（東京大学社会科学研究所編 一九八五：五二）。さらに一九三三年にはテネシー渓谷の開発、一九三五年には電力国有化、鉄道輸送網の整備などが行われた。これらの計画にはリベラル勢力のみならず、大資本家層の多くも支持を表明した。

第二に、ローズヴェルトは一九三四年に人びとを「避けがたい不幸」から救うための方策を定めるよう経済保障委員会に指示する。委員会は老齢・医療・失業を含む包括的な社会保険を提案した。しかし、一九三五年に成立した社会保障法（Social Security Act）は、恒久的な社会保険というよりも一時的な失業対策と最低生活保障としての性格を強くもったものとなった[11]。この法の導入に影響力を行使したのは労働力の喪失、過少消費に直面した資本家層および官僚層であり（Domhoff and Webber ed. 2011: 185-186; 紀平 一九九三：三一）、重い拠出負担を嫌う労働組合の反対もあったからである。

社会保障法はおもに三つの制度から構成される。（一）失業保険は州によって運営される。使用者のみが拠出し、給付は所得比例となる。（二）年金保険は連邦直営であり、財源は労使折半、給付は所得比例である。アメリカの年金制度は、三六〇〇万人が加盟する当時の世界で最大の制度となった。（三）公的扶助は州営であり、労働不能な貧民や児童にのみ給付される。移民は給付対象から除外された。（四）医師団体などの反対により、ローズヴェルトが意図した医療保険は成立しなかった。

以上のように、アメリカの社会保障は連邦政府による出費のない州営、もしくは労使拠出の制度となり、給付水準は最低生活保障に限定された（紀平 一九九三：三一八）。それはいわば市場を機能させるための補完という位置づけであった。

（2）偉大な社会計画

第二次世界大戦が終わると、アメリカは世界の鉱工業生産の六二％、金の六六％を保有するに至る。荒廃したヨーロッパに代わり、アメリカの経済的な覇権が確立する一方で、政治的には冷戦構造が固定化し、巨

表 2-2　戦後アメリカ政治の流れ

1945～53 年	トルーマン（民主党）
1953～61 年	アイゼンハワー（共和党）
1961～63 年	ケネディ（民主党）
1963～69 年	ジョンソン（民主党）

大な軍事産業が形成されていく。戦後アメリカの経済的な繁栄は、ニューディールから引きつがれるケインズ主義的な雇用政策というよりも、連邦予算の半分以上を占める軍事支出と「軍産複合体」によってもたらされた。

戦後の「豊かな社会」（J・K・ガルブレイス）のなかで、貧困は過去の問題とみなされるようになった。実際には一九五〇年代でも人口の四分の一が最低生活水準に満たない貧困層であったが、こうした問題が「社会問題」として認識されることはなかった。戦後の福祉政策は一九三五年社会保障法を踏襲したままであった。

しかし一九六〇年代になると、都市部の若者を中心に、戦後社会に残る人種差別や不正を告発する改革運動が頻発するようになる。この時期の人びとの認識に大きな影響を与えたのは、一九六二年に社会福祉の専門家マイケル・ハリントンが発刊した『もう一つのアメリカ――合衆国の貧困』であった（Harrington 1962）。この本は戦後の繁栄のもとでも四〇〇〇万人から五〇〇〇万人の貧困層が存在していること、彼ら・彼女らは政治的な力をもたないため、アメリカの社会改革プログラムの対象から外れ、その貧困が「見えない」問題となっていることを指摘した。

この時期には医療を受けられない貧困高齢層、若年層・低教育層の失業、大都市犯罪者、アルコール・薬物中毒、家族の崩壊などが「社会問題」として認識されるようになる。これらを問題化した改革運動の隆盛を背景として、暗殺されたジョン・F・ケネディ民主党大統領のあとを襲ってリンドン・ジョンソンが大統領へと昇格すると、彼はケネディのリベラルな路線を引きつぎ、一九六五年に「偉大な社会（Great Society）」プログラムを発表する（表2－2）。

「偉大な社会」プログラムは、上記の問題に対して連邦政府による大規模な公共投資を行い、それまでの州ごとの取り組みからの転換をもたらした。福祉政策では、それまで光の当たってこなかった黒人層および貧困層にターゲットを絞り、教育支援や就労政策を行った（Milkis and Mileur eds. 2005: 259-260）。一九六五年の社会保障法では、高齢者・低所得者向けの医療保険を設立した。老人医療保険（medicare）は任意加入であるが連邦政府が補助（財源は連邦政府と州）を支出し、低所得者医療扶助（medicaid）は州の運営する無拠出の医療給付制度である。一九六五年法の結果、GDP比の公的社会支出は急増していく。[12] 年金の所得代替率は、一九五〇年代の二五％から一九七五年には三八％へと急増した（藤田、塩野谷編 二〇〇〇：九二）。ただし、国民全体を包括する医療保険は不在のままであり、低所得者に対する選別的な最低保障に限定される、という社会保障の構造は変わらなかった。中産階級以上はすでに民間保険に加入していたためである。さらに一九六四年に始まるベトナム戦争の泥沼化によって財政的な余裕が乏しくなると、この時期に導入された教育・就労政策の多くは一九七五年までに終息を迎えた。

こうして戦後アメリカは、一九三五年社会保障法の基本的な枠組みを維持しつつ、おもに低所得者向けの給付を充実させることで、全体としては選別主義的な制度となっていった。

4　自由主義レジームの形成要因

本章では、イギリスとアメリカがどのような経緯をたどって自由主義レジームを形成したのかを検討した。イギリスが普遍主義的な福祉国家のモデルとされてきたように、アメリカでも「ニューディール政策」や

「偉大な社会」プログラムにおいてリベラルな勢力が勝利し、他国と同じような福祉国家が建設された、という見方がある。しかし本書の枠組みから比較するなら、どちらの国も他のヨーロッパ諸国とは異なる道を選択してきたと考えられる。イギリスの場合、福祉国家を導入したのは労働党政権であったが、その基礎となったベヴァリッジのプランは、均一拠出・均一給付によって「ナショナル・ミニマム」のみを国家が保障する、という自由主義的な考えの延長上にあった。労働勢力の政治への影響力が強かったわけではなく、労使協調によるコーポラティズムも根づいていなかった。人びとの生活水準が向上するにつれて、中産階級以上は民間保険に加入するようになった。一九七〇年代の改革を経て、公的福祉はおもに低所得層を受益者とする選別的な制度となっていった。

アメリカの場合、政治制度の分権性から大規模な改革はそもそも困難であった。「革新主義」運動を率いたのは都市部中産階級であり、そのプログラムは工業・金融資本家層の利益と対立するものではなかった。「ニューディール政策」にせよ「偉大な社会」プログラムにせよ、中産階級を受益者に組み込む普遍主義的な制度をめざしたものではなく、失業層・貧困層向けの最低生活保障という性格は変わらなかった。

両国の経験の基底にあったのは、戦後社会でヘゲモニーを争ったのが金融・産業資本家層と中産階級であった、という事情である。労働者層やマイノリティが政治的に組織化され、中産階級と連合を組んで影響力を行使できたわけではなかった。こうした権力関係こそ、自由主義レジームをもたらした根本要因であったと考えられる。

第3章　保守主義レジームの形成——フランス、ドイツ

大陸ヨーロッパの国々は、歴史的にいちじるしく多様である。宗教改革によるカトリックとプロテスタントの争い、多民族の混交などにより、国内にさまざまな社会的亀裂を抱えながら国民国家が形成された。オランダやオーストリアなどの小国では、これらの社会的亀裂に沿って政党が組織された。多数の小政党が分立し、大連立を組みながら政権を運営するという「多極共存型デモクラシー」が根づいていった（レイプハルト　一九七九）。

本章で扱うフランスとドイツは、これら小国ほどの多様性はないが、比例代表制をとる多党制の国である。フランスとドイツに共通するのは、覇権国家に挑戦した後発国であった、という点である。フランスは一八世紀後半から一九世紀初頭にかけてイギリスの覇権に挑戦し、「上からの工業化」を遂げた。ドイツもまた一九世紀後半から二〇世紀前半にかけて「上からの工業化」を遂げ、二〇世紀には覇権をめざして二度の世界大戦に参与した。戦後に形成される福祉国家はこれらの歴史経験を反映したものとなった。

大陸ヨーロッパの医療保険・年金の水準は高く、それはアングロ・サクソン諸国との比較から「ヨーロッパ社会モデル」とも称される。日本では戦前からドイツの福祉国家が先進的なモデルのひとつとみなされ、

フランスの福祉国家はしばしば「社会的デモクラシー」を具現化したものととらえられてきた（Lazar 2000: 358）。しかし本書の関心にとって重要なことは、両国が伝統集団を活用する形で制度的分立を特徴とする福祉国家を建設し、その成功ゆえに一九八〇年代以降困難に陥っていった、という点である。

1　フランス――連帯の制度化

①福祉国家形成の条件

（1）労使関係

フランスは一九世紀において緩やかな工業化を遂げたが、中小生産者、職人層など旧中産階級も社会のなかで影響力を保ちつづけ、階級分化は進まなかった（第1章）。労働者、使用者のあいだに多様性が残り、労使団体の組織化は遅れた。労働運動も議会制の枠内で資本主義の修正をめざす立場（ゲード派）から、議会外のストライキや革命運動を志向する立場（サンディカリズム、アナーキズム）まで、イデオロギー的にいちじるしく分化していた。一八九五年に左派のフランス労働総同盟（CGT）が設立されるが、一九一九年には中道派のフランス・キリスト教労働者同盟（CFTC）が、一九四八年には社会党系の労働総同盟・労働者の力（CGT-FO）が分裂し、管理職の組合も別に作られるなど、労働組合の統一は果たされなかった（Sellier 1984; Le Goff 2004）。

一方使用者団体の側も、一九一九年にフランス生産総同盟（CGPF）が結成されて労使協約の締結にあたるが、戦時中の対独協力によって戦後に解体し、大企業を中心とするフランス経営者連合（CNPF）、中小企

図3-1　20世紀前半のフランスの政党

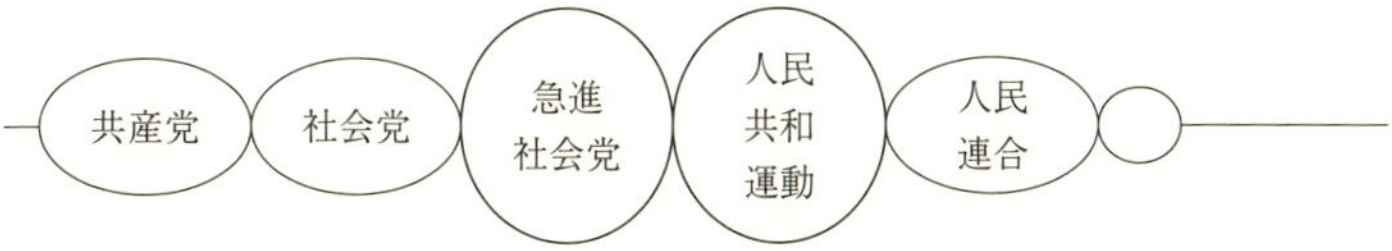

注：各国の政党配置は、とくに断りのないかぎり、MARPOR, Manifesto Project, Visualise Date, Dashboard 2: Parties over time（https://manifestoproject.wzb.eu/information/documents/visualizations）を参考にしつつ、筆者が作成した。

業を中心とする中小企業総連盟（CGPME）へと分裂した。

一九二〇～三〇年代には経済不況を脱する手段として、労働組合と使用者団体の労使協調が試みられた。しかし双方の組織的分立によって協調は成立しなかった。一九三〇年代には国家官僚の指導によって労使関係の調整と産業合理化が「上から」進められる（Chatriot 2002）。社会経済評議会を舞台としたフランス型「コルポラティズム」とは、比較の観点からみれば、政府主導の「弱いコーポラティズム」と評することができる（cf. ゴールドソープ編 一九八七：一七八）。こうした試みを背景として、一九三六年にマティニョン協定が締結され、団体協約、有給休暇制、週四〇時間制などが定められた。一九二八年から三〇年には職業団体などによって管理される初めての社会保険（医療、年金、労災、出産）が導入された。

以上のように、フランスの労使関係の特徴は、（一）伝統的中産階級（中小生産者、手工業者、自営業者）や小農層の残存、（二）労使団体の分立、（三）国家官僚の労使関係への介入と「上から」の組織化、という点にあった。

（2）政治制度

社会集団の分立と小選挙区中心の選挙制度を背景として、政党システムでは極端な主張をかかげる左右政党の分極化がみられた（サルトーリ 一九九二）。とはい

表 3-1　戦後フランス政治の流れ

1944〜46 年	共和国臨時政府
1946〜47 年	中道政党　＋　社会党・共産党
1947〜58 年	中道政党中心の不安定期　→　58 年第四共和政崩壊
1959〜69 年	ド・ゴール（右派）
1969〜74 年	ポンピドゥー（右派）
1974〜81 年	ジスカール・デスタン（右派）

え、戦前から戦後にかけて主要な位置を占めたのは、伝統的中産階級を支持基盤とする二つの中道政党、すなわち急進社会党（中道左派）と人民共和運動（中道右派）であった（図3－1）。

ただし、これら中道政党を中心としたフランス第四共和制（一九四六〜五八年）はきわめて不安定であった。政党間の政策の不一致と分極化のため、一九四六年から五八年のあいだに二五もの連立内閣が作られ、一八名の首相が誕生するなど、短期間に内閣の交代がつづいた。議会政治の不安定のため、実質的には官僚の主導により政策の立案、実施が行われた。

②戦後レジームの形成

（1）ラロック・プラン

戦後の福祉国家は、ヴィシー政権崩壊を経た保守派の退潮と、レジスタンス運動を担った左派勢力の影響力のもとで設立された。一九四四年五月、国民抵抗評議会は全市民を対象とした社会保障を構想する。このプランの作成をおもに担ったのは高級官僚ピエール・ラロックであった。ラロックは一九三〇年代に官僚主導による労使協調（コルポラティスム）を唱えた改革官僚の中心人物であった。

一九四五年に提出した原案で、ラロックは「新しい社会秩序の建設」を訴える（Laroque 1945）。その原則は三つにまとめられる。第一に、労働者とその家族のこうむるあらゆるリスク（労災、医療、出産、年金、死亡）への保険を設定することである。社会保障とは、万人が労働に従事する見かえりとして生活の安定を与えるものと位置づけられた。第二は当事者自治の原則である。ラロックによると、「社会保障におけるフランス的伝統とは、相互扶助、サンディカリスム、かつての社会主義、そして友愛（fraternité）の伝統である」（Laroque 1993: 199）。社会保障とは、職業的な相互扶助の伝統に立脚し、職域ごとに労働者・使用者の代表によって管理されるものでなければならない。ベヴァリッジ・プランのように国家が保険料を徴収するのではなく、労使が分担して保険料を拠出し、それぞれの代表が制度を管理すべきである。第三は行政的な一元化である。戦前までの分立的制度に代えて、全国金庫を一元化することがめざされた。ただし第三の金庫の一元化案に対しては、すでに共済組合をもっていた石炭・鉄鋼・鉄道など特定産業の労働者、民間保険会社などが反対した。こうしてフランスの社会保険は、職域ごとに分立し、労働者と管理職でも異なる五百あまりに分かれた制度となった（Palier 2002; パルビエ、テレ 二〇〇六）。財源は労使の拠出によってまかなわれ、均一拠出・均一給付ではなく所得比例となる。制度は労使の代表によって管理される。さらに家族手当（出産、育児）の比重が支出全体の半分近くを占めたことも大きな特徴であった。

経済政策では、官僚主導によって「国有化」と「計画化」が進められた。基幹産業（炭鉱、電力、ガス、自動車、航空、銀行、保険）が国有化されたうえ、計画庁によって作られた第一次経済計画（一九四七～五二年）、第二次計画（一九五四～五七年）では、石炭・電力・鉄鋼・機械などへの優先的な資金配分と優遇税制、規模の拡大による合理化が行われた。これらの政策によって産業構造の転換が進み、旧中産階級が没落していく一方、都市部の新中産階級（ホワイトカラー層）が増大していった。

（2）ゴーリズムと近代化

一九五八年、脱植民地化（アルジェリア危機）を契機とした国内対立によって第四共和制が崩壊する。同年に始まる第五共和制では、不安定な政党政治に代わる強力な行政権力の創出がめざされた。議会とは別に大統領が二回投票制によって選出されることとなり、首相と大統領が併存する「半大統領制」がとられた。初代大統領となったド・ゴールは、国家官僚を活用した「上からの工業化」をいっそう推進する。エコール・ポリテクニクや高等師範学校の卒業生が経済計画を立案する体制が整えられた。「ディリジスム」と呼ばれる経済指導のもと、一九五八～七三年のGDP年平均成長率は五％を超え、旧中産階級は姿を消し、フランス社会は大きく変貌していった（Fourastié 1979）。中道政党は支持基盤を喪失し、左右政党の二極化が進んでいく。

福祉制度に関しては、職業別の社会保険という枠組みが維持されつつ、国家官僚の指導のもとで給付水準の向上と一般化が図られていった。公的付加年金が導入され（管理職向け一九四七年、労働者向け一九六一年）、七〇年代には自営業、自由業者も社会保険に統合され、人口の九九％がカバーされるようになった（Palier 2002: 108–120）。

こうしてフランスでは、職業別の社会保険を基礎として、国家が制度間の調和を図ることで手厚い福祉が実現されていった。

2　ドイツ――補完性と社会的市場経済

①福祉国家形成の条件

(1) 労使関係

ドイツでは二〇世紀初頭から世界で最大の社会民主主義政党が作られた。ただし労働勢力内部では、革命による資本主義の転覆をめざすマルクス主義と、議会制の枠内で資本主義の修正をめざす社会民主主義との路線対立がつづいた。戦後はマルクス主義が退潮し、ドイツ労働総同盟（DGB）が労働者の三割強を組織するようになる。使用者団体とのあいだでも労使協調、いわゆる「共同決定（Mitbestimmung）」が定着していく。労働組合のなかには金属労組（ＩＧメタル）など強力な指導力を誇るものもあったが、全体を統括するナショナル・センターの組織力や交渉力は限定されていた。ドイツの労使関係は、使用者優位の「中位のコーポラティズム」として位置づけられる（ゴールドソープ編 一九八七：一七八；レームブルッフ、シュミッター編 一九八六：一章）。

(2) 政治制度

ドイツは比例代表制（正確には小選挙区比例代表併用制）を中心とする多党制の国である。ただし戦後ドイツは、ナチス支配の経験を踏まえ、極端な主張を掲げる小政党を排除するために五％条項を設定した（五％の得票に満たない政党は原則として議席を得ることができない）。さらに東西ドイツの分断を背景として、一九

図 3-2　戦後ドイツの政党

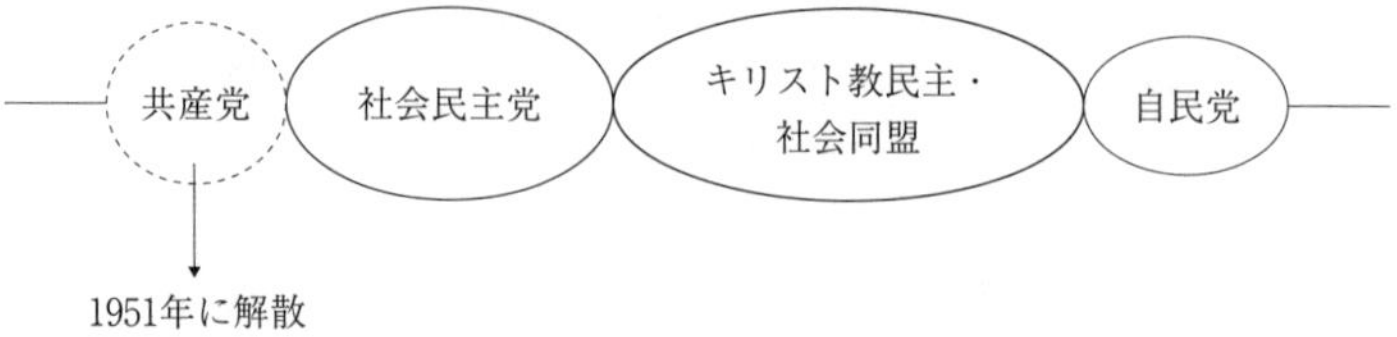

五一年に憲法裁判所によって共産党が解散命令を受けた。左右の小政党が排除され、戦後は社会民主党（中道左派）、キリスト教民主・社会同盟（中道右派）を中心とした「穏健な多党制」となっていった（図3－2）。

さらにドイツは連邦制のもとで州の自律性が強く、連邦議会（下院）のほか各州の代表者によって構成される連邦参議院（上院）も強い権限を有している。ナチズムの経験から、戦後は特定の個人に権力が集中しないよう大統領は儀礼的な存在となり、連立政権によって選出された首相がおもに権力を行使する。政治制度は全体として分権的であり、行政的な集権度も小さかった。これらの理由から、ドイツでも大幅な制度変革は起こらず、戦前のビスマルク社会保険の基本的な枠組みが引きつがれていった。

②戦後レジームの形成

(1) 社会的市場経済

戦前に教会勢力が分裂したためナチスの台頭に抵抗できなかったという反省から、一九四五年にカトリックとプロテスタントの保守勢力が合同し、キリスト教民主・社会同盟が設立される。保守勢力は中道右派を束ねる最大の政治勢力となり、一九四九年からはコンラート・アデナウアー首相のもとで戦後復興が行われる（表3－2）。

キリスト教民主・社会同盟のひとつの思想的起源となったのが、一九三一年の教皇ピオ一一世による回勅『クワドラジェシモ・アンノ』であった（野田 一九九八）。この回勅は社会問題を正面から取りあげたレオ一三世の回勅『レールム・ノヴァールム』（一八九一年）を引きつぎ、資本主義のもとでの労働者の困窮を問題としつつも、「補完性原理（Subsidiaritätsprinzip）」に基づく解決を求めた。「下位集団から果たしうる役割を奪って、それをもっと広く高次の集団に託することは、不正を犯すことであり、社会秩序をはなはだしく損なうことである」（八六節）。カトリック教説によれば、社会の最小単位は家族であり、家族が対応できない問題にのみ職業集団や地域共同体といった上位の共同体が介入すべきである。「社会」とは、これらの共同体の相互依存から成るひとつの有機体とされる。したがって、国家が直接社会問題に対応すべきではない。

表3-2　戦後ドイツ政治の流れ

1949〜63年	アデナウアー	キリスト教民主・社会同盟（＋自民など）
1963〜66年	エアハルト	キリスト教民主・社会同盟（＋自民など）
1966〜69年	キージンガー	キリスト教民主・社会同盟（＋社民）
1969〜74年	ブラント	社民党（＋自民）
1974〜82年	シュミット	社民党（＋自民）

こうした社会観を背景として、アデナウアー政権のもとで経済相を担当したエアハルトや国務長官を担当したミュラー＝アルマックは、「社会的市場経済（Soziale Marktwirtschaft）」という理念を唱えた。「市場経済」に「社会的」という語が付されているとおり、この立場は第一に、市場経済の原理を重視し、自由で競争的な経済秩序を創出しようとする。労使による自治的な賃金・労働条件の交渉を尊重し、国家の介入は回避する。国家の役割とは、独占を規制したり、中央銀行によって通貨価値を安定させたりすることに限定され、再分配やケインズ主義的な雇用政策はとられない。フランスやイギリスと異なり、ドイツでは産業の国有化が行われず、公共事業などをつうじた完全雇用政策もなされなかった。より自由競争を重視する経済政策のもとで、一九五〇年代には年平

均八％の経済成長を実現し、それは「経済の奇跡（Wirtschaftswunder）」と呼ばれた。

第二に、自由な競争の結果生まれる格差に対しては、「社会的」な取りくみが要請される。アデナウアーは一九五三年の連邦議会選挙で勝利すると「包括的な社会改革」を宣言し、四名の社会科学者に社会保障構想を作るよう依頼した。一九五五年に発表された『社会給付の新秩序』（通称ローテンフェルス覚書）では、次のような原則が示された。

「すべての人間を例外なしに、自助をなしうる者まで含めて国家の定める社会保障の中に強制的に編入しようとするプランは、補完性の原則と相容れない。」

ここで確認されたのは、「連帯（Solidarität）」と「補完性（Subsidiarität）」という二つの原則であった。労使の職業団体による相互扶助（連帯）は奨励されるが、国家が直接すべての人の生活を保障するべきではない。イギリス・北欧型と異なるドイツ独自の社会保険構想とは、こうした職業ごとの「連帯」を国家が調整し、財政的に補完する、というものだった。ローテンフェルス覚書がそのまま実現したわけではなかったが、この原則を基礎として一九五七年の年金改革が行われる（杉原　一九八五）。

一九五七年の年金改革では、職業ごとに分立した社会保険とする点ではビスマルク社会保険の枠組みが維持されたが、「世代間連帯」が重視され、財源は積立方式から賦課方式（現役世代が保険料を支払い、退職世代の生活を支える）へと転換された。年金の所得代替率は三〇％から五五％と倍近くに増え、一九六〇年代になるとドイツは先進国でもっとも手厚い福祉を実現していく。

図3-3　ドイツ社会の階級構成（1950～98年）

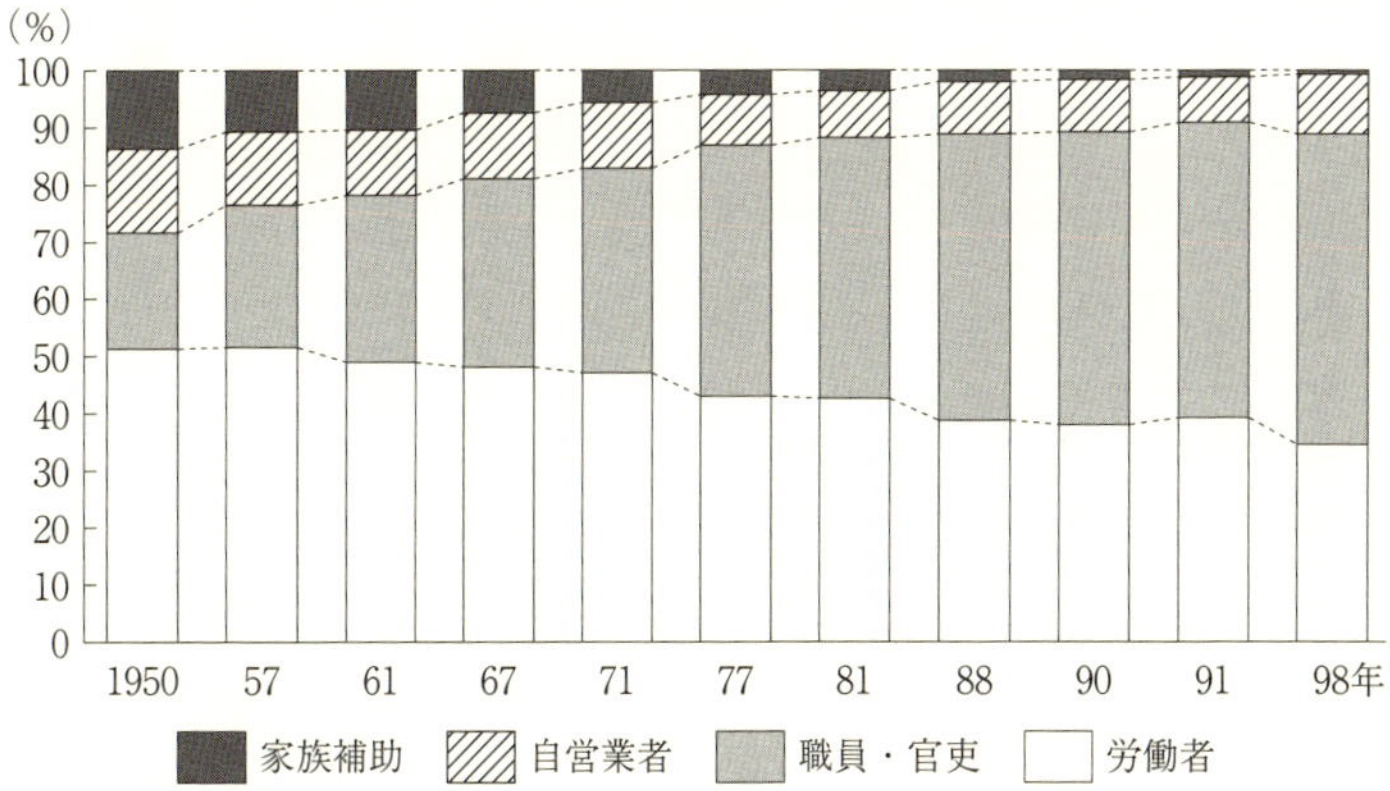

注：1950年から90年までは旧西ドイツ、1991年以降は統一ドイツ。
出所：Bundesminister für Arbeit und Sozialordnung [1998], Tab.2.5; *Statistisches Jahrbuch, 1952-1998.*
出典：矢野、ファウスト編 2001: 132より作成

(2) 社会民主党の戦略

戦後の経済成長のもとで労働者の数は減り、代わって官僚・事務職員（ホワイトカラー）などの新中産階級が増大する（図3-3）。それまで労働者階級の利益を代表し、基幹産業の国有化、計画経済を唱えていた社会民主党は、国民政党へと転換する必要に迫られた。

一九五九年に採択された「ゴーデスベルグ綱領」では「可能な限りで競争を――必要な限りで計画を」という有名な文言に示されるとおり、自由な市場経済が「重要な要素」と位置づけられた（安野 二〇〇四：三〇七）。さらに「社会政策は個人が社会の中で自由に自己を発展させ、自己の責任において生活を形成できるための基本的条件を創出しなければならない」とされるように、「自立」と「自己発展」の条件を整備する範囲でのみ社会政策が許容された。こうして「市場経済」を「社会政策」が補完するという「社会的市場経済」の理念は社会民主党へと受け継がれ、左右政党のあいだに一定のコンセンサスが生まれる[1]。

一九六〇年代後半には、インフレにともなって経済停滞が生じる。資本主義を受容し、その修正を図る立場へと転換した社会民主党は、一九六六年にキリスト教民主・社会同盟と大連立を組み、一九六九年からは単独政権を樹立する。この政権のもとで一九六九年に経済安定成長法が導入された。これは労使による共同決定を深化させ、ケインズ主義的な雇用政策を容認するものだった。さらに一九七二年には第二次年金改革が行われた。自営業者や主婦の任意加入を認め、労働者から国民全体へと対象を広げるとともに、低所得層への最低保障年金も導入された。この改革によって年金の所得代替率は六五％に達した。

こうしてドイツでは、一九六〇年代以降、左右の主要勢力が「社会的市場経済」へのコンセンサスを形成し、職業ごとの社会保険を国家が補完する形の手厚い福祉国家が築かれていった。

3　保守主義レジームの形成要因

フランス、ドイツに共通する特徴とは何だろうか。両国では「上からの工業化」が進められたものの、伝統的中産階級が根づよく残り、これらを支持基盤とした中道右派、中道左派政党の主導によって、戦後福祉国家が建設された。その制度上の特徴は、労使によって管理される職業別の社会保険、所得比例という点にある。戦後の主要政党はこの路線を引きついで福祉を拡大させ、付加年金も公的なものとなった。さらに「男性稼ぎ主モデル」を前提とした家族への現金給付も大きかった。国家が画一的に市民の生活を保障するのではなく、家族―職業集団の相互扶助を国家が補完する、という形の制度が選択されていったのである。

第4章　半周辺国の戦後レジーム――スウェーデン、日本

1　スウェーデン――社会民主主義レジーム

スウェーデンは一九世紀半ばまで小農中心の農業国であり、二〇世紀初頭までは人口の五分の一が移民として海外に流出する貧しい国家であった。一九三〇年になっても国民一人当たりGDPは三九三七ドルと、イギリス五一九五ドル、フランス四四八九ドルを下回る中進国であった（ちなみに日本は一七八〇ドル。マディソン 二〇〇〇：二九五、二九八）。

一方、戦後のスウェーデンはいわゆる「高福祉・高負担」の国として知られている。少し例を挙げてみよう。一九九〇年のGDP比公的社会支出は、日本の一一・一％に対してスウェーデンでは三〇・二％と約三倍である。同時期のスウェーデンの年金は所得代替率が七割程度であり、充実した公的ケアサービスもある。ほとんどのスウェーデン人は老後のために貯蓄する必要がなかった。一方日本では、公的年金の代替率が約五割、公的介護ケアは貧弱で、家族に頼らなければ生活できない人も多い。ほとんどの日本人は老後の生活に不安を抱え、貯蓄に励まなければならない。またスウェーデンではほぼすべての学校が公立であり、授業料は大学まで無料である。奨学金制度も六〇年代から整備され、教育費はほとんどかからない。一方日本の子どもは小さなころから塾に通い、よい大学に入学するためには私立の中学や高校に通わなければならない

場合も多い。大学の奨学金制度には返還義務があり、今日では約半数の大学生が数百万円の借金を抱えて卒業している。

スウェーデンでは高福祉と引き換えに、高い税・保険料を支払う必要がある。付加価値税（日本の消費税）は一九九〇年に二五％となっている。日本では八九年にようやく三％の消費税導入が決定され、九七年に五％に引き上げられると、二〇一三年には民主党政権のもとで一〇％への引き上げが決定された（その後安倍政権により一〇％への引き上げは二〇一九年まで延期された）。これらの決定のたびに政権与党が次の選挙で惨敗するなど、消費税の引き上げは政治的にもっとも困難な課題となっている。

遅れて工業国の仲間入りを果たしたスウェーデンと日本であるが、両国の進路は大きく分岐していった。なぜスウェーデンは「高福祉・高負担」を選択していったのだろうか。以下では労使関係と政治制度に着目しつつ、この問いについて考えていきたい[1]。

①福祉国家形成の条件

(1) 労使関係

スウェーデンでは一九世紀末から急速に工業化が進んだため、もともと産業の同質性が高く、資本家階級、労働者階級の協調による国民統合と近代化がめざされた（第1章第2節参照）。一八九八年には労働組合のナショナル・センターである労働総同盟（LO）が、一九〇二年には経営者連盟（SAF）が結成される。二〇世紀初頭には労働総同盟の組織率が世界で最大となるなど（石原 一九九六：七七）、早くから労使団体の中央集権化が進んだ。

図4-1　スウェーデンの5党体制

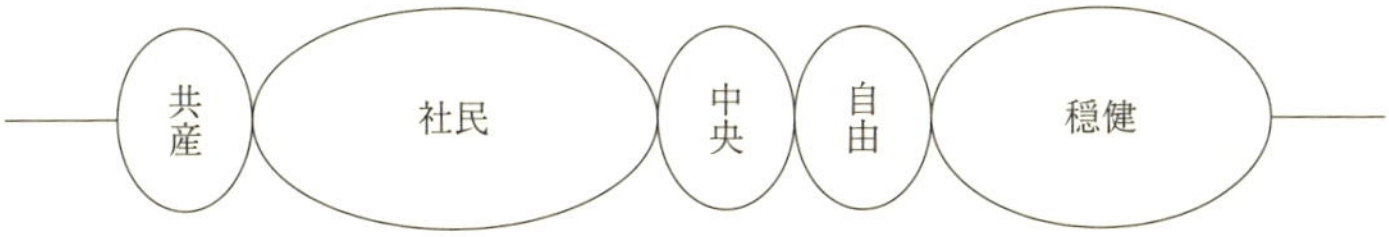

一九三八年には労使のあいだで「サルトシェーバーデン協定」が結ばれる。中央政府の「労働市場委員会」のもとに労使の代表が参加し、雇用条件や賃金を決めることになった。こうした制度は「コーポラティズム」と呼ばれる。コーポラティズムとは、独占的な代表権をもつ労使の頂上団体が、政府の委員会に入って協調し、労働政策や経済政策を決定する仕組みを指す。労働者側はストライキを回避し、生産性の向上に協力する一方、使用者側は雇用を維持し、生産性にあわせた賃金を約束する。コーポラティズムの制度化によって、労働組合は政府の意思決定に関与することができるようになり、その権力は強化された。労働組合の加入率は一九二〇年には三八%にすぎなかったが、一九四〇年には七三%に達し、戦後は八〇%以上と先進国でもっとも高い水準になっていく。

(2) 政治制度

北欧は民族や宗教の多様性が少なく、遅れて工業化を遂げたため、都市部と農村の亀裂、使用者と労働者の亀裂の二つがおもに政党制へと反映されていった。一九〇八年には男子普通選挙が導入され、議院内閣制（一九七〇年に二院制から一院制へ）のもとで五つの政党による競争が一般化した（網谷ほか 二〇一四：八章）。これらのうち有力であったのは社会民主党、中央党（農民政党）、穏健党の三つであった（図4-1）。

スウェーデン政治の最大の特徴は、五つの党のうち、社会民主党が一九三六年に政権を獲得してから二〇世紀末に至るまで長期政権の座にありつづけてきたことである（表

表4-1　スウェーデン政治の流れ

1936〜46年	ハンソン	社民党（36年に一時農民党）
1946〜51年	エルランデル	社民党
1951〜57年	エルランデル	社民党（+中央党）
1957〜69年	エルランデル	社民党
1969〜76年	パルメ	社民党
1976〜78年	フェルディン	中央党（+自由党+穏健党）
1978〜79年	ウルステン	自由党
1979〜82年	フェルディン	中央党（+自由党+穏健党）

4-1)。政権を手放したのは一九七六〜八二年、一九九一〜九四年の二回だけである。さらに一九九四年の復帰後も一二年にわたって政権を維持した。

社民党がこれほど長く政治を支配しつづけた理由は、労働者階級の強さだけでは十分に説明できない。むしろ社民党が労働者階級だけでなく、幅ひろい支持層を開拓しつづけてきた点に要因があった。

②戦後レジームの形成

(1) 赤緑同盟

一九二〇年代までの社民党は、議会改革などで自由党とも連携したものの、産業の国有化といった社会主義的な綱領を保持していた。しかし農村人口の多いスウェーデンでは、こうした路線のままでは政権を獲得できない。一九二八年総選挙での敗北をきっかけとして、内部で路線転換の動きが起こる。社民党の指導者ペール・アルビン・ハンソンは、社民党が階級政党から脱却して「国民の家（Folkhem）」をめざさなければならない、と主張した（宮本 一九九九：六八以下）。

一九三〇年代に世界恐慌の余波で経済不況が訪れると、自由主義的な経済運営に対する批判が強まり、一九三二年の総選挙で社民党が約四割の得票率を獲得して第一党となる。ここで社民党の理論的指導者であったアーネスト・ウィグフォッシュは、ハンソンらとともに路線転換を敢行する。

そもそも地方の農民と都市の労働者とは、多くの場合利害が対立する。農民は食料価格を高く維持しようとするが、都市に住む労働者は食料品をできるだけ安く購入することを望む。労働者の高賃金は、農民にとっては耕作機械の価格高騰につながる。一九三〇年代のスウェーデン社民党はこうした労農の利害対立を調停し、食料価格を維持する代わりに失業対策として大規模な公共事業を行い、国家が積極的に雇用政策を行うという政策を推進した。いわゆる赤緑同盟（労農同盟）である（Esping-Andersen, 1992: 43; Davidson 1989: 100）。

社民党は赤緑同盟によって一九三六年から政権を維持し、第二次世界大戦後は普遍主義的な福祉国家の建設へと向かっていく。一九四七年には国民基礎年金が、一九五三年には国民健康保険、家族手当が導入された。これらはいずれも一つの制度に国民全体が加入し、おもに税を財源として均一給付を行うものであった。ただし、その給付は最低生活水準に限定されていた。

「国民の家」という理念を背景として、ヴィグフォッシュらストックホルム学派の経済学者によって推進されたスウェーデン福祉国家は、つねに完全雇用政策と結びついていた点にも注意しなければならない。働ける国民全員が何らかの労働を担うべきだという「就労原則」は、その後もスウェーデン・モデルの基底にありつづける。さらに政治的決定は、専門家の助言のもとに行われるという「社会工学（social engineering）」的発想も強かった。その典型的な例は、ミュルダール夫妻が一九三四年に発刊した『人口問題の危機』である。この本のなかでミュルダール夫妻は、農村部を中心とした困窮と低出生率に警鐘を鳴らし、国民生産の増大のためには人口政策が必要であること、児童手当、医療の無償化などの福祉政策を導入すべきことを説いた。彼らの議論は社民党がこの時期に導入しようとしていた福祉政策に知的正当性を与えるものとなった(2)（Larsson et al. 2012: 12–14）。

表 4-2　スウェーデン社会の階級構成（%）

	1920	1940	1960
農民	41	27	12
資本家	5	8	6
職員層	12	20	35
労働者	42	45	47

出典：宮本 1999: 146

（2）戦後の社民党の戦略

　第二次世界大戦後は、ケインズ主義的な雇用政策と福祉国家が先進国の一般的な潮流となり、社民党は自由党などの攻勢にもかかわらず、政権を維持しつづけた。しかし一九五〇年代に入ると、社会状況の変化とともに新たな福祉改革が課題となっていく。

　一九五〇年代の経済成長をつうじて農民人口が減少し、農民党の得票率は五〇年代に一〇%を切るようになっていた（表4-2）。代わって自由党、保守党が四〇年代から得票率を伸ばし、それぞれ二〇%近くを獲得するようになっていた。新たに勃興してきた中産階級の支持を保守政党が取りつけるのか、それとも社民党が取りつけるのか。イギリスなどほかの先進国で生じたのと同様の問題が、その後のスウェーデンの帰趨を決定づけることになる。

　一九五六年の社民党党大会において、党首のターゲ・エルランデルは次のように演説する。「人びとが長期の雇用を手にし、その所得が増えるなら、生活水準が上がるだけではなく、内面にある変化が起こる。人びとは将来への計画を練るようになるのだ。……我々が代表している人びととは、もはやプロレタリアではない」（Misgeld et al. 1992: 153）。国家の役割は、もはや最低水準の生活を保障するだけでなく、より高い個別のニーズを保障するものでなければならない。社民党の支持層はもはや労働者には限られない。この大会で採択された「進歩の政治」プログラムでは次のように宣言される。

「社会政策の課題は変容した。物質的な窮乏が例外的になり、労働能力の低い者も生産体制に組み込まれて自立しなければならなくなった完全雇用社会では、生活保障への要求がますます高くなる……社会政策は、引きつづき絶対的な窮乏への保障を土台としながらも、そのうえに個人ごとに生活を保障するタイプの制度を築いていくべきである。」（渡辺 二〇〇二：九七より引用）

社会政策の役割は、物質的な窮乏を防ぐことだけでなく、各人の「自立」を促し、個人のライフスタイルに合わせた「自由選択」を可能にすることである。「自由選択（Valfrihet）」という理念は、エルランデルの信念であるだけでなく（Tage Erlander, *Valfrihetens samhälle*, Tidens förlag, 1962）、のちに触れる経済学者レーンとメイドナーの提案の基本的な原理でもあった（cf. 宮本 二〇〇五）。こうした基本方針の転換によって、社民党は中産階級の支持を取りこもうとしたのである[3]。

この時期の社民党による政策転換を、福祉政策と雇用政策について見ておこう。

まず福祉政策で最大の論争点となったのが付加年金の導入であった[4]。人びとの生活水準が上がるにつれて基礎年金の給付水準の低さが問題視されるようになった。これはイギリスで起きたのとまったく同じ問題である。使用者層をおもな支持層とする自由党、知識人・管理職・専門職を支持層とする保守党は、国家による保障を最低水準に限定すべきであると主張し、付加年金は任意加入とするか、民間の制度に委ねることを提案した。また農民党（一九五七年に中央党と改名）も、税の上昇を嫌って公的付加年金には反対した。一方社民党は、中産階級を含めた平均的な生活水準を国家が保障すべきであると考え、原則としてすべての人が加入する公的付加年金の導入を主張した。各人の「自由」とは、市場をつうじてではなく、国家の補助によってはじめて可能となる、と考えられたのである（Davidson 1989: 219）。ただし、中産階級も含めた生活水準を保障するためには、均一の給付ではなく所得比例型の給付とすべきとされた。

この問題をめぐって、中央党は一九五七年に社民党との連立を解消する。一九五九年の議会投票では、賛成一一五、反対一一四、棄権一という僅差によって公的付加年金が成立した。給付は従前所得の六五％とされ、所得比例が採用された。さらに、一九五九年には財源として四％の売上税が導入された。こうしてスウェーデン福祉国家は、低所得層のみを受益者とするのではなく、中産階級をも受益者とするより普遍主義的な制度となり、「高福祉・高負担」へと向かっていくことになった。

福祉政策は完全雇用政策を前提として機能する、と考えられていた。五〇年代に入ると、インフレに対応する新たな雇用政策の理念が、経済学者のイェスタ・レーンとルドルフ・メイドナーによって提唱される。一九五一年の労働組合大会で提案された政策は「レーン＝メイドナー・モデル」と呼ばれ、一九五六年の「進歩の政治」プログラムに反映されると、社民党政権のもとで実行に移されていった（宮本 一九九九：一二〇―一三九）。

「レーン＝メイドナー・モデル」は、（一）連帯的賃金制度、（二）積極的労働市場政策の二つから構成される（図４－２）。まず（一）連帯的賃金政策とは、労働組合（LO）と使用者団体（SAP）の中央労使交渉によって、産業別・職種別の労働者の賃金を生産性にかかわらず同一にすることを指す。自由な労働市場では、生産性の高い企業ほど労働者に高い賃金を支払い、生産性の低い企業ほど低い賃金を支払う。これらの賃金を生産性にかかわらず同一にすると、生産性の低い企業は自由な市場におけるより高い賃金を支払うことを強いられ、やがて経営が苦しくなって倒産してしまう。一方、生産性の高い企業は自由な市場におけるより低い賃金を支払うため、余剰分を投資に回して規模を拡大することができる。この政策のもとでは生産性の

図 4-2　レーン＝メイドナー・モデルの概念図

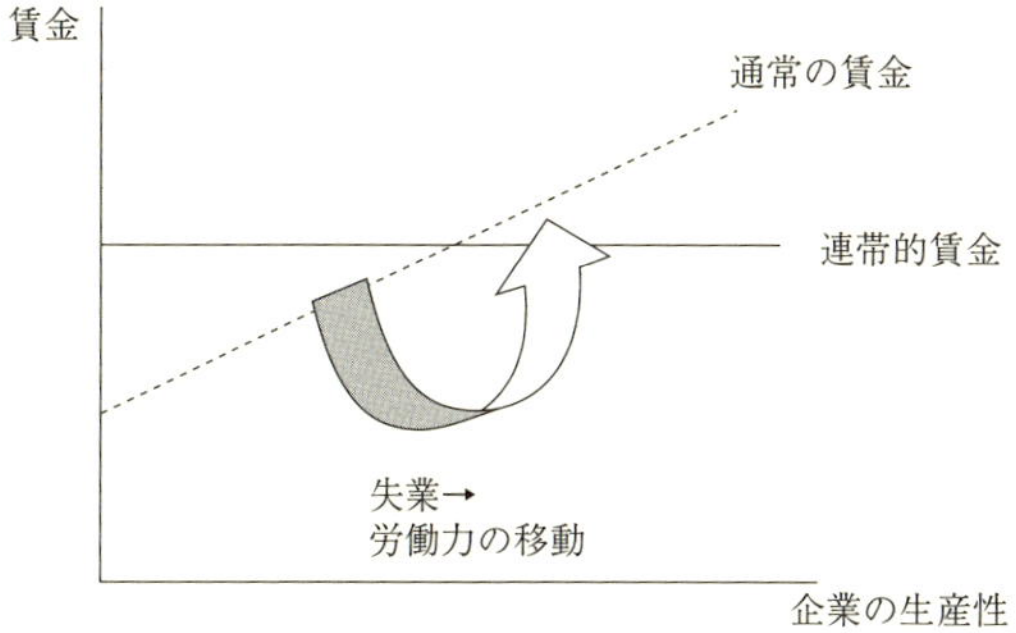

出典：筆者作成

低い企業が市場から退出することを強いられる。生産性の高い企業は賃金を抑制できるため、とくに輸出産業の競争力が強化され、産業構造の高度化にもつながった。

（二）国家はケインズ主義的な雇用政策（公共事業などによって失業を減らす政策）をとらず、一時的な失業を許容する。その代わりに国家が行うのは「積極的労働市場政策」である。積極的労働市場政策とは、たんなる失業時の給付ではなく、職業紹介、職業訓練、就労支援などによって失業した労働者がより生産性の高い部門へと移動できるよう支援する政策を指す。

以上のように、レーン＝メイドナー・モデルとは、伝統的なコーポラティズムの延長上に、企業の倒産や失業を許容し、代わりに労働者の移動を促進することで、生産性の高い企業の規模を拡大し、経済全体の競争力を引き上げようとするものだった。実際、スウェーデンの経済成長率は一九五〇年代から六〇年代をつうじて先進国で平均以上の数値を維持する（表４-３）。スウェーデンの「高福祉・高負担」は、このような「就労原則」にもとづく競争的な経済政策に支えられていたのである。

表4-3　1960～75年のGDP年平均成長率（%）

日本	8.6
フランス	5.0
スウェーデン	4.0
ドイツ	3.8
アメリカ	3.4
イギリス	2.6

出典：OECD, Social Expenditure 1960–1990, 1985, p. 21

③社会民主主義レジームの形成要因

スウェーデン福祉国家（高福祉・高負担）をもたらしたのは、労働組合の権力の強さや、左派政党である社会民主党の強さであった、とされることがある。これらの議論は間違いではないが、左派勢力の強さだけでスウェーデンの戦後レジームの特徴を説明することはできない。むしろ労働勢力、中産階級、使用者階級のあいだに一定の協調関係があり、ともに「国民の家」を発展させるという理念を共有していたことが、後発国として近代化を遂げたスウェーデンの特徴であった。戦後の労働者・中産階級の連合も、こうした伝統の延長上に可能となったといえる。

したがってスウェーデンの戦後レジームは、誰もが働いて「国民の家」の発展に貢献するという義務の観念、あるいは「就労原則」の観念と強く結びついている（cf. 渡辺 二〇一一）。普遍主義的な福祉が可能となったのは、それが経済における競争政策と表裏一体だったからである。これらの政策は、高い組織率を誇る労働組合と使用者団体のあいだの集権的なコーポラティズムによって支えられていた。

以上の三つの条件、すなわち「国民の家」の理念、「就労原則」、集権的なコーポラティズムは、一九八〇年代以降のグローバル化、移民の増大などによって、徐々に掘りくずされていく。スウェーデン・モデルもまた、一九九〇年代に入ると根本的な再編を迫られていくことになる。

2　日本――比較のなかの戦後レジーム

①日本の戦後レジームをとらえる視角

序章で指摘したとおり、現在の日本は三重苦とでもいうべき状況に陥っている。少子高齢化が止まらず、将来の経済見とおしや社会保障の持続性に深刻な影を落としている。その一方で、日本社会は正規雇用と非正規雇用、男性と女性、都市部と地方など、さまざまな格差によって引き裂かれている。これらに対応すべき政府は巨額の財政赤字に苦しみ、実行可能な政策は限定されている。

なぜこうした状況に陥ってしまったのか。他の国の対応とどこが異なっていたのだろうか。これらの点を考えるためには、そもそも日本の戦後レジームがどう形成され、どう機能してきたのかをふり返っておく必要がある。

ところで、日本の戦後レジームが常に問題を抱えてきたわけではない。むしろ一九八〇年代まで、日本の社会や経済の仕組みは賞賛されることが多かった。この時期までの日本をめぐっては、きわだった「謎」というべき特徴がある（Estévez-Abe 2008: 1）。日本が国民全体を包括する年金・医療保険を導入したのは一九六〇年前後であり、ドイツ、フランス、アメリカなどとほぼ同じ時期である。歴史だけみるとけっして「後発国」とはいえない。ところがその後も社会保障への公的支出は抑えられ、一九九〇年に至っても、GDP比公的社会支出はスウェーデンの三分の一、ドイツの半分にとどまり、主要国で最低水準のままだった(5)。一方、所得の不平等度を示すジニ係数（可処分所得）をみると、日本は一九八〇年代半ばでも〇・二五二と、スウェーデン（〇・一九七）よりは大きいものの、ドイツ（〇・二四九）とほぼ同水準であり、フランス（〇・二九八）、アメリカ（〇・三五五）よりもはるかに小さい（総務省統計局「全国消費実態調査トピックス――日本の所得格差について」二〇〇二年）。実際この時期には九割の人びとのあいだで「中流」意識が抱かれていた（内閣府『国民生活白書』一九七九年）。つまり、一九八〇年代くらいまでの日本とは、先進国でもっとも「小さな福祉国家」であったにもかかわらず、相対的に平等で、生活不安の少ない社会だったのである。なぜこの二つの特徴が両立できていたのだろうか。

日本に関するこれまでの研究は、大きく三つの立場に分けることができる。一つは「日本特殊論」というべき立場である。日本の戦後レジームは、他の先進国とは比べることのできない独特なものである。財界や官僚が戦前からの権力の寡占を引きつぎ、経済発展を最優先する政策をとりつづけた。たしかに豊かな社会を達成できたようにみえるが、その背後には前近代的ともいえる上下関係、家父長制的な家族意識などが温存され、個人や労働者の権利は軽視されてきた。今日でも、「サービス残業」や「過労死」といった過酷な雇用慣行が維持されている。社会的な権利意識も乏しく、福祉国家が未熟なままにとどまってきた、という理解である（五十嵐　一九八八；渡辺　一九九〇）。

こうした理解はたしかに日本社会の一側面を鋭く突いている。とはいえ、個人の権利が保障されず、労働者が抑圧されたままだったのであれば、なぜ労働運動や権利要求運動が活性化しなかったのか、何よりなぜ戦後社会が相対的に平等な社会となったのかは、「日本人が文化的に特殊である」という想定でも入れなければうまく説明できないだろう。

一つ目の解釈と対立するのが、日本をいわば「普通の国」とみなす立場である。この立場によれば、戦後の日本でも、他の先進国と同じように労使和解にもとづく「生産性の政治」が実現した[6]（久米 一九九八）。企業別の労働組合が使用者に協力しただけでなく、春闘などをつうじて産業を超えた賃上げの連携（一定のマクロ・コーポラティズム）も実現した。実際、一九六〇年代から七〇年代前半の製造業労働者の賃金は、ほぼ生産性にあわせて上昇している（**表4－4**）。久米によれば、戦後の日本は労使和解がもっとも「成功」をおさめた国であり、それゆえ労働者のあいだで賃金の平等が行きわたった、という。

この二つ目の解釈は、戦後の日本が急速な経済発展を遂げただけでなく、他の国と比べても平等な社会を築きあげてきた理由をある程度説明する。しかし、一九八〇年代までの日本社会が相対的に豊かで平等であったとしても、その過程で「小さな福祉国家」が作られ、それが現在まで維持されている理由はかならずしも明らかではない。とりわけ一九九〇年代以降の非正規労働の拡大、格差の急激な拡大は、これらの解釈では説明することが難しい[7]。

第三に、近年では日本を「後発国」の一類型ととらえる立場がある。この立場によれば、日本を欧米と同じ土俵で比較することはできない。たとえば一人当たりGDPが先進国に追いつくのは一九七〇年前後であり（マディソン 二〇〇〇）、高齢化も他の先進国よりはるかに遅かった（**表4－5**）。日本で福祉国家の発展が遅れたのは社会経済状況の違いのせいにすぎない。

表4-4　製造業における賃金上昇率と生産性上昇率（%）

		日本	アメリカ	西ドイツ	フランス
1960～68年	賃金	5.2	1.6	4.3	4.0
	生産性	9.0	3.2	4.7	6.8
1968～73年	賃金	9.7	1.2	2.6	3.2
	生産性	10.4	3.5	4.5	5.8
1973～79年	賃金	1.7	0.0	2.4	3.7
	生産性	4.5	0.3	3.1	3.7
1979～89年	賃金	1.5	−0.9	1.3	0.9
	生産性	4.5	2.3	1.0	2.7

出典：久米 1998: 30

表 4-5　65 歳以上の人口比率（1960 年、%）

スウェーデン	11.8
イギリス	11.7
フランス	11.6
西ドイツ	10.8
アメリカ	9.2
日本	6.1

出典：カザ 2014: 88

日本は、韓国、台湾など他のアジア諸国と同じ「後発国」という枠組みで理解すべきである、という[8][9]（金編 二〇一〇）。

日本を欧米に比べて「後発国」とみなす立場は、たしかに今日の日本の困難を説明できるようにみえる。ただし、「後発国」という類型はまだ多くの定義上の問題を抱えている[10]。さらに日本が「後発国」であったというだけでは、高齢化の進む一九九〇年代以降も日本が「小さな福祉国家」でありつづけている理由は、うまく説明できないだろう。

本書の立場

以上のように、従来の研究はそれぞれに強みと弱みをもっている。本書の基本的な立場は、各国が戦後のブレトンウッズ体制とフォーディズムという共通の枠組みのもとで福祉国家化を遂げた、というものである。この点からみれば、日本が他の先進国と比較できない特殊な国である、とはいえない。戦後の日本は一九五二年発効のサンフランシスコ講和条約によって西側の体制に組み込まれ、アメリカを基軸とする自由貿易体制と安全保障体制のもとで経済発展を遂げた。したがって、近代世界システムの周辺にあり、被植民地化を経験した国々（多くのアジア諸国、ラテン・アメリカ諸国、アフリカ諸国）や、共産主義圏に組み込まれた東欧諸国と同一の枠組みでは論じられない。

さらに戦後日本でも、一定の労使和解体制が成立し、大量生産―大量消費の循環が生まれた。耐久消費財の生産と輸出をつうじて経済発展を遂げ、それが国内でも大量消費されたという点で、日本の政治経済システムはフォーディズムの一類型としてとらえることができる(11)。

それでは日本の独自性はどこにあるのか。これまでみてきたとおり、各国はブレトンウッズ体制とフォーディズムという基本的な枠組みを共有しつつも、国内で異なる「ヘゲモニー」が形成されてきた。「ヘゲモニー」の違いをもたらすのは、労使をはじめとする社会集団間の権力関係と、福祉国家の形成を担った政治勢力の理念である。日本の場合、労使関係においては「弱いコーポラティズム」が築かれていったものの、権力関係は民間大企業の使用者が優位していた。また政治的には、保守政党である自由民主党が一九五五年以降に一党優位体制を作りあげた。自民党は、民間大企業の利益のみならず、労働者、地方農村部、中小企業・自営業者の利益を代弁し、幅ひろい国民統合を成し遂げようとした。ただし具体的な制度設計は官僚に委ねられた。これらの特徴からみると、戦後日本のレジームは、自由主義な権力基盤と、保守主義的な制度の性質を併せもつようになった、と考えられる(12)。

②福祉国家形成の条件

(1) 労使関係

戦後の労使関係をみるにあたっては、戦前からの遺制について触れておかなければならない。

第一に、政府の殖産興業政策を経て「上からの近代化」を遂げた日本では、戦後になっても小規模農家、中小零細企業が広く存在し、大企業とのあいだで産業の「二重構造」が残りつづけた。一九五七年の『経済白書』は次のように述べている。「一方に近代的企業、他方に前近代的な労資関係に立つ小企業及び家族経営による零細企業と農業が両極に対立し、中間の比率が著しく少ない。……いわば一国のうちに、先進国と後進国の二重構造が存在するのに等しい。」

第二に、こうした構造と戦前の労働運動弾圧の経験から、GHQ指令のもとで一九四五年に労働組合法が制定された後も、労働勢力のあいだには激しい路線対立が存在しつづけた。戦後初期にもっとも有力となったのは、共産党系の産別会議（全日本産業別労働組合会議）であった。それに対抗する右派・中道系の労働組合は一九五〇年に総評（日本労働組合総評議会）を結成する。さらに冷戦が始まる一九四七年以降、アメリカの占領政策が左派労働運動の弾圧へと転換していくなかで、総評もまた左傾化し、階級闘争・再軍備反対の路線をとっていく。労使協調をめざす労働組合は、一九五八年に総評から分裂して全労（全日本労働組合会議）を結成する（一九六四年に民社党系の同盟〈全日本労働総同盟〉へと合流）。このように戦後の労働運動は共産党系、社会党系、中道（労使協調）系へと分裂をくり返し、イデオロギー対立がつづいた。労働組合の組織率も戦後直後の五〇％強から低下をつづけ、一九五〇年代には三〇％代へと落ちこんだ（図4-3）。全体として労働組合の権力資源は制約されていた。

一方、使用者団体の側は、戦後に労使協調を掲げる経済同友会が労使関係の再編を試みたものの、一九五〇年代からは大企業を代表する日経連（日本経営者団体連合）が主導権を握り、「経営権の確立」を基本方針として労働勢力に対峙していく。

五〇年代半ばになると、アメリカの後押しを背景として、日本でも労使協調による「生産性の政治」が試みられていった。一九五五年には経済同友会の主導で日本生産性本部が設立される。生産性本部は労使協調による生産性の向上、雇用維持、公正な分配を原則として掲げた。労働側では全労系の中道労組が参加したが（新川 二〇〇七：九五；中北 二〇〇二：一二三〇）、階級闘争路線をとる総評は生産性向上運動を労働強化の

図4-3　戦後の労働組合組織率

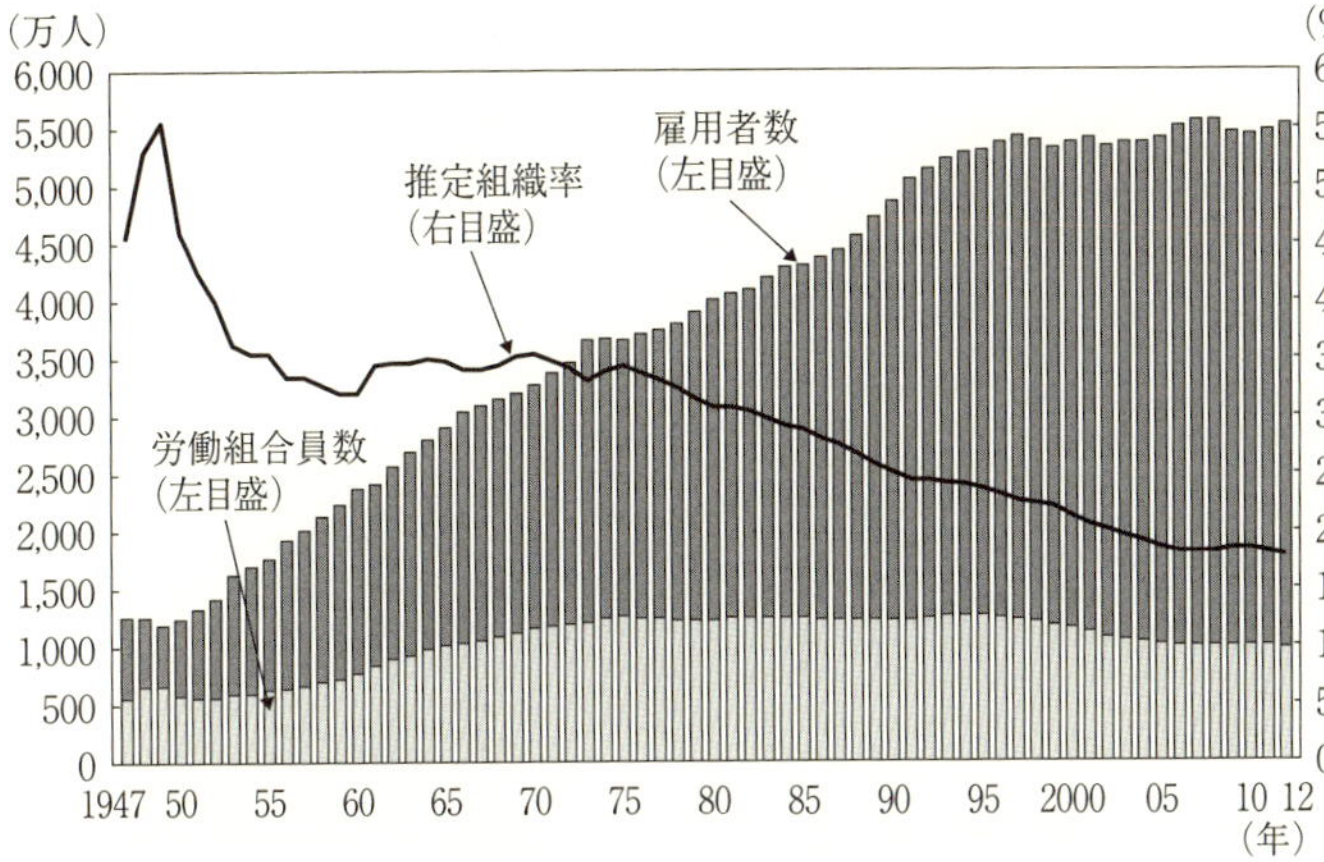

出典：厚生労働省『平成25年版労働経済の分析』より作成

手法としてとらえ、参加を見送った。

一九五五年にはこの総評の主導によって「春闘」が開始される。春闘とは、春季に産業別の一斉賃上げ交渉を行うことで、大企業から中小企業へと賃上げを波及させることを意図した運動であった。その参加者は一九五六年の三〇〇万人から一九八四年には一〇〇〇万人超にまで拡大する（久米 一九九八：一一九）。それは日本でも緩やかなマクロ・コーポラティズムが築かれたことを意味するが、交渉の対象は賃上げに限定され、労働条件、経営参加や社会保障の整備はそこに含まれなかった。

さらに六〇年代半ばからは、春闘の主導権が官公労働者、電通・石炭産業労働者などを基盤とする総評から、鉄鋼・金属・電気・自動車などの民間製造業労働者を代表するIMF-JC（国際金属労連、一九七五年に全日本金属産業労働組合協議会へと改称）へと移行していく。総評は強硬なストライキ戦術をとり、一九七〇年代には賃上げ闘争から「生活闘争」へと移行していくが、石油危機のなかでの強硬な戦術は、社会的な支持の喪失につながった[13]。一方、民間大企業では企業別の労使協調による「日本型雇用」が確立していく。一九七〇年代以降、中道労組IMF-JCは賃金抑制による雇用維持、国際競争力の強化を主張し、使用者側との協力を深めることで、「日本型雇用」を保持することを選択した。

以上を比較の観点からみると、戦後日本の労使協調は、生産性の向上を最優先する使用者の主導で行われたと考えるのが妥当と思われる。労働勢力は、階級対立路線をとる左派労組と、労使協調を模索する中道派の労組へと分裂し、徐々に後者が主導権を握る一方、前者は周辺化されていった。マクロレベルの労使協調は、生産性の向上に合わせた賃金調整に限定され、ミクロレベルでは、企業別の労使協調によって「日本型雇用」が確立していった。

(2) 政治制度

使用者優位の権力関係を背景として、戦後の日本では、保守政党である自民党が約四〇年にわたって「一党優位体制」を築いていった。一九五五年に左右両派が合同して結成された日本社会党は、総評を支持基盤として、階級闘争・非武装中立というイデオロギー色の強い路線をとっていく。五〇年代に支持を拡大した社会党は、六〇年代に入ってもドイツ、スウェーデンの社会民主党などと異なり、社会民主主義への路線転換に失敗し(14)、六〇年代には党勢の衰退を押しとどめることができなかった。六〇年代末に労働運動の主導権が総評からIMF-JCへと移行し、民間製造業労働者が労使協調路線へと向かっていくなかで、社会党の支持基盤はやせ細り、政権への展望は見失われていった。

一方、社会党に対抗して一九五五年に自由党と日本民主党が合同して設立された自由民主党は、中道から

図 4-4　戦後日本の政党システム

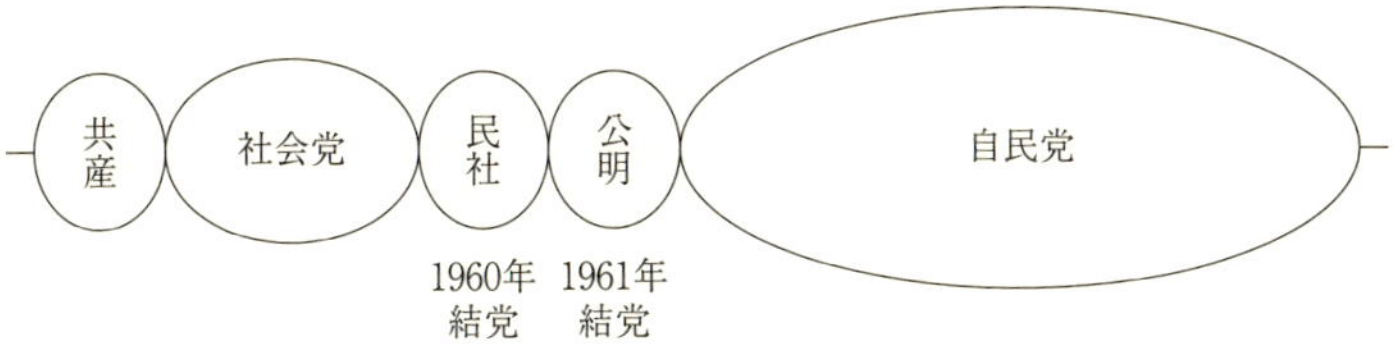

保守をカバーする幅ひろい政策を掲げ、その後も支持基盤を拡大していった。一九五五年の党大会で採択された「党の性格」では次のように言われる。

「わが党は、土地及び生産手段の国有国営と官僚統制を主体とする社会主義経済を否定するとともに、独占資本主義をも排し、自由企業の基本として、個人の創意と責任を重んじ、これに総合計画性を付与して生産を増強するとともに、社会保障政策を強力に実施し、完全雇用と福祉国家の実現をはかる。」（自由民主党　一九八六：九）

国民政党を標ぼうする自民党は、自由な市場を基礎としながらも、ケインズ主義的な雇用政策、福祉国家を組みあわせることをうたっていた。こうした方針は他の先進国の主要政党と共通するものであり、自民党のイデオロギーが財界や民間大企業の利害のみを考慮した自由主義とは異なっていたことを示している。のちにみるとおり、六〇年代以降の自民党は地方への公共投資、中小企業・自営業への保護を進めることで「包括政党」に近づいていく。

中選挙区制をとっていた日本では、以上の左右政党のほかにも共産党、中道の民社党（一九六〇年結党）、公明党（一九六一年結党）があったが、一九五五年から九三年の非自民連立政権に至るまで、自民党の一党優位体制がつづいていくことになる（図4－4、表4－6）。

表 4-6　戦後日本政治の流れ

1946〜47 年	吉田茂	自由党
1947〜48 年	片山哲	日本社会党
1948 年	芦田均	日本民主党
1949〜54 年	吉田茂	自由党
1954〜56 年	鳩山一郎	自由党→自由民主党
1956〜57 年	石橋湛山	自民党
1957〜60 年	岸信介	〃
1960〜64 年	池田勇人	〃
1964〜72 年	佐藤栄作	〃
1972〜74 年	田中角栄	〃

ただし、戦後の政治制度の特徴として自民党の一党優位を指摘するだけでは十分とはいえない。もうひとつの特徴は、首相の権力が制約され、全体として分権的な政治制度となっていたことである。本来議院内閣制をとる日本では、イギリスと同様、与党党首であり内閣の長でもある首相に立法・行政権限が集中するはずである。ところが戦後の日本では、次のような理由により首相の権限が制約されていた。第一に、中選挙区制のもとで政党同士の争いというよりも、個々の政治家同士の争いが中心となっていた（Estébez-Abe 2008）。同じ選挙区で自民党の候補者同士が争うため、候補者たちは個人後援会を作り、政党に依存するよりも、自らを支持する業界団体に依存し、利益配分競争を行っていた。政党の内部には総裁候補を領袖とする派閥が作られ、派閥単位で選挙協力が行われた。これらの派閥をまとめるため、自民党は分権的な意思決定の慣行を作りあげた。一九六〇年代に確立する「事前審査制」によれば、内閣の提出するあらゆる法案は、あらかじめ自民党内部の政務調査会部会・総務会で全会一致の承認を得なければならない。こうして内閣よりも与党が優位となり、首相のリーダーシップはいちじるしく制約された。第二に、この「事前審査制」のもとで官僚の影響力が増大した。自民党の各部会では、法案の設計や説明を官僚が担った。政治と官僚の役割は融合しており、実質的には官僚が族議員などに配慮しつつ政策立案を主導することになった（飯尾 二〇〇七）。

以上をまとめよう。戦後日本では、使用者優位の権力を背景として、自民党の一党優位体制が築かれた。

自民党は生産第一主義を掲げ、雇用政策や福祉政策をおりまぜつつ、幅ひろい社会層の支持を獲得しようとした。ただし政治のリーダーシップは制約され、実質的に政策立案を担ったのは官僚層であった。

③戦後レジームの形成

(1)　一九六〇年前後の国民皆保険・皆年金

一九五五年に保守・革新の対抗図式が作られると、五〇年代後半には革新勢力の攻勢がつづいた。総評は職場闘争をつうじて大衆組織化を図り、一九五九年から六〇年にかけては三井三池炭鉱の閉鎖に反対して「総資本対総労働」と呼ばれる大規模なストライキを展開する（この運動は六〇年に労働側の敗北で終わった）。また社会党は一九五五年に国民年金制度の構想を発表し、一九五八年には共産党、社会党、総評が合同で中央社会保障推進協議会を結成し、国庫負担による国民皆保険の創設を主張する（社会保障運動史編集委員会編　一九八二：中央社会保障推進協議会編　二〇〇八）。

自民党は左派の攻勢を受けて対応を迫られ、福祉政策の導入に動く。一九五六年の衆議院選挙の最中に、石橋湛山首相は一九六〇年までの年金制度の設立を公約する（キャンベル　一九九五：九七）。一九五七年には医療の国民皆保険が閣議決定された。自民党は一九五八年の衆議院選挙において国民皆年金をあらためて公約に掲げ、一九五九年岸信介内閣のもとで国民健康保険（医療保険）を実現する。さらに一九六一年には池田勇人内閣のもとで国民年金が導入された。

石橋・岸内閣によって推進された国民皆保険、皆年金は次のような理念に支えられていた。両内閣はともに積極財政を掲げ、経済成長を実現する手段として社会保障を位置づけていた（空井　一九九三）。自民党は大企業使用者の利益を代弁するだけでなく、経済計画や福祉政策に国家が一定の役割を果たすことを認めていた。こうした考え方を示す文書の一つとして、一九六〇年の自民党党基本問題調査会「保守主義の政治哲学要綱」を挙げておこう。

「われわれは「市場経済」と「私有財産制」を保持しつつも、これらの弊害を除去するため、国家による（1）経済の計画化（2）景気変動の調節（3）税財政の社会化及び社会福祉政策による富の不均衡是正（4）独占の排除と資本の分散大衆化（5）中小企業、自作農等の独立企業者の尊重並びに（6）公共投融資による完全雇用を行わんとするものである。」（自民党 一九八六：二五）

この文書で注目されるのは、市場経済の弊害を除くため、福祉政策のみならず、中小企業・自営業の保護、地方への公共投資を組みあわせると宣言している点である。この路線は一九六〇年の池田勇人内閣の掲げる「所得倍増計画」において、より生産主義へと傾斜した形で実現されていく。

「所得倍増計画は、自由主義経済の原則の上に立ち企業意欲と勤労意欲とを中心として展開される。これこそ、経済成長の推進力なのである。……社会保障を重視することが自由競争を原理とする経済成長を最大にする原動力ともなるわけである。」（経済審議会『国民所得倍増計画』一九六〇年）

閣議決定されたこの計画では、社会保障政策が「経済成長を最大にする原動力」と位置づけられている。さらに都市と地方の格差を是正するため、地方への積極的な公共投資を行い、「太平洋ベルト地帯」の工業化を推進することも宣言された。この計画は、一九六二年に「地域間の均衡ある発展」を目的とするものへと修正され、全国総合開発計画（全総）として具体化されていく。

当時の自民党は「皆年金・皆保険」というスローガンにはこだわったものの、実際の制度設計を担ったのは厚生官僚と専門家であった。その結果、これらの制度はすでに存在した制度を組みあわせた複雑な「パッチワーク」となった（宮本 二〇〇八：七二）。国民健康保険は、被用者を対象とする健康保険のほか、船員保険、日雇い労働者保険、私立学校教職員共済組合、公務員共済などが分立し、それらを寄せ集めたものになった（横山、田多編 一九九一：一三四）。国民年金も、公務員、サラリーマン、自営業など、職業ごとに分立した仕組みとなった。支給開始年齢は、共済組合が五五歳、厚生年金が六〇歳、国民年金が六五歳と不均一なままであった（横山、田多編 一九九一：一六二）。また所得代替率は四〇％と、先進国のなかで最低水準にとどめられた（表４－７）。

表 4-7　主要国の対 GNP 費社会支出（%）

	1960 年	1981 年
スウェーデン	15.4	33.4
ドイツ	20.5	31.5
フランス	13.4	29.5
イギリス	13.9	23.7
アメリカ	10.9	20.8
日本	8.0	17.5

出典：OECD, *Social Expenditure, 1969-1990*, 1985

（2）一九七三年の「福祉元年」

社会の変化

日本の実質ＧＤＰ成長率は一九五六年から七〇年のあいだに年平均一〇％に達し、都市部には新中産階級（ホワイトカラー層）が形成される。生活水準の向上にともなって、公的医療保険や年金の給付水準の向上が課題となった。これはイギリス、スウェーデン、ドイツなど先進国でみられた課題と共通している。経済企画庁は一九七二年の報告書で次のように述べている。

「最近数年の間に、経済成長やその尺度である国民総生産に対する国民の評価はかなり急激な変化を示し、成長が必ずしも福祉の増大につながらないことが認識され、その内容と成果の配分があらためて問題にされるようになつた。もちろんこのような成長に対する意識の変化は、消費水準の向上、失業の脅威の消滅を土台に国民の欲求が多様化したことを背景に生じたものであるが、同時に経済成長の過程において環境破壊、大都市の混雑、地域社会の崩壊等の問題が顕著となつてきたことによる面も大きく、これは一部に成長自体を否定する反成長意識さえうみ出すようになつたのである。」（経済企画庁『年次経済報告』一九七二年）

この時期には、住居問題、環境・公害問題、高齢者問題などで都市部中産階級の不満が高まった。地方の中核都市では革新派の首長が次々と誕生し、自民党に衝撃を与えた[15]。さらに一九七三年の参議院選挙では保守と革新の票が接近し、「保革伯仲」と呼ばれた。

自民党内部でも、社会状況の変化に対応する必要性は早くから認識されていた。一九六〇年代の岸・池田・佐藤内閣で労働大臣を歴任した石田博英は、一九六三年に「保守政党のビジョン」（『中央公論』一九六三年一月）という論文を発表し、社会の近代化とともに保守政党に不満をもつ中産階級が拡大していることに警鐘を鳴らした。さらに石田は、一九七〇年に「国民生活政府の提唱」という論文を発表する（『中央公論』一九七〇年一月）。そこでは日本が高度経済成長を実現する一方で、国民生活は貧弱なままにとどまっていること、国民の不満が増大していることがあらためて指摘された。さらに石田は「各人の多様な選択の自由」が保障されるような「総合的な社会保障政策」への転換を提唱した。

「福祉元年」と土建国家

このように自民党の内部でも福祉の総合的な整備に向けた動きはあった。しかし、こうした路線が主流となることはなかった。一九七二年から七四年に首相を務めた田中角栄は、革新勢力の攻勢に対抗して、「福祉元年」と呼ばれる福祉拡充策を打ちだす。しかし、より重視されたのは地方への公共投資の拡大であった。一九七二年に発刊された『日本列島改造論』（日本工業新聞社）のなかで、田中は高度経済成長の達成が、他方で「過密と過疎の弊害」をもたらした、と指摘する。この本では社会資本整備による生活の向上も掲げられたが、もっとも強調されたのは「工業の全国的な再配置と知識集約化、全国新幹線と高速道路の建設、情報通信網のネットワークの形成などをテコにして、都市と農村、表日本と裏日本の格差」をなくすことであった（田中 一九七二：二）。

こうした考えにしたがって、田中角栄の時代に日本型レジームの原型が形成されていく。第一に、一九七三年には一連の福祉拡充策が導入された。老人医療費の無料化、物価・賃金スライド制による厚生年金の二倍近い引き上げと「五万円年金」の実現、児童手当の導入などである。ただし、公的社会支出の水準は他の先進国に及ばず、制度の詳細は厚生官僚に委ねられ、従来からの制度的な分立も引きつがれた。

第二に、より重要なのはこの時期に確立する地方公共投資の手法、いわゆる「土建国家」の仕組みである（井手編 二〇一四）。一九七三年の石油ショックに見舞われた田中内閣では、公共投資の引き締めが行われ、『日本列島改造論』の構想がそのまま実現したわけではなかった。とはいえ、その後の福田、大平内閣でも地方への公共投資は着実に増大していく（図4-5）。一九七五年には赤字国債が発行され、財政投融資も

図 4-5　公共投資の国際比較（GDP 比）

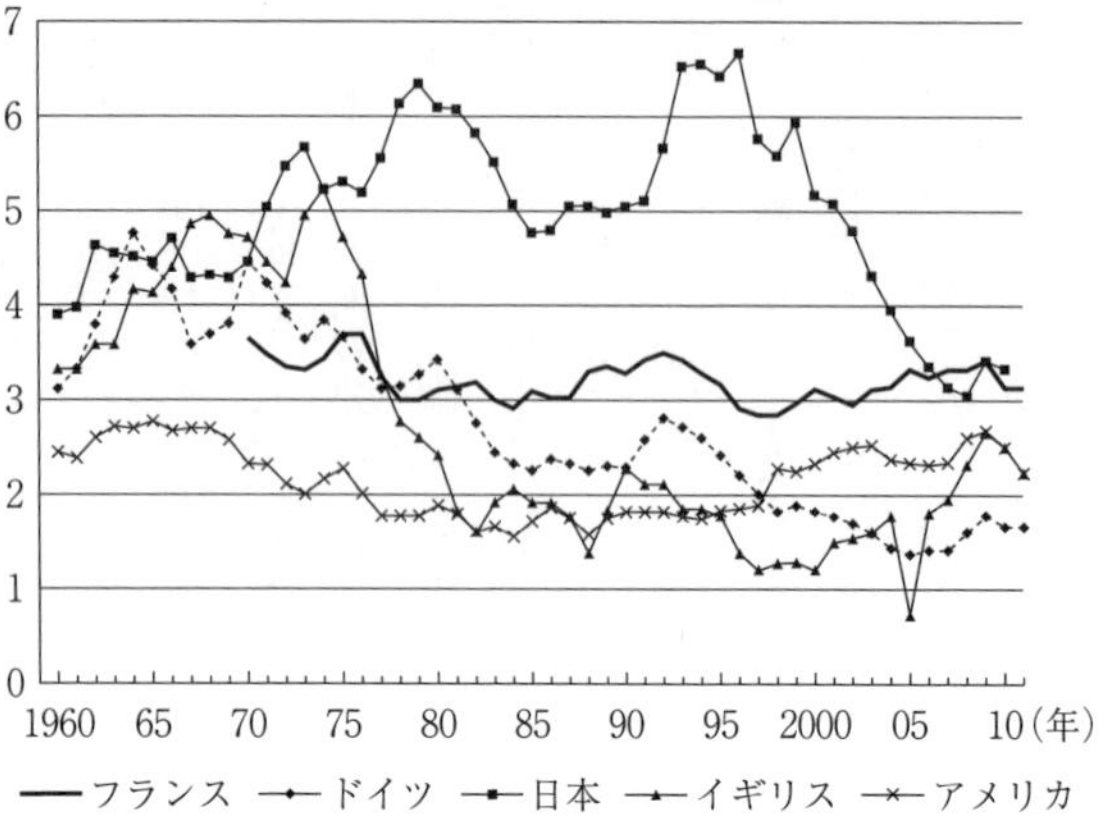

出典：井手編 2014: 225 より作成

活用された。これらの政策により、自民党は農村部を支持基盤へと組みこむことに成功する。六〇年代に三割にとどまっていた農村部の自民党支持は、七〇年代に六割まで上昇した（カルダー 一九八九：一九七）。

さらにこれら地方への公共投資の見かえりとして、都市部中産階級向けには二兆円におよぶ所得税の減税が行われた（井手編 二〇一四）。日本は税負担のすそ野を広げつつ、幅ひろい層に対して福祉を提供するという「普遍主義」的福祉の道ではなく、税負担を小さくし、選別主義的に福祉を提供するという道を維持したのである。

日本型レジームの形成

一九七〇年代に確立する日本型レジームの特徴を三点にまとめておこう。

第一は、小さな公的福祉である。社会保障はあくまで経済成長を補完する手段として位置づけられ、その水準は先進国で最低にとどめられた。

第二は、地方と中小企業への保護・規制である（宮本 二〇〇八：七六—七九）。高度経済成長によって都市と地方の格差が顕在化すると、自民党は地方債、財政投融資などを活用して地方への公共事業を増やし、雇用を維持しようとした。これらの政策は、農業の生産性向上や外国への市場開放を行うものではなく、逆に農産物の価格統制、減反政策などの保護規制をつうじて農家を維持し、あわせて公共事業によって地方の雇用を作りだそうとするものであった。言い換えれば、競争力をもつ専業農家を育成するのではなく、兼業農家の所得を保障することで、地方農村部を自民党の堅い支持層へと再編しようとするものであった。

さらに、流通・自営業などの中小零細企業に対しても、保護や規制策が導入された。一九七三年には中小企業向けの無担保融資制度が導入され、商工会議所をつうじて融資が行われた。同年には大規模小売店舗法が制定され、その後強化されることで、スーパーやコンビニなどの出店が規制された。

第三は、企業別労使協調にもとづく「日本型雇用」である（新川 二〇〇五）。日本型雇用とは、終身雇用、年功序列、企業別労働組合を指すが、とくに重要なのは労働者に提供される企業福祉である。低利の住宅融資、企業年金、退職金などに対しては、日経連、生命保険などの要請によって税の優遇措置が設けられ、企業は資本蓄積のためにこれらを積極的に活用した。大企業の企業年金は国民年金の一・五倍の支給額となるなど、民間企業で働く労働者にとって、企業の福利厚生は公的福祉よりも重要であった。

「日本型雇用」の確立は、男女のジェンダー間の分業固定化をともなっていた点にも触れておく必要がある（堀江 二〇〇五）。男性が長時間労働に従事する一方、女性は育児や介護を担うものと考えられ、あくまで家計の補助のためパートタイマーとして働きに出るというスタイルが一般化した。家族、なかでも女性が福祉やケア労働の担い手として位置づけられていった（Miura 2012）。日本は一九六〇年代以降に女性の就

表 4-8　女性就業率の低下（%）

1955 年	1960 年	1965 年	1970 年	1975 年
55.4	53.6	50.0	49.3	45.9

出典：総務省統計局『労働力調査』長期時系列データ

図 4-6　職種ごとの「仕切られた生活保障」

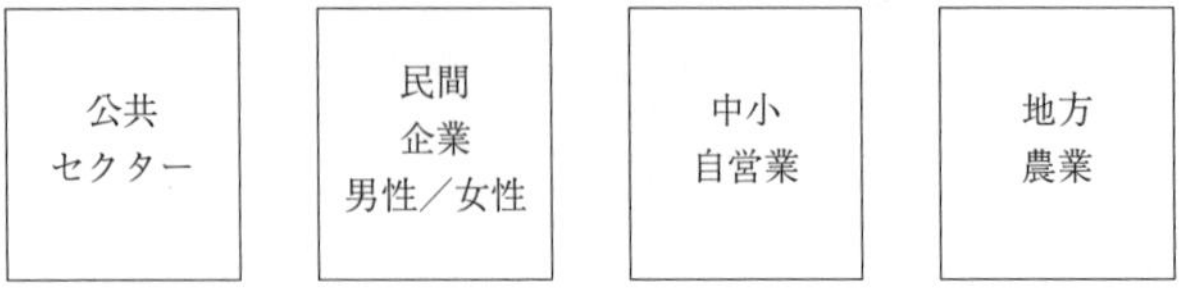

出典：筆者作成

業率が下がりつづけた唯一の国である（表４－８）。

以上のように、日本では、公的福祉が低水準となる一方、民間企業に勤める労働者とその家族は企業福祉の恩恵を受け、地方と中小企業は公共事業や保護規制によって雇用を保障されるという形で、職種、ジェンダー、住む場所によってまったく異なる生活保障の仕組みが整備されていった（図４－６）。政治学者の宮本太郎は、この仕組みに「仕切られた生活保障」という卓抜なネーミングを与えている（宮本 二〇〇八）。公的福祉だけをみると、使用者の権力優位を反映した自由主義的な制度であるようにみえ、民間大企業の労使関係に着目すると、労使協調のもとで手厚い企業福祉が労働者に与えられているようにみえる。しかしこれらはいずれも部分的な評価である。全体としてみると、保守政党（自民党）が政官財、業界ごとに網の目のような利益媒介のネットワークを張りめぐらせることで、「小さな政府」でありながら、相対的に平等な社会を作りあげていた。高度経済成長によって全体のパイが拡大しつづけるかぎりにおいて、それぞれの「仕切り」が意識されることはなく、むしろ多くの人びとは自らを「中流階級」の一員として意識することができたのである。

④日本型レジームの形成要因

先進国との比較の観点からみると、日本の戦後レジームはどう位置づけられるだろうか。日本は自由主義レジームに近い「デュアリズム」とされたり、家族の比重が大きい「家族主義レジーム」とされたり、「後発国」とされたりしてきた。これらはそれぞれに重要な一側面をとらえている。本書では、日本がブレトンウッズ体制とフォーディズムという枠組みを共有して福祉国家化を遂げたと考え、労使関係と主たる政治アクターの「ヘゲモニー」に着目して分析を行った。

まず労働勢力の分裂、産業間連携の弱さをみれば、戦後日本の労使関係が使用者側優位であったことは明らかだと思われる。社会的権力関係からみれば、日本は自由主義レジームにもっとも近かった。実際、脱商品化の程度は先進国のなかできわだって低い。福祉国家の重要な目的が市場への依存からの自由であったことを考えるならば、たとえ一定の所得の平等が保たれていたとしても、日本の戦後レジームは本質的に自由主義レジームに近い性質をもっていた、と考えるべきだろう。

ただし、日本のもう一つの特徴は、ほぼ唯一の政権政党であった自民党が、民間大企業の利益を反映するだけでなく、中小企業・自営業、地方の農村部など幅ひろい層のニーズを吸いあげ、政治をつうじた利益配分（公共投資、補助金、保護規制）によって国民統合を図ろうとしていた、という点である。たとえこれらの政策が、左派の攻勢への対応として導入されたものであったにせよ、自民党のイデオロギーは自由主義というよりも保守主義（伝統集団を活用した国民統合という志向）に近かった。実際の政策立案が官僚に委ねられたこともあり、制度構造を見るかぎり保守主義レジームとの共通点が多い。自営業・民間企業労働者・公共セクター労働者など職域ごとに分立した社会保険、「男性稼ぎ主」型の家族への依存、規制された労働市場や長期雇用の慣行などである(16)。

以上を勘案すると、日本の戦後レジームは、社会的な権力構造からみれば自由主義的であるが、それが政治をつうじて制度へと反映されるときに、保守主義的な性質を兼ね備えることになった、とみなすことができる。こうして比較のなかで位置づけることにより、一九八〇年代以降のレジーム再編において、日本が他国と共通する問題にどう直面し、どのように異なる対応をとっていったのかを比較分析できるようになるだろう。

小括　第Ⅰ部のまとめ

第Ⅰ部では、ブレトンウッズ体制とフォーディズムという共通の枠組みの内で、各国がどのように福祉国家を形成してきたのかを比較した。それぞれの国の選択は、労使関係と政治制度によって説明できる。とくに保守政党が福祉国家の形成を主導した場合には、ジェンダーにかかわる家族イメージも重要な分岐をもたらした。第Ⅰ部の考察を表4-9にまとめておく。

表 4-9　戦後レジームの比較

	イギリス	アメリカ	スウェーデン
レジームの類型	自由主義	自由主義	社会民主主義
政治システム	二大政党制 集権的	二大政党制 分権的	穏健な多党制 集権的
労使関係	分権的 →コーポラティズムの失敗	使用者優位	集権的 →強いコーポラティズム
雇用政策	ケインズ主義	公共事業 （軍需産業）	連帯的賃金制度と 積極的労働市場政策
福祉政策	ナショナル・ミニマム 脱商品化低 民間保険の発達	最低保障 脱商品化低 民間保険の発達	普遍主義 脱商品化高 民間保険の未発達
	フランス	ドイツ	日本
レジームの類型	保守主義	保守主義	自由主義＋保守主義
政治システム	分極的多党制 分権／集権	穏健な多党制 分権的	一党優位制 分権的→政官融合
労使関係	分権的 →弱いコーポラティズム	分権的 →中位のコーポラティズム	分権的 →使用者優位の弱いコーポラティズム
雇用政策	国有化 ＋ 経済計画	社会的市場経済	経済計画 ＋ 地方・中小企業への保護
福祉政策	職域別 脱商品化中 民間保険の未発達	職域別 脱商品化中 民間保険の未発達	職域別 脱商品化低 企業福祉の発達

出典：筆者作成

第Ⅱ部　戦後レジームの再編

第5章　福祉国家再編の政治

1　一九七〇年代の転換

第Ⅰ部では、福祉国家の形成について比較を行ってきた。第二次世界大戦後から一九七三年までは、「黄金の三〇年」と呼ばれる。一九六〇年から七五年のＯＥＣＤ諸国のＧＤＰ年平均成長率は四・六％に達し（OECD 1985）、アメリカを除く主要国の失業率も一〜四％に抑えられていた。長期にわたる経済成長を支えたのは、「ブレトンウッズ体制」と呼ばれる国際的な自由貿易体制と、「フォーディズム」と称される大量生産—大量消費の循環の仕組みだった。ケインズ主義的な雇用政策と福祉国家は、この好循環を作りだすことに寄与し、経済成長にとって不可欠とみなされていた。

ところが、一九七三年のオイルショックを契機として、繁栄の時代は終わりを告げる。経済成長率は七〇年代後半に半減し、各国は一〇％近い失業率を抱えるようになる。ＯＥＣＤは一九八一年に『福祉国家の危機（*The Welfare State in Crisis*）』と題された報告書を発刊し、その序文で次のように述べた。

「一九七〇年代に入ってからのＯＥＣＤの経済の停滞は、これまで続いてきた施策の拡大や給付の伸びを困難にし、福祉国家を危機へ陥れた。……失業補償、最低賃金、高額の所得税課税などの社会政策は、経済に悪影響を及ぼしており、インフレなき経済成長への復帰を部分的に妨げているのではないか、とまで言われはじめている。」（OECD 1981: Introduction）

なぜ「黄金の三〇年」が終焉したのだろうか。なぜ福祉国家と経済成長の「衝突」が語られるようになったのだろうか。石油価格の一時的な上昇だけでは、八〇年代以降も経済停滞がつづいた理由を説明できない(1)。この章では、ブレトンウッズ体制の終焉とフォーディズムの変容という二つの側面から、一九七〇年代の転換の意味を考えていく。

①ブレトンウッズ体制の終焉

第二次世界大戦後の国際秩序を支えたのはアメリカの政治的・経済的な覇権であった。ドルが基軸通貨となり、為替レートが固定されることで、各国通貨の信用と安定が保たれていた。しかし一九六〇年代に入ると、ヨーロッパ諸国や日本の復興とともにアメリカの経済的優位は揺らいでいく。アメリカは一九六四年にベトナム戦争の泥沼へと足を踏み入れ、基礎収支の赤字が拡大する。ドルの信用不安を背景として、各国がドルと金の兌換を要求すると、金流出に直面したアメリカは、一九七一年にドル・金の兌換停止を発表し（「ニクソン・ショック」）、つづいてドルの切り下げを強行した（経済企画庁 一九七二）。それでも信用不安は解消されず、一九七三年には日本を含めた主要国が固定相場制を放棄し、変動相場制へと移行する(2)。こうしてブレトンウッズ体制は崩壊した（ギルピン 二〇〇一：六七）。

固定相場制のもとで国境を超えた資本移動は厳しく制約されていた。いまやその根拠が失われることで、一九七〇年代の石油ショックを契機として肥大化したアラブ諸国のオイルマネーを受け入れるため、各国はこぞって資本移動の規制を撤廃していった（一九七三年カナダ、ドイツ、スイス、一九七四年アメリカ、一九七九年イギリス、一九八〇年日本、一九九〇年フランス、イタリアなど）。情報通信技術の発達もこうした動きを後押しした。一九七〇年代末からは株・為替取引や海外投資による国境を超えた資本移動が急速に増大する。外国為替取引の年間総額は、一九八三年の三〇、〇〇〇ドルから一九九八年には三七二、五〇〇ドルへと一〇倍以上に膨れ上がり、同年の貿易・海外直接投資の五〇倍もの額に達した（野林ほか 二〇〇七：一四二）。短期的なマネーの取引が実体経済を左右する「グローバル化」の時代が幕を開けたのである。

②フォーディズムの変容

ただし「グローバル化」とは、金融市場の拡大、情報通信技術の発達によっておのずともたらされたものではない。それは戦後の「黄金の三〇年」が終焉した後、先進国が経済停滞に対応した帰結でもあった。

戦後の約三〇年にわたる経済成長を支えたのは、フォーディズムと呼ばれる国内の政治経済の仕組みであった。生産性の向上にあわせた賃金の上昇と福祉国家の成熟によって労働者の所得が上昇し、旺盛な購買力をもった中産階級が形成された。こうした条件が大量生産と大量消費の好循環を可能にした。

ところが一九七〇年代に入ると、フォーディズムは生産―消費の両面でうまく機能しなくなっていく。以下では生産と消費に埋め込まれた「規格化」という性質を軸として、フォーディズムがどのように機能不全に陥っていったのかをみておこう(3)。

第一に、生産の領域では、それまでの「規格化」された労働のあり方に対する不満や反発が広がった。流れ作業とシフト制に代表されるテイラー主義的な労務管理に対して、豊かになった労働者の不満が増大する。一九六〇年代以降、労働条件の改善や経営参画を求める運動やストライキが頻発していった。労働者予備軍である学生もまた、現代社会を「管理社会」「規律社会」として批判し、より自由な生き方や参加を求める運動を展開した。一九六八年にはこれらの運動が世界的に広がり、フランスでは「五月革命」と呼ばれた。

これらの運動は、反戦・平和、エコロジー、政治への不満、エスニック・マイノリティの人権運動などさまざまな要求を含んでおり、生産の領域に限定されるものではない。とはいえ、その基底に見いだせるのは物質的な豊かさのみを追い求める戦後社会の価値観に対する問いなおしであった。

社会学者のロナルド・イングルハートは、一九七〇年前後に成人となる世代の価値観を調査し、それ以前の世代が治安・経済成長・物質的安寧を重視していたのに対して、これ以後の世代は政治への参加、自治・自己決定、平和、人権など、より抽象的な価値を重視する人の割合が多くなった、と指摘した（イングルハート 一九七八；イングルハート 一九九三）。後者は「脱物質主義的価値」と呼ばれ、のちの論文では「自己表現的価値（self-expression value）」と言い換えられるようになった（Inglehart and Baker 2000）。

一九七〇年代の先進国では、それまでの労働運動とは異質な「新しい社会運動」が展開される。フェミニズム、エコロジー、反原発運動、地域主義運動などは、生産至上主義、「規格化」された労働や生活のあり方を問いなおし、より個人主義的なライフスタイルと自己決定を重視した運動であった(4)。その担い手となったのは、学生のほか、都市部の専門職、エンジニア、ホワイトカラー層などの新興中産階級であった（Kitschelt 1994）。

第二に、消費の領域においても、画一的なモデルの耐久消費財（テレビ、冷蔵庫、洗濯機など）が各家庭に行きわたると、消費の中心は個性的なデザインやモデルに価値を置く「記号的消費」へと移行していく（ボードリヤール 一九七九）。大量生産ではなく多品種少量生産が一般化し、より柔軟な生産ラインが求められるようになった（ピオリ、セーブル 一九九三）。

こうして大量生産―大量消費がその「規格化」という性質への批判や反発によって機能しなくなると、経済の好循環は掘りくずされていった。それまで上昇をつづけていた労働賃金や社会保障給付を引き下げることは困難であったため、これらのコストが物価へと反映され、インフレが起こる。この時期の先進国は、経済停滞（stagnation）とインフレーションが並行する新しい現象、いわゆる「スタグフレーション」に苦しめられていった。

2 福祉国家へのインパクト

ブレトンウッズ体制の崩壊とフォーディズムの機能不全は、福祉国家にどのようなインパクトを与えたのだろうか。

戦後の「黄金の三〇年」のあいだ、福祉国家は経済成長にとって不可欠の仕組みとみなされていた。ところが一九七〇年代以降になると、国家による税・保険料の徴収や手厚い再分配が市場メカニズムを歪め、経済成長を妨げている、と考えられるようになった。この時期にはフリードリッヒ・ハイエク、ミルトン・フリードマンなど政府の肥大化を批判する「新自由主義者」たちの著作が広く読まれるようになった。

しかし、すべての国が「新自由主義」へと収斂しつつある、という見方は一面的である。グローバル化とフォーディズムの変容が福祉国家にもたらすインパクトには、一見相反するような二つの側面があったからである。

①グローバル化のインパクト

「グローバル化」という言葉の意味するところは多様である。とりわけ資本移動の自由化にともなう海外直接投資の拡大、短期的な為替取引の増大は、国内の福祉・雇用政策に大きな影響を与える、と考えられてきた（ストレンジ 一九九八）。こうした立場によると、海外への工場移転が自由になれば、資本に対する労働者の交渉力は弱まってしまう。労働者は言語や文化の障壁、家族生活の必要性などから、容易に国境を超えて移動できるわけではない。企業経営者や資本家は、賃金引き下げや労働条件の強化を要求し、それらが満たされなければ海外に工場を移転する、と脅すことができるようになる。さらに高い税金や保険料は企業の競争力を損なうとして、それらを引き下げる圧力も強まる。先進国と途上国はますます同じ条件で競い合うようになり、労働条件や社会保障の引き下げをめぐる「底辺への競争（race to the bottom）」が生じる、とされるのである（Castles 2006: 226-228）。

以上に加えて、先進国では人口の高齢化も進んでいる。医療や年金をおもに利用するのは高齢者であるから、高齢化が進むと医療・年金支出はおのずと増大する（たとえば今日の日本では、社会保障費が毎年一兆円ずつ「自然増」している）。政治のイニシアティブによって高齢者向け支出を抑制しなければ、グローバルな経済競争で不利になってしまう、ともいわれる。

はたして「底辺への競争」論は事実と合致するのだろうか。グローバル化の進む一九九〇年代以降の統計をみてみると、総税収の規模はほぼ横ばいか若干減少しているものの、公的社会支出は増加している国が多い（表5－1、表5－2）。「小さな政府」への収斂が生じているとはいいがたい。

税の引き下げ競争はどうだろうか。法人実効税率（国と地方の合計）をみると、二〇一五年の時点でアメリカ四〇・七五%、フランス三三・三三%、日本三二・一一%（二〇一六年に二九・九七%）、ドイツ二九・七二%、韓国二四・二〇%、イギリス二〇・〇〇%、シンガポール一七・〇〇%と、国によって大きな開きがある（財務省「国際比較に関する資料・法人実効税率の国際比較」）。法人税の徴収の仕方は多様であり、単純な比較は困難であるとしても、統計でみるかぎり「底辺への競争」は確認できない。

表 5-1　総税収の大きさ（対 GDP 比、%）

	1975	1990	2000	2011
スウェーデン	41.3	52.2	51.4	44.2
フランス	35.4	42.0	44.4	44.1
ドイツ	34.3	34.8	37.2	36.9
イギリス	34.9	35.5	36.4	35.7
アメリカ	25.6	27.4	29.5	24.0
日本	20.8	29.0	27.0	28.6

出典：OECD, Revenue statistics 2013

表 5-2　公的社会支出（対 GDP、%）

	1980	1990	2000	2010
スウェーデン	27.2	30.2	28.4	28.3
フランス	20.8	24.9	27.7	32.4
ドイツ	22.1	21.7	26.6	27.1
イギリス	16.5	16.0	18.6	23.8
アメリカ	13.2	13.5	14.5	19.8
日本	10.4	11.3	16.5	22.3

出典：OECD, Social Expenditure Database 2014

実際、政治経済学者の多くは単純な「底辺の競争」論に懐疑的である。たしかに生産の国際的分業や高齢化の進展は、税・保険料や政府支出を引き下げる圧力となる。他方で、これらとは逆の効果をもたらすことも指摘される。

第一に、生産の国際的分業によって、単純な製造業が労働コストの低い途上国へと移転していくと、先進国はより付加価値の高い産業を創出する必要に迫られる。これらの産業を発展させ、海外からの直接投資を呼び込むためには、物流・電力・通信などにおいてより高度なインフラを整備しなければならない。グローバル化は国家による公共投資を拡大させる要因ともなる（ギャレット 二〇〇三）。

第二に、高付加価値の産業は、高度なインフラだけでなく、質の高い教育を受け、高度なスキルをもった労働者を必要とする。良質な教育や職業訓練は経済成長にとってますます重要となっている（Iversen 2005）。実際、二〇〇〇年代に入ると国際学力調査（PISA）をはじめ公教育の効果に関する国際比較が進展し、「人的資本への投資」が重要視されるようになっている（OECD 2011）。

第三に、グローバル化によって国内の不平等が拡大したり、雇用の流動性が高まったりすると、中産階級の人びとは生活不安にさらされ、より多くの再分配を政府に求めるようになる。実際、一九六〇年から二〇〇〇年までの一八カ国を比較した研究によると、資本流動性の高い国ほど公的社会支出は増加している（Ha 2008）。

以上のように、グローバル化の進展は福祉の「縮減」圧力をもたらすだけではない。それはインフラ整備、教育投資、再分配というそれぞれにおいて、国家の役割を「拡大」させる圧力をも生みだすのである。

②ポスト・フォーディズム

次に、フォーディズムの機能不全の影響について検討してみよう。一部の政治経済学者は、フォーディズムに代わって「ポスト・フォーディズム」と呼ばれる新たな政治経済の仕組みが生まれつつある、と論じている。ただしこれまでのところ、「ポスト・フォーディズム」として括れるような共通の仕組みが定着しているとはいえない(5)。そこで以下では二つの側面に区分して影響を考えてみたい。

第一は「ポスト工業化（post-industrialization）」である。画一的な耐久消費財への需要が減少する一九七〇年代以降、先進国の産業構造は、製造業から情報・サービス業へと移行していく。二〇〇四年の統計でみると、主要先進国の就業者の割合は、第二次産業が二割程度であるのに対して、第三次産業は七割に達している。日本を例にとると、一九五〇年の段階で第一次産業四八・五％、第二次産業二一・八％、第三次産業二九・六％であったのに対して、二〇〇四年ではそれぞれ五・一％、二五・九％、六七・三％となっている（統計局『二〇〇五年度国勢調査』「変化する産業・職業構造」）。

情報化・サービス化の進展が人びとの働き方に及ぼす影響は両義的である。一方で、新たな経済は「知識基盤経済（knowledge based economy）」とも呼ばれる（OECD 1996; EU Lisbon Strategy in 2000）。金融、コンピューター、ソフトウェア開発、ＩＴ、バイオテクノロジー、医療・健康サービス、経営、技術開発、マーケティングなど、新たな知識を生みだしたり、情報を加工したりする仕事が高い付加価値を創出するようになる。こうした職に就く人びとの働き方はより創造的になり、より自由になる。ただし「知識基盤経済」は製造業のように多くの雇用を吸収しないため、付加価値の高い職に就ける人は一握りに限定される。

他方で、製造業に代わって雇用を吸収するのは対人サービス業である（Wren 2013）。レストランやコンビニエンスストアでの接客、家事労働の代行、育児・介護などのケア労働、テレホンアポインターなどである。ニーズの移り変わりの激しいこれらの職では、短期契約や短時間労働などのいわゆる「非典型労働」が一般的となる。工場や事務所で朝九時から夕方五時まで働くというのではなく、午前中や夕方の三時間だけ、あるいはニーズのある期間だけといった断片的な働き方になりやすい。

したがって、情報化・サービス化が進む経済のもとでは、高い付加価値を生みだすクリエイティブで高賃金の職に就く少数の人びとと、低賃金で不安定なサービス業に就く人びととの二分化が進みやすい。後者は

「ジャンク・ジョブ」とも呼ばれるように、マニュアルにしたがった単純労働であることが多く、経験によるスキルの蓄積や賃金上昇も起きにくい。

「ポスト工業化」が進むと、製造業労働者がこうむっていた定型的なリスク（病気、けが、老齢、失業など）に代わって、「新しい社会的リスク」が生まれてくる（Taylor-Gooby ed. 2004; Armingeon and Bonoli eds. 2006: 6-8）。産業構造の転換によって失業する人が増え、「ポスト工業化」のもとで低賃金・不安定職に就く人が増える。これらの人びとに就労支援や教育・職業訓練への投資を行い、よりよい職に移れるよう支援しなければ、賃金や待遇の格差が広がりつづけてしまうのである（エスピン＝アンデルセン 二〇〇〇：OECD 2011）。

フォーディズムの変容にともなう第二の側面は、家族の多様化である。フォーディズムの前提にあったのは、男性が工場労働などで所得を稼ぎ、女性が家庭で家事やケア労働に従事する、という「男性稼ぎ主モデル」であった。ところが事務職やサービス職が拡大していくと、女性の就労が促進され、「男性稼ぎ主モデル」は転換を迫られていく。単身世帯、ひとり親世帯も増え、家族の形は多様化していく。多様な家族にあわせて社会保障の仕組みを改革し、とりわけ女性が家庭で引き受けていた育児や介護といった無償のケア労働を「社会化」する仕組みを整備しなければ、新たな貧困リスクにさらされる人が増えたり、少子化が進んだりしてしまう。ケア労働を誰がどのような形で担うのかは、一九八〇年代以降の先進国で大きな政治の争点となっていく。

③福祉国家への二つのインパクト

以上この節では、一九七〇年代の転換を二つの側面から検討した。国際的にはブレトンウッズ体制が崩壊し、金融を中心とした「グローバル化」がもたらされた。国内ではフォーディズムが機能不全に陥り、先進国の産業は製造業から情報・サービス業へと移行していった。産業構造の転換は女性の就労を促し、家族のあり方を多様化させた。

これらの変化は、福祉国家に対して一見相反するような圧力をもたらすことになる。一方では、グローバル化と高齢化を背景とした医療・年金など伝統的な福祉の「縮減」圧力が強まる。そしてもう一方では、「ポスト工業化」と家族の変容によって「新しい社会的リスク」が生じ、福祉の「拡大」圧力が強まる。いわば各国は、車のブレーキを踏みつつ同時にアクセルを踏むような対応を迫られることになる。ただし、縮減の影響をこうむる人びとと拡大を求める人びととは実際には重ならない。「縮減」と「拡大」の両方の圧力があり、これらの影響をこうむる人びとが異なる以上、すべての福祉国家が同じ方向へ収斂するとはかぎらない。福祉国家再編の方向性は、それぞれの国の「政治的な選択」に委ねられるのである（Cf. Bonoli and Natali eds. 2012: Introduction）。

3　福祉国家再編をとらえる視点

①新制度論と「新しい政治」

福祉国家の再編は、グローバル化や産業構造の変化による一方向的な過程ではない。それは「政治的な選択」に左右される不確定な過程とみなさなければならない。ではこのプロセスをどう分析すればよいのだろうか。現在まで多くの研究者がこの問いに取り組んできたが、いまのところ定説は存在していない。この節ではおもな研究動向を整理したうえで、本書の枠組みを提示する。なおこの節の内容はやや専門的な議論がつづくため、各国の具体的な動向に関心のある読者は、以下を読み飛ばして次章に進んでいただいてもかまわない。

政治学者のポール・ピアソンは、一九八〇年代以降の福祉国家をめぐる政治を「新しい政治」と呼び、福祉拡張期の政治と区別した。福祉拡張期にもっとも重要であったのは、労働者・使用者のあいだの権力関係であった。ところが戦後の経済成長のもとで新中産階級が登場し、グローバル化とともに輸出産業と国内産業の亀裂が広がると、もはや労働者階級の一体性を想定することは難しくなった（Pierson ed. 2001: 80–104）。

この時期の福祉国家再編を分析するために、ピアソンは「経路依存（path dependence）」という概念を導入する。ある政策が制度化されると、その制度の受益層が生まれる。受益層は制度の変化に抵抗する政治的なプレイヤーとなる。受益層がどのくらい広く、どの程度組織化されているかによって、制度変化への抵抗力が規定される。たとえばスウェーデンでは、公的福祉の受益層が国民全体に広がっているため、福祉縮減への政治的抵抗が強かった。逆にイギリスのように、福祉の受益層が低所得層に限定されていた国では、福祉縮減への抵抗は小さかった。したがって、もともと高福祉の国ほど縮減は困難となり、低福祉の国ほどさらなる縮減が行われやすくなる。このように、ある制度によって一定の受益層が生まれ、それが制度変化の方向性を規定することを「経路依存」と呼ぶ（Pierson 1994; Pierson 2004）。

ただし、制度の「経路依存」があるとしても、改革がまったく進まないわけではない。受益層の抵抗を抑えて改革を進めるためには権力の集約が必要となる。政治制度がどの程度集権的か、あるいは分権的であるかによって、改革を進めようとする側の権力の強さが決まる（Pierson 1994: 33）。

近年では、政治制度の性質を「拒否権プレイヤー（veto player）」という概念で分析することが一般的となっている（ツェベリス 二〇〇九）。拒否権プレイヤーとは、ある制度を変えるときに同意を得なければならないアクターのこと、つまりそのアクターが拒否すれば制度を変革できないような存在を指す。政治制度としてみると、拒否権プレイヤーが多ければ多いほどある制度を変革することは難しくなり、現状維持が選ばれやすくなる。(6)

たとえば単独政権と連立政権について考えてみよう。単独政権の場合、与党内部で合意を得られれば制度変革が可能となる。ところが連立政権の場合、連立を組んでいる複数の政党間で合意を作らなければならず、一党でも反対すれば改革は進まない。また議院内閣制の場合、執政府の長である首相と立法府の多数党である与党の代表は同じ人物であるから、首相に立法・行政権力が集中している。ところが大統領制の場合、行政府の長である大統領の提案に対して、立法府（議会）が同意しなければ、法案を通すことはできない。このように政党システムや統治機構にかかわらず、「拒否権プレイヤー」の数が多いほど政治は現状維持的になり、大規模な制度変革は困難となる。

以上をまとめると、福祉国家の再編期においては、福祉制度の受益者がどのくらい広く組織されているかによって、改革への抵抗力が規定される。一方、政治制度がどの程度集権的であるか（拒否権プレイヤーが多いか少ないか）によって、改革の推進力が規定される。各国の選択は、福祉制度、政治制度という二つの制度の「経路依存」によって分析することができる（図5-1）。

図 5-1　「経路依存」の概念図

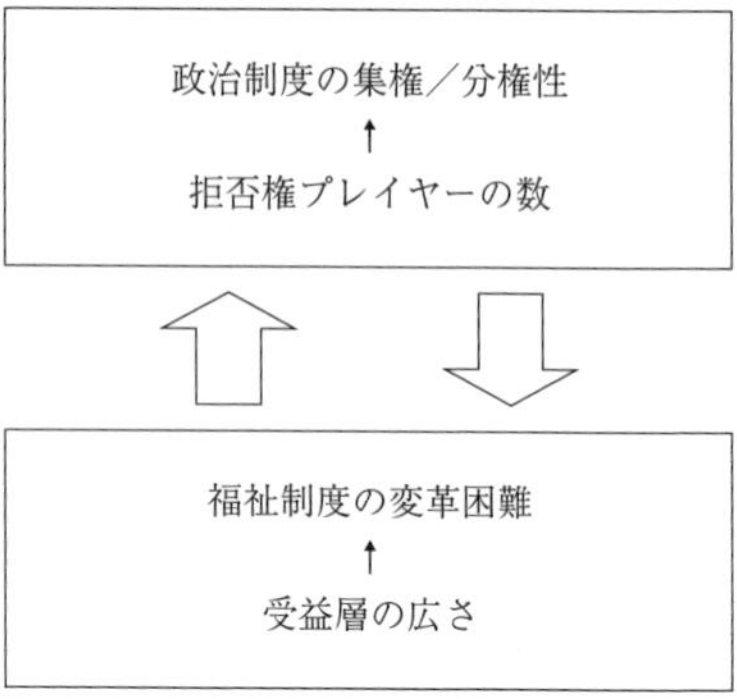

出典：筆者作成

②二〇〇〇年代の「経路破壊」

制度のもたらす「経路依存」という考え方は、漠然としているようにもみえるが、これまでのところ実際の改革過程をかなりうまく説明できている。レジーム論ほど長期的な視野をもつかどうかは不明であるにせよ、近年までこの枠組みにもとづく研究が数多く蓄積されてきた。ところが、二〇〇〇年代に入ると「経路依存」だけでは説明がつかないような「構造的な変化」が一部の国で観察されるようになった（Palier 2007）。「経路依存」よりむしろ、「経路破壊（path breaking）」を説明する理論が模索されるようになった。

「経路破壊」を説明する代表的な理論は、統治リーダーのイニシアティブに着目するものである。ヴィヴィアン・シュミットやティモ・フレッケンシュタインは、統治リーダーが改革に適した新しいアイディアを提示し、ほかの統治エリートや世論を説得することで、経路依存（受益者の抵抗）を超えるような制度変革が可能になる、と論じた[7]（言説政治論）（Schmidt 2002b; Fleckenstein 2011b）。実際、九〇年代以降の各国のリーダーは、「仕事にふさわしい報酬を」、「従来の福祉を終わらせる」、「第三の道」など、さまざまな言説を駆使して改革を正当化しようとしてきた。日本では小泉純一郎政権で唱えられた「既得権益の打破」、「構造改革」などの言説を思い浮かべることができるだろう。

別の研究は、拒否権プレイヤーを回避する政治的な決定プロセスに着目する。たとえば労使の代表者、利益当事者から構成される委員会や審議会といった従来の意思決定機関を回避し、首相直属の会議体や有識者会議を設置することで、ごく少数のアクターによって「トップダウン」式に改革プランを決めてしまう、というやり方である（Weaver 1986）。

これらの議論は、短期的な制度変化を説明するうえでは有益である。しかし、統治リーダーの言説や実践に目を向けすぎるあまり、それらが実際の改革過程でより広い人びとの合意を調達したり、中長期的な制度変革につながったりする条件を必ずしも明らかにしていない。福祉政策や雇用政策は、一人ひとりの働き方、家族のあり方、人生の設計に密接にかかわっている。さらにそれらは、各国で歴史的に形成されてきた公正な社会に関する規範ともかかわっている。「トップダウン」式の改革が成功する場合と失敗する場合では何が異なるのか。統治リーダーの言説が広く受容される場合とそうでない場合では何が異なるのか。これらの点を分析に含めるためには、市民社会における人びとの支持や合意の調達にも目を向ける必要がある。

③本書の枠組み

以上を踏まえ、本書では、福祉国家の再編がどのようなアクターによって担われ、どのような「ヘゲモニー」の組み替えをともなったのかに注目する。(8)「ヘゲモニー」の組み替えをとらえるために、まず一九七〇年代以降の市民社会における価値観の変化について触れておこう。すでに言及したとおり、イングルハートによれば、一九七〇年代以降に成人となる戦後世代では、ライフスタイルの自己決定、アイデンティティの選択、政治参加、環境保全などの「自己表現的価値」を重視する人びとが増えた（イングルハート 一九九三：八七）。

イングルハートの議論を政治的な立場と結びつけたのが、政治社会学者のハーバート・キッチェルトであ

図 5-2　政党競争空間の変容

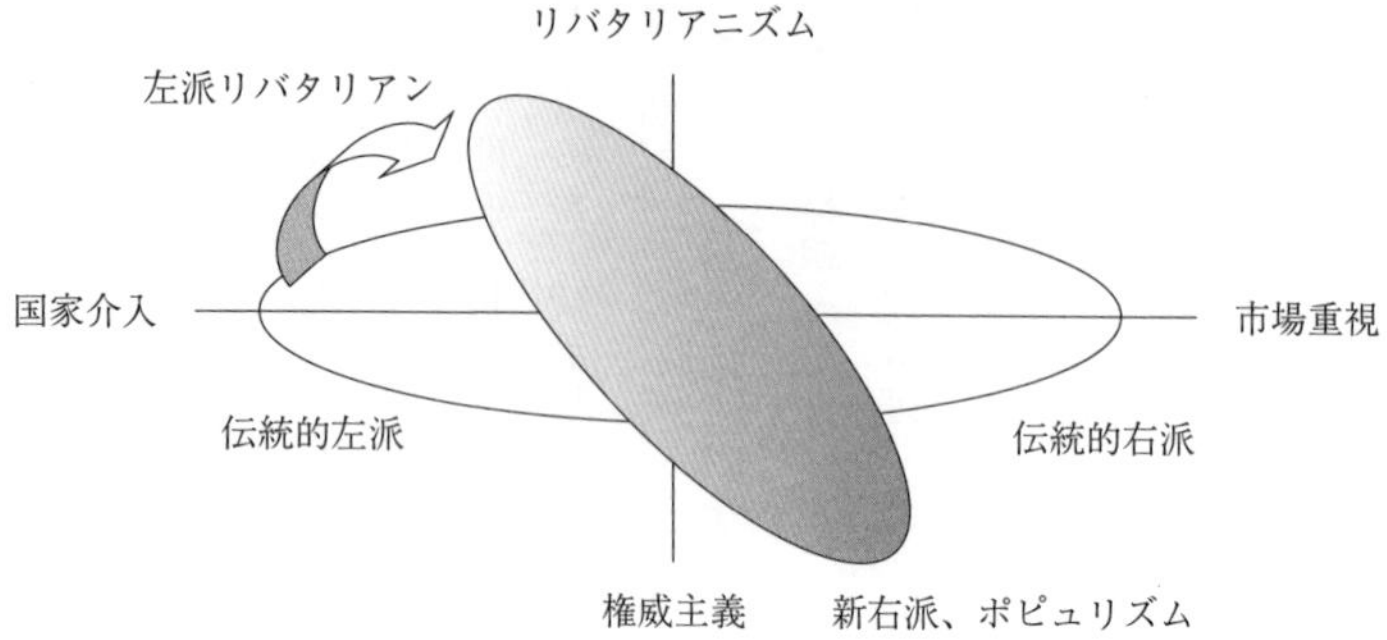

出典：Kitscelt 1994: 32 より筆者作成

る。キッチェルトによれば、従来の右と左の党派対立、すなわち市場の自由か国家の介入かという対立は、グローバル化とともに縮小してきた。代わって今日の政治では、「権威主義」と「リバタリアニズム」のあいだの文化的対立が浮上している。「リバタリアン」的な価値とは、物質的な安定よりも政治参加、ジェンダー平等、ライフスタイルの自己決定、エコロジーなどを重視する考え方である。一方「権威主義」的な価値とは、物質主義、治安の維持、伝統的な家族像やナショナリズムを重視する考え方である。キッチェルトによれば、高度な教育を受け、知識産業に従事する中産階級ほどリバタリアン的価値をもち、低スキルな単純労働に従事し、グローバル化や雇用流動化に脅かされる労働者・自営業者ほど権威主義的価値をもつという（Kitschelt 1994: 27）。従来の右（市場中心）と左（国家中心）の対立がグローバル化などによって縮小すると、今日の政治的対立は「左派リバタリアン」と「右派権威主義」の対立へと移行していく（図5-2）。

左派リバタリアンは、戦後福祉国家に埋め込まれた「規格化」に対抗し、より自由な働き方、ライフスタイルの多様化を求め、「新しい社会的リスク」への対応を国家に要求するようになると考えられる。本書ではこうした態度を、「自由選択（free choices）」の普遍化と呼ぶことにしたい。「自由選択」を実現するためには、自由な市場だけでなく、国家による多様な働き方・ライフスタイルの保障が必要となる。リバタリアンを支持層へと組み込むことに成功した左派政党は、新しい社会的リスクに対応する福祉の拡大をもたらす。一方右派勢力もまた、右派権威主義を新たな支持層へと組み込むという課題に直面する。

以上を踏まえ、第二部の分析枠組みは次の二つの段階によって構成される。

第一は、一九九〇年代までの「経路依存」である。既存の福祉政策の受益層がどの程度広く組織化されていたか。政治制度はどの程度集権的であったか。これらの制度の違いが各国の政治的選択を分岐させる。

第二は、二〇〇〇年代以降の「経路破壊」である。既存の制度の拘束を超える政治的決定はいかにして行われたのか。この問いに答えるためには福祉の「縮減」と「拡大」という二つのメカニズムの違いに触れておく必要がある。

福祉の「縮減」は、受益層の抵抗を排し、拒否権プレイヤーを回避することで可能となると考えられる。それは意思決定プロセスを集権化し、統治エリートが社会のさまざまな利害関係者から切り離され、自律化することをともなう。本書では、キッチェルトやシドニー・タローら社会運動研究者の言葉を借りて、これを「政治的機会構造の閉鎖化」と表現することにしたい。一般に「政治的機会構造」とは、「社会運動を行う人びとの期待に影響を及ぼし、集合行為への誘因を与える政治的環境」（タロー 二〇〇六：一三九）と定義される(9)。本書ではこれを、福祉拡大を求めるアクターの影響力を測る指標へと援用し、（一）福祉拡大を求める運動が政治にアクセスできる回路があるか、（二）統治エリートや政党（の一部）が支持層を再編し、運動との連携へと向かうか、という二点から評価する。政治的な決定プロセスが集権化すればするほど「政治的機会構造」は閉鎖化する。こうしてトップダウン型の意思決定がとられる場合、福祉「縮減」が選択されると推測できる。具体的に選ばれる政策は、医療・年金支出の削減、雇用規制の撤廃、ワークフェア的な政策、法人税・所得税減税などである。

図 5-3　福祉国家再編の分析枠組み

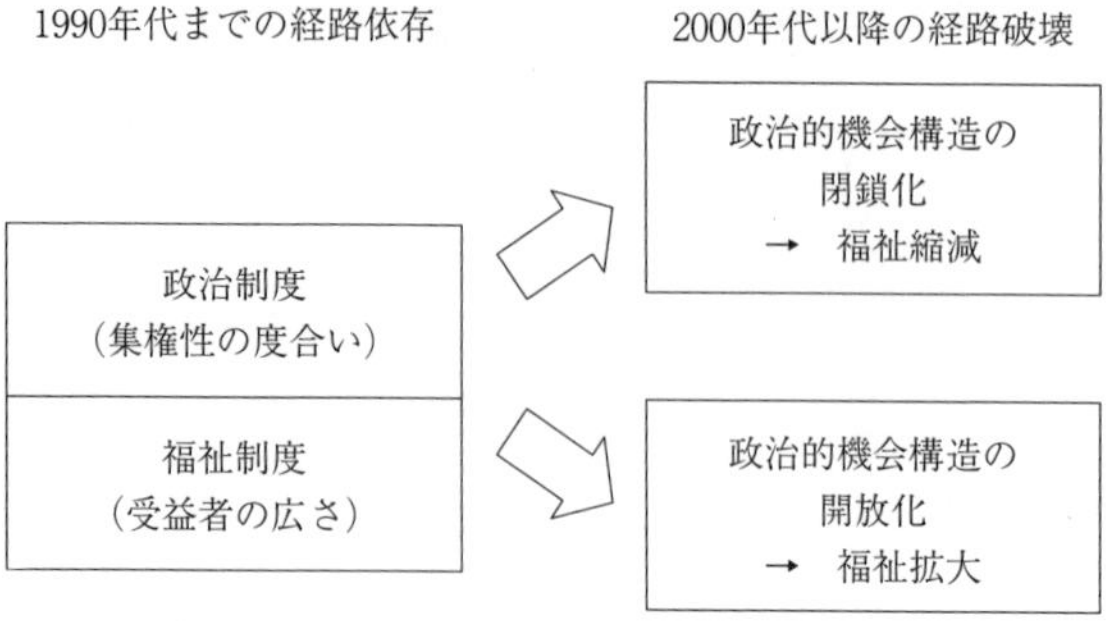

出典：筆者作成

近年までの研究で言われてきたように、統治エリートの言説やアイディアが以前より大きな影響力をもつようになったのは、こうした権力構造の変化が背景にあったからである。一握りの個人の言説それ自体が改革を推進させる要因となったとは考えにくい。

一方福祉の「拡大」は、統治エリートへの権力の集約だけでは実現できない。それは市民社会内での福祉拡大を求める動きと連携し、支持基盤の再編成をともなわなければならないと考えられる。働き方やライフスタイルの「自由選択」を求める新中産階級、および「新しいリスク」にさらされた若者、女性などのニーズに対応し、権力基盤を再編・拡大することである。これは「政治的機会構造の開放化」と呼ぶことができる。この二つ目の方向をとる場合、単純な福祉の維持・拡大にはならない。それはむしろ、戦後の「男性稼ぎ主モデル」の家族および「規格化」された生産・消費のあり方を批判し、より個人主義的な給付（個人へのエンパワーメント）への転換を求めることになるだろう。したがって、福祉「拡大」とは、既存の公的医療保険・年金の積立化、民間保険の導入、雇用の規制緩和や労働時間の柔軟化を進めると同時に、育児・子育てへの公的支援（ケアサービスの公的供給）、公教育・公的職業訓練への投資、非営利団体への公的支援、育児・介護休業への補償などの政策を進めることを指すと推測できる（図5-3）。

第Ⅱ部では、以上の分析枠組みにしたがって各国の福祉国家再編を考察していく。今日までの各国の政治がこの二つの方向性のあいだで揺れ動き、新しい政党競争の空間が構築されつつあることを明らかにしたい。

第6章　新自由主義的改革──アメリカ、イギリス

1　自由主義レジームの改革条件

一九七〇年代以降の再編期に共通するのは経済危機への対応である。新たな成長の仕組みを模索する一部の国は、福祉国家への攻勢を強めて「新自由主義」へと向かっていく。福祉を切り下げ、金融規制や雇用保護を撤廃し、より自由な市場を作りあげる、という方向である。その代表国が本章で取りあげるアメリカとイギリスとされる（ハーヴェイ 二〇〇七）。これらの国ではウォール街やシティなどの金融界の権力が増大し、福祉支出が削減された。

しかし前章で述べたとおり、グローバル化や産業構造の変化は福祉の「縮減」と「拡大」という両方の圧力をもたらす。どちらが現実化するのかは政治的な選択に依存する。それではなぜ、アメリカとイギリスで新自由主義が採用されたのか。新自由主義が現実化する条件とは何か。本章ではこれらの問いを検討し、両国が福祉の縮減策をとるだけでなく、「金融主導型レジーム」という新たなレジームの構築へと向かっていったことを指摘する。

①福祉制度

一九八〇年代以降の福祉国家再編を考察するにあたって本書が着目するのは、福祉制度と政治制度である。まず自由主義レジームの改革条件について、概要を確認しておこう。第一に、両国の福祉制度の特徴は、低所得層をおもな受益層とする選別的な制度という点にある（イギリスの医療保険を除く）。たとえばイギリスの年金制度は、一九七五年までの改革によって、ベヴァリッジが当初構想した普遍主義的なものではなくなっていた。基礎年金のうえに作られた付加年金には適用除外が認められ、中産階級以上は職域保険や民間保険に加入していた。したがって、公的年金だけに依存するのはおもに低所得層となっていた。アメリカでは一九六〇年代の「偉大な社会」プランを経ても普遍主義的な公的医療保険が作られなかった。中産階級以上はおもに企業が提供する民間の医療保険に加入し、そうした余裕のない中低所得層（約四〇〇〇万人）は無保険状態に置かれていた。さらに公的年金の給付水準も他国と比べると低かった。

イギリスとアメリカに共通するもうひとつの特徴は、社会保障支出のうちで公的扶助（social assistance）の占める割合が大きいことである。一九九〇年ごろの統計でみると、アメリカ（三二・八％）とイギリス（三〇・九％）は三割を超えており、ドイツ（一一・八％）、フランス（九・七％）、スウェーデン（六・七％）、日本（四・一％）に比べてはるかに大きい[1]（Eardley et al. 1996: 33）。この数字は、英米の公的福祉が低所得者向けの最低生活保障に大きく偏っていたことを示している。

一九七〇年代の経済不況のもと、これらの国では公的福祉に依存する貧困層への批判が強まっていった。貧困層が働く意欲をもたず、福祉に依存することで国家の財政負担が重くなり、経済にも悪影響を与えている、とみなされるようになった。

ただし、福祉制度をみるだけではレジーム改革の全体像をとらえたことにならない。もともと覇権国家として国際金融の中心に位置していたイギリスとアメリカでは、グローバル化にあわせた産業構造の転換の結果、国内で金融業の影響力が急速に増大する。金融資本のヘゲモニーが確立することで、新たな富の蓄積体制、すなわち「金融主導型レジーム」が形成されていった（後述）。

②政治制度

このレジーム転換を考察するにあたっては、両国の政治制度の違いに触れておく必要がある。アメリカは連邦国家であり、各州に権限が分散している。さらに大統領制であるために、行政と立法のあいだで権力が分立し、両者の党派が異なるという「ねじれ」も常態化している。そのうえ政党組織も分権的であり、政党規律は弱い。全体として分権的な性格が強く、政治のイニシアティブによる大きな改革が行われにくい。グローバル化の進展にも政治が積極的に対応できず、金融業界の急速な影響力の増大に歯止めをかけられなかった。こうして「金融主導型レジーム」がより純粋な形で作られていくことになった。

一方、イギリスは議院内閣制であり、立法・行政の権限が内閣に集中している。二大政党制のもとで政党規律も強く、与党党首である首相に権力が集中しやすい（ウェストミンスター・モデル）。福祉政策でも大きな改革が行われやすく、一九八〇年代には新自由主義改革が強力に進められた（Taylor-Goodby ed. 2004: 55）。一九九〇年代以降、労働党は保守党の路線に対抗して「第三の道」を掲げ、人的資本への投資戦略へと舵を切る。イギリスでは二大政党のあいだで一定の枠内での路線対立も見いだせる。

およそ以上の枠組みにしたがって、アメリカとイギリスの福祉国家再編をより詳しくみていくことにしたい。

2　アメリカ――金融主導型レジームへの道

現代アメリカでは上位一％の富裕層が下位九〇％の人の所得を上回る富を得ている。これほどの富の不均衡がもたらされたのはなぜだろうか。福祉国家研究では、一九八〇年代の新自由主義的な言説にもかかわらず、福祉の縮減はわずかなものにとどまった、というポール・ピアソンの研究が影響力をもってきた（Pierson 1994）。しかし近年では、ピアソンの議論を修正し、福祉国家の質的転換を指摘する研究のほうが主流となっている（Patashnik 2015）。代表例は、低所得層や失業層への再分配を縮小し、むしろ就労を強制する「ワークフェア国家」へと変質した、という議論である（cf. Peck 2001; Bertram 2015）。さらに人種の多様性や分断が再分配を困難にしている、と指摘する研究も増えている[2]（Quadagno 1996; Gilens 1999; Brown 1999; Fox 2012; 西山 二〇一六）。

ただし、人種の多様性は今に始まったことではなく、「ワークフェア」も他国と共通する動向である。これらだけでは三〇年来の富の不均衡をうまく説明できない。本章では、福祉・政治制度と政治的機会構造に焦点を絞り、アメリカのレジーム変容の特徴を考察していくことにしたい。

①共和党の政策転換

アメリカでは一九七一年のニクソン・ショックの後もスタグフレーションがつづいた。中産階級のなかで、公的福祉に依存するシングル・マザー（とりわけ黒人女性）への寛大な給付が経済を停滞させている、とする批判が広がっていく（Katz 2011: 19）。こうした批判を広めるうえで大きな役割を果たしたのは、ヘリテージ財団、ハドソン研究所、アメリカン・エンタープライズ研究所などの保守系シンクタンクであった。これらは六〇年代の民主党政権の時代から、雑誌・ラジオ・テレビなどのメディアをつうじて福祉支出への批判を展開した。なかでももっとも成功した著作は、マンハッタン研究所を設立したチャールズ・マレーの『迫りくる敗北——アメリカの社会政策、一九五〇～一九八〇年』（一九八四年）であった。マレーによれば、六〇年代の「偉大な社会」プランは福祉に依存する「アンダークラス」を増やしただけだった。働ける貧民に福祉を提供してはならず、彼ら・彼女らが自ら働くよう仕向けなければならない（Murray 1984: 227–228）。マレーの著作は「レーガン政権のバイブル」と呼ばれるほどアメリカの福祉改革に影響を与え、同時代のイギリスでも大きな反響を呼んだ。その内容は、アメリカの伝統的な貧困認識と強いつながりをもっていたが、同時に貧困層をとりまく「依存の文化」を問題とし、その世代間連鎖を断ち切ろうとした点に新しさがあった（Welshman 2006: 164; Morris 1989: 123–33）。

保守系シンクタンクの唱えた福祉批判は、対外強行路線を唱える「ネオコン」と呼ばれる知識層のみならず、大企業の使用者・労働者、中南部の保守的なキリスト教層（New Religious-Political Right）にも受けいれられていく。一九八一年に誕生するレーガン政権は、こうした基盤のうえに新自由主義的な改革を推進する。

②レーガン革命

（1）大きな政府への批判

レーガン政権では「大きな政府」への体系的批判が行われた。ニューディール以降の「ケインズ主義的福祉国家」が市場メカニズムを歪めるものとして批判され、マネタリズムによってインフレを抑えつつ、減税と規制緩和によって「サプライサイド」（企業側）を強化する政策がめざされた。企業業績が向上すると労働者の所得も増大し、社会の上層から下層へと「トリクルダウン」が起こるはずである。政府による富の再分配は、福祉に依存する「アンダークラス」を増やし、労働へのインセンティブを失わせてしまう、と主張された（Rohrabacher 1988）。

（2）経済政策と福祉政策

レーガン政権内部には、財政均衡を重視して増税と政府支出削減を主張するグループ（D・ストックマンなど）と、サプライサイドを重視し、減税と経済成長を主張するグループがあった（Jansson 1988: 215）。実際の政策に取り入れられたのは後者であった。ここでは具体的な政策として、減税、規制緩和、福祉改革という三つを概観しておきたい。

まず税制改革では、一九八一年に二〇％近くに及ぶ大規模な所得税減税と、法人税の減税が行われた。累進課税の緩和によって富裕層ほど減税額は大きくなった。

一九八一年には労働規制、トラック・鉄道などの輸送規制の緩和が行われた。なかでも重要なのは金融規制の緩和である。金融業界のロビイングを背景として、八〇年代初頭にレギュレーションQと呼ばれる貸出金利の上限規制が撤廃され、変動金利も解禁された。一九八二年の選択的抵当権取引均等法（AMTPA）をはじめ、住宅ローンへの規制が撤廃されることで、さまざまな業者が競って新型住宅ローンを提供するようになった。これらはやがて「サブプライム」と呼ばれる低所得層へと拡大していく。

一九八二年から八四年にかけては合計九〇〇〇億ドルに及ぶ政府支出の削減が宣言される。おもな内容は公的福祉の削減であった。当初の改革案では公的年金の大幅な削減、個人年金の導入も掲げられていたが、これらは実現できなかった。ピアソンの指摘するとおり、政治制度が分権的であるうえ、年金に関しては全米退職者協会（AARP）という受益層の組織が存在したため、大幅な改革は困難だったのである。一九八三年の社会保障法修正では、年金の支給開始年齢の引き上げ（六五歳→六七歳）、インフレにあわせた給付額の調整などが行われるにとどまった。八〇年代をつうじてアメリカの公的社会支出の伸びはイギリスよりも大きかった（**表6－1**）（Pierson 1994: 67–68）。

一方、低所得層に対しては大規模な給付削減が行われた。一九八八年に導入された家族支援法（Family Support Act）では、就労能力が厳格に査定され、働ける者には就労義務が課され、就労を拒否した場合には給付打ち切りも可能となった。レーガン政権期に公的扶助の受給者は減少し、その支出は一二％も削減された。低所得層向けの公共住宅建設費や家賃補助も大幅に削減された（Pierson 1994: 87–95）。

表6-1　イギリス、アメリカの政府支出と社会支出の伸び（1978年＝100）

	1980	1986	1992
政府支出			
イギリス	105.1	116.3	121.5
アメリカ	108.8	132.6	148.0
社会支出			
イギリス	104.0	119.7	142.7
アメリカ	109.2	122.0	156.8

出典：Pierson 1994: 144 より作成

表6-2　アメリカの相対的貧困率とジニ係数の推移

	1980	1990	1995	2000	2005	2012
相対的貧困率	15.4	17.5	16.7	16.9	17.0	17.4
ジニ係数	0.307	0.349	0.361	0.357	0.380	0.389

出典：OECD Statistics, Income Distribution and Poverty, 2016

(3) 帰結

以上のように、レーガン政権では大型減税、規制緩和、福祉削減によって「小さな政府」を作りだすことが試みられた。ただし実際には、既存の制度の「経路依存」によって、低所得層向けの支出削減を除くと公的社会支出の削減は限定的であった。その一方で軍事支出は増大をつづけ、政権末期には巨額の財政赤字が残された。[(3)] さらに「トリクルダウン」は起こらず、貧富の格差は大きく拡大した。相対的貧困率は一九八〇年の一五・四％から一九九〇年の一七・五％へと、ジニ係数は〇・三〇七から〇・三四九へと上昇している（表6-2）。レーガン政権の新自由主義は、そのレトリックとは裏腹に、小さな政府を実現することにも、経済成長とトリクルダウンをもたらすことにも成功しなかった（クルーグマン 二〇〇九：二四三）。

③ニュー・デモクラットの第三の道

(1) 民主党の転換

一九八一年の大統領選挙で敗北した民主党の内部では、「ニュー・デモクラット」と呼ばれる新たな路線が登場する。一九八一年に保守的民主党フォーラムが開催され、一九八五年には民主党指導者評議会（Democratic Leadership Council）が結成される。一九八九年には民主党系のシンクタンク、進歩的政策研究所（Progressive Policy Institute）が設立される。これらの団体によって強調されたのは、ジョンソン大統領以降の民主党が人種、ジェンダー、貧困層などの「マイノリティ」の権利を重視しすぎ、中産階級の支持を失った、ということであった。もともと労働者階級を支持基盤としていなかった民主党は、中産階級の支持を取りもどすために政策転換を図っていく[4]（cf. 天野 二〇〇九：四一：佐々木 一九九三）。

ニュー・デモクラットたちが注目したのは、C・マレーに反論を加えたウィリアム・J・ウィルソンやデヴィッド・エルウッドらの議論であった（Wilson 1987; Ellwood 1989）。彼らは貧困層に選別的な給付を行う代わりに、より普遍的な形で教育や職業訓練を行い、すべての人の就労能力を向上させるべきだ、と論じた。福祉を生活給付ではなく、就労に向けた「投資」とみなすアイディアが提示されたのである（Schuldes 2012: 40）。このアイディアは、クリントン政権で労働長官となるロバート・B・ライシュのベストセラー本『ワーク・オブ・ネーションズ』（一九九二年）によって一般にも流布した。

（2）クリントン政権の福祉改革

これらのアイディアを背景として、民主党の大統領候補ビル・クリントンは従来の共和党と民主党の双方から距離をとる「第三の道」を提唱する。一九九二年大統領選挙の政策文書『人びとを最優先に（*Putting People First*）』では、中産階級の利益を最優先すること、グローバル経済に対応してアメリカ経済を復活させることが宣言される。そのためには政府支出を効率化し、誰もが働いて自活できる条件を政府が整備すべきである。受動的な福祉を縮小し、代わりに教育や職業訓練をつうじて人びとを就労へと向かわせる政策、いわゆる「就労のための福祉（welfare-to-work）」が提唱される（Clinton and Gore 1992）。この文書で用いられた「おなじみの福祉を終わらせる」という表現は選挙キャンペーンでくり返し用いられた。

以下では一九九三年から二〇〇一年までのクリントン政権の政策を、医療保険改革と公的扶助改革の二つを中心に概観しておこう。

第一に、クリントン政権の大きな目玉は、国民の五分の一が無保険状態に置かれていた医療保険を共和党政権の失敗と位置づけ、普遍的医療保険を導入することであった。ところがこの案に対しては、民間保険団体（Health Insurance Association of America）のみならず、保険料の支払いを強制される自営業者団体（National Federation of Independent Business）、中小企業団体（Chamber of Commerce, National Association of Manufactures）なども反対のキャンペーンを張る。ロビイストたちが政治家に反対の働きかけを行うことで民主党内の離反を引き起こし、民主党は両院での法案採決を断念する（Nobre 1997: 132; 天野 二〇〇九：一六八―一七一）。普遍的医療保険の挫折は、福祉制度と政治制度による「経路依存」を例証する事例となった（水谷 二〇〇七―二〇〇九）。

第二に、「第三の道」のおもなターゲットとされたのは、公的給付に依存する貧困層（とりわけシングル・マザー）であった。一九九六年に導入された個人責任・就労機会調停法（PRWORA）では、それまでの扶養児童家族援助（AFDC）が廃止され、代わりに貧困家族一時扶助（TANF: Temporary Assistance for Needy Families）が導入された。これは公的扶助の受給を最大二年間（生涯で五年間）に限定し、求職活動や職業訓練プログラムへの参加、清掃などの就労活動を義務化するものだった。さらに補足所得補償（SSI）の受給資格も厳格化された(5)。

これら「ワークフェア」型の引き締め策によって、公的扶助の受給者数は一九九六年の一二二〇万人から二〇〇二年の五三〇万人へと半減する（Handler 2004: 28）。失業率も五％程度まで下がった。一九九三年から二〇〇一年のあいだに相対的貧困率は一七・九％から一六・五％へと減少している。ただし注意しなければならないのは、低所得層や失業層への積極的労働市場政策の支出が増えるどころか減っている点である。[6]貧しい人びとへの就労支援が行われたというよりも、就労の強制が行われたのであり、とりわけ黒人層は低賃金・低技能労働へと滞留することになった（年間七〇〇〇ドル以下の所得層は白人の一〇％、黒人の三〇％）。

（3）金融主導型レジーム

レーガン政権の新自由主義とクリントン政権の「第三の道」は、レトリックのうえでは対極的であるようにみえる。しかし、サプライサイドに立脚した経済政策を行い、福祉に依存する貧困層をターゲットとした給付削減と就労強制を行うという点で、多くの共通点を有していた。これらの共通性は、アメリカの公的福祉が低所得層をおもな受益者としており、年金を除けば中産階級以上の支持が弱かった、という「経路依存」メカニズムによってある程度は説明できる。

しかし、中産階級の動向に着目するだけではより大きなレジーム転換を見のがしてしまう。この時期には、むしろ中産階級の政治的影響力が減退し、ごく一部の富裕層へと経済的・政治的権力が集中していったからである（Hacker and Pierson 2011; クルーグマン 二〇〇八；スティグリッツ 二〇一〇）。

アメリカでは一九七〇年代からロビイストの数が急増する。ワシントンのロビイストは一九七一年の一七五団体から一九八二年の二四四五団体へ、政治資金団体（PACs）は一九七六年の三〇〇団体から一九八〇年代半ばの一二〇〇団体へと増えた（Hacker and Pierson 2010: 176）。これらのロビイストは大企業経営者（CEO）や金融業界の資金を背景として、共和党、民主党両党の政治家への組織的な働きかけを強めていった。

表6-3　アメリカにおける選挙コストの増大

1998	$1,618,936,265
2002	$2,181,682,066
2004	$4,147,304,003
2008	$5,285,680,883
2012	$6,285,557,223

注：議会選挙、大統領選挙の合計
出典：OpenSecrets.org. "The Money Behind the Elections"

さらに一九八〇年代以降は政治のメディア化が進んだ。テレビなどのマス・メディアをつうじて専門の広告会社による政治キャンペーンが頻繁に行われるようになり、過去二〇年のあいだに議会選挙、大統領選挙のコストは四倍にも増大した（表6－3）。巨額の政治費用をまかなうため、共和党のみならず民主党も政治献金を積極的に受けいれていくようになる。

以上の過程は「政治的機会構造の閉鎖化」としてとらえることができる。その結果、大企業経営者、金融業界の組織的な影響力が強まり、中産階級や労働者階級の影響力は衰退した。アメリカの労働組合組織率は、一九七五年から二〇〇五年の三〇年間で二五・三％から一二％へと半減している（OECD Statistics, Trade Union Density）。二〇〇〇年からの一〇年間で所得中央値は一割近くも減少した（スティグリッツ二〇一二：四三）。一方、過去三〇年のあいだに大企業経営者や金融業界で働く人びとの所得は急上昇したが、それらに歯止めをかける法や規制は導入されなかった。共和党・民主党の違いにかかわらず、富裕層の利害に沿った改革が行われるようになり、むしろ再分配策は縮小されてきた。一九八〇年代のレーガン政権のもとで行われた大型減税は、共和党のみならず民主党政治家の支持によって成立した。共和党のジョージ・W・ブッシュ政権（二〇〇一～二〇〇九年）は「財産所有者社会（ownership society）」を掲げ、ふたたび史上最大の個人所得税減税を行う。図6－1のとおり、過去三〇年のあいだに最上位の〇・一％の富裕層に対して二〇％近い減税がなされ、〇・〇一％の富裕層の減税幅はさらに大きかった。所得税減税は民主党のバラク・オバマ政権（二〇〇九～一七年）期に入っても二年間延長された。

図6-1　アメリカの富裕層への所得税率（1960～2004年）

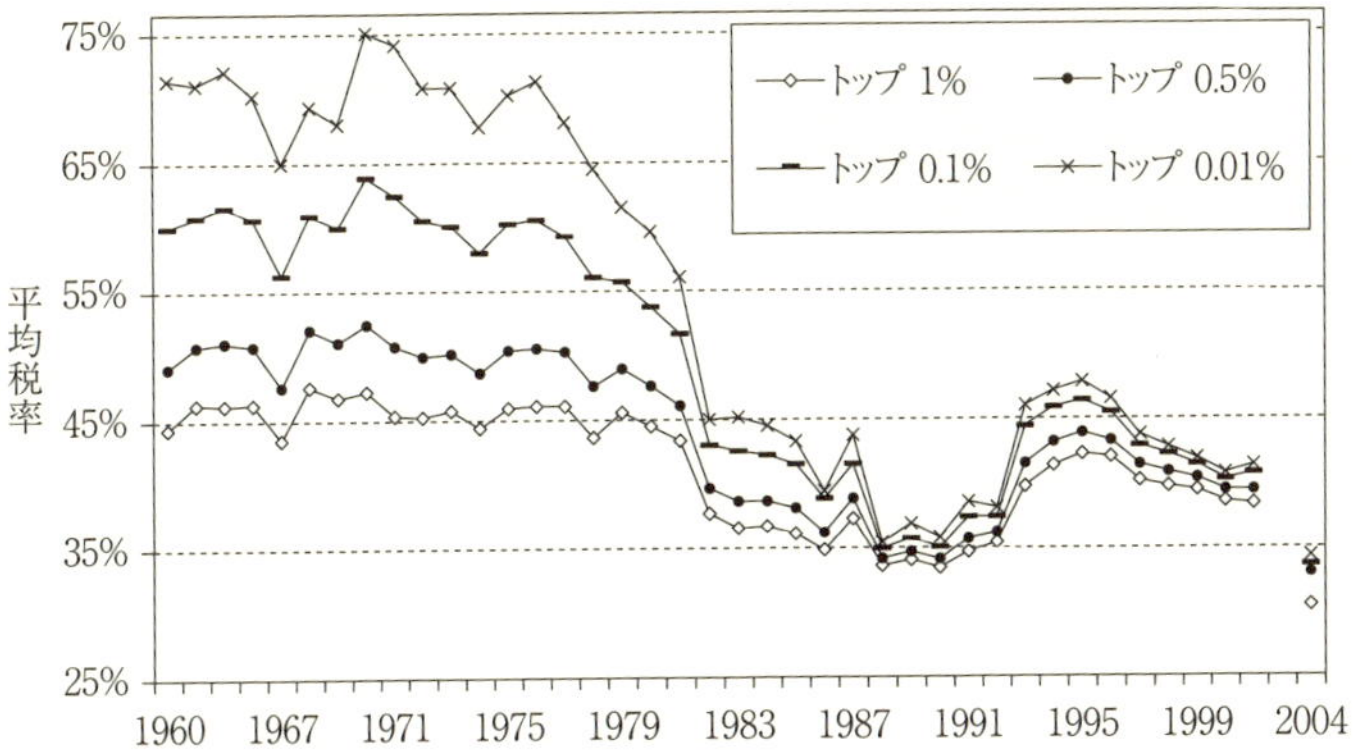

出典：Hacker and Pierson 2010: 184より作成

共和党のレーガン政権期に行われた金融規制の緩和は、民主党クリントン政権にも引き継がれていった。一九九九年グラム・リーチ・ブライリー法では、銀行・証券業務の完全自由化が行われ、同年には一九二九年以来商業銀行と投資銀行の業務を分離していたグラス＝スティーガル法が撤廃された。

　これらの政策（あるいは政治の「不作為」）によって、アメリカは「金融主導型レジーム」へと向かっていった（図6－2）。金融主導型レジームとは、高付加価値の製品やサービスを産出して経済成長を実現するのではなく、金融取引をつうじて富を蓄積する体制を指す（ボワイエ 二〇一一）。企業経営者は労働者や消費者といったステイクホルダーの利益を考慮する代わりに株主利益をもっとも重視し、短期的な株価の上昇を至上目的とするようになる。解雇規制を緩和し、雇用の柔軟化を進めることで、労働コストを引き下げたり、不生産部門の整理・統合をしやすくしたりする。こうした改革を果断に行える経営者が高く評価され、その所得は急上昇していく。医療保険や年金の民営化が進められ、蓄積された拠出金は株式市場で運用されるようになる[7]。こうした資金運用も株価の上昇につながった。株価

図 6-2　金融主導型レジームの概念図

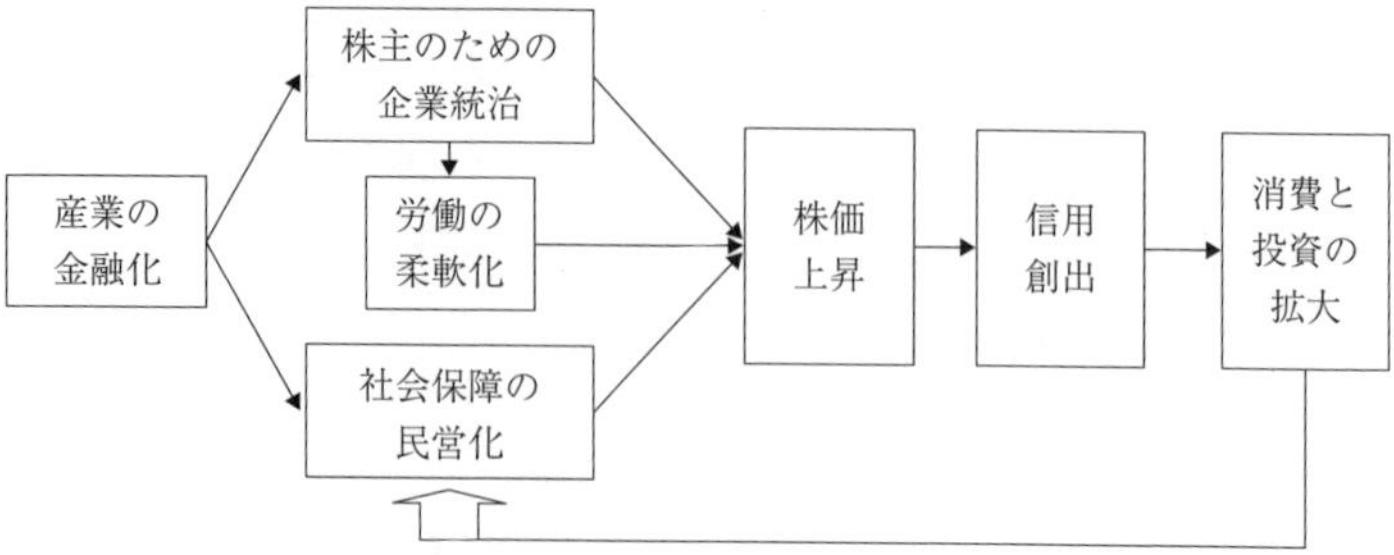

出典：ボワイエ 2011: 219-221 より筆者作成

の上昇が信用を創出し、新たな金融商品（証券、低所得者向け住宅ローンなどの高リスク商品）が開発される。富裕層のみならず、中低所得層を対象としたローンや証券が生みだされ、消費や株式市場の活性化をもたらした。

アメリカの経済はこの金融主導型レジームのもとで、九〇年代後半から二〇〇八年まで、年平均三〜四％の長期成長を実現した。共和党と民主党は、貧困層や中間層への人的投資によって質の高い雇用や高付加価値産業を促進するのではなく、金融規制緩和と株式市場の活性化による成長レジームに依拠していたという点で、共通していたのである。

しかし、金融主導型レジームの成長を支えるのは「株式相場によって測られる将来的富についての期待」（ボワイエ 二〇一一：二二三）である。いわば株式相場の上昇がつづくと期待されるかぎりで、人びとは消費や投資を行うことができた。ところが二〇〇六年に住宅価格が下落をはじめ、株価上昇への期待が反転すると、二〇〇八年には住宅バブルがはじけ、株価の暴落とともに金融危機が発生する。アメリカ発の金融恐慌はやがて世界へと波及していった。二〇〇九年に大統領に就任した民主党のオバマは、二〇一〇年に金融規制改革法を成立させたが、金融業界は強く反発した。さらに同年には医療保険改革が実現し、政府の補助金によって無保険者を全体の六%以下に抑える対策をとるなど、一定の再分配策も行おうとした。とはいえ、オバマ政権期も所得格差を示すジニ係数は拡大をつづけ、社会の分断は修復されなかった。二〇一六年の大統領選挙では、金融規制、医療保険改革の撤廃を主張するドナルド・トランプ共和党候補が次期大統領に選出された。

3　イギリス――新自由主義から第三の道へ

イギリスの福祉国家改革をめぐっては、アメリカ以上に評価が分かれている。イギリスも「新自由主義」の代表国とされるが、「革命」とまでいわれたサッチャー改革も実際には福祉縮減に成功しなかった、という評価がなされてきた（Pierson 1994）。しかし、近年ではサッチャー改革による福祉国家の質的変容、長期的な福祉縮減効果が強調されるようになっている（Symposium 2015; 二宮 二〇一四）。一九九七年以降のブレア労働党による「第三の道」に関しても評価は分かれる。古い社会民主主義を刷新し、新しい左派の理念を示したという評価の一方で（近藤 二〇〇八）、実際の政策内容は「新自由主義」を継承したものにすぎない、という評価もある（Beech and Lee 2008; 坂野 二〇一一）。

この節では、福祉制度の受益層と政治制度の集権性に着目する。一九八〇年代以降のイギリスでは政治的機会構造の閉鎖化が進んだことで、大きくは「金融主導型レジーム」へと向かっていったことを指摘する。ただしその枠内で、保守党と労働党のあいだには一定の幅の政策対立もみてとれる。

①新自由主義改革

（1）保守党の政策転換

イギリスでは、一九七〇年代以降に政労使のコーポラティズムを機能させ、賃金抑制によってインフレを沈静化しようとする試みがくり返された。しかし、労働党の第二次ウィルソン政権（一九七四～七六年）、キャラハン政権（一九七六～七九年）による労使調停の試みは成功せず、労働党と労働組合会議（TUC）の関係も悪化していった。一九七五年にインフレ率は二六％に達し、一九七六年にはポンドの下落を防ぐため国際通貨基金（IMF）から資金供与を受ける事態に至った。ＩＭＦから厳しい歳出削減を迫られた政府は公共セクターの賃金抑制を宣言する。これに反発する運輸・ガス・電気・病院・ゴミ収集などの公共セクター労働者は、一九七八年から七九年にかけて一斉にストライキを打ち、市民生活は大混乱に陥った（不満の冬）。

イギリスの一九七〇年代は、深刻な経済停滞と社会紛争におおわれた暗い時代であった（表6－4）。保守党の内部では戦後の「コンセンサス政治」を見なおす動きが生じる。ヒース政権（一九七〇～七四年）で大臣を務めたキース・ジョゼフは、戦後の福祉国家が貧困の削減に失敗したと断じ、働く能力をもつにもかかわらず公的給付を受ける人びとの「依存の文化」を厳しく批判した（Dean and Taylor-Gooby 1992）。ジョゼフ、マーガレット・サッチャー、アルフレッド・シャーマンなど、保守党内の非主流派が結成した政策研究センター（Centre for Policy Studies）では、ハイエク、フリードマンらの新自由主義が受容され、「リベラル左派の反企業的な民衆の意見全体」を変革することがめざされた（Dutton 1997: 116）。

これらの動きを背景として、党内非主流派であったサッチャーは一九七五年に保守党党首に選出される。一九七九年の『保守党マニフェスト』では、戦後労働党が労働組合の利益を優先し、個人の創意や責任を損ない、企業活動を侵害する「妬みの政治」を行った、と批判される[8]。保守党の目標とは人びとの財産権を侵害して平等を実現することではなく、「財産所有者民主主義（Property-Owing Democracy）」を実現すること、すなわち自由な市場のもとで誰もが富の所有者となれる条件を整備することにある、とされた。

　コンセンサス政治から決別した保守党の立場は、「イギリス病」に苦しめられていた中産階級（ミドル・イングランド）の広い支持を得る。一九七九年の総選挙で保守党は四四％の票を獲得し、一一年にわたるサッチャー政権が開始された（表6-5）。

表6-4　イギリスのGDP成長率（%）

1976	1980	1985	1990	1995
2.6	-2.0	3.9	1.8	3.2

出典：OECD Statistics, Quarterly National Accounts, 2014

表6-5　イギリス政治の流れ（1976年〜）

1976〜79年	キャラハン	労働党
1979〜90年	サッチャー	保守党
1990〜97年	メージャー	保守党
1997〜2007年	ブレア	労働党
2007〜10年	ブラウン	労働党
2010年〜	キャメロン	保守党＋自民党

（2）政治的決定の集権化

　サッチャー政治の特徴は、政策決定の権限をごく一握りの政治家に集約し、「確信の政治」と呼ばれる妥協を排した決定をくり返したことだった。当初は党内基盤が弱かったため、伝統的な保守党政治家を内閣に多く配置していたが、一九八一年の内閣改造でこうした政治家を一掃すると、「ドライ派」と呼ばれる自らに近い政治家を側近として重用した。多くの意思決定は、内閣ではなく官邸内に設置された「政策ユニット」でなされ、閣内や党内からの反対意見は軽視された（Evans 1999; 梅川 二〇〇八：三章）。

　こうした姿勢は労働組合との対決でも顕著に表れた。サッチャーは政府と労働組合の定期的な会合を廃止し、一九八〇年と八二年の雇用法ではクローズド・ショップ制（労働組合に加入しなければ雇用できないという取り決め）を制限し、一九八四年の労働組合法ではストライキ権を縮小した（組合員によるストライキ賛否への秘密投票制の導入）。一九八四年から八五年にかけては、約二万人の炭鉱合理化策を打ち出し、これに反発してストライキを打った労働組合側と全面的に対決した。最終的に世論の支持を失った労働組合は合理化案をのみ、急速に影響力を喪失していく。さらにサッチャーは、労働党の牙城であったロンドンと大都市圏の市議会を廃止し、自治体の税権限を縮小するなど中央集権化も進めた。これらの施策によって「政治的機会構造の閉鎖化」が進み、トップダウン式の意思決定を行う環境が整備された。

（3）新自由主義的改革

サッチャー政権の経済政策は三点にまとめられる。第一は、ケインズ主義からマネタリズムへの転換である。当初インフレ抑制を最大の課題に掲げていたサッチャーは、公的債務の抑制や緊縮財政を行おうとした。これらはいずれも十全に実現できなかったが、一九八三年にはインフレ率が就任時の三分の一に下がった[9]。所得税・法人税も大幅に引き下げた（一九八四年五二％→八六年三五％）。

第二は、国営企業の民営化である。主要な企業（石油、石炭、ガス、電気、航空、鉄道、通信、水道、鉄鋼、自動車）[10]を民営化することで、公共セクター労働者の数を減らし、財政支出を抑制するとともに、中産階級の株式所有を促進し、「財産所有者民主主義」を実現することがめざされた。重要なことは、これらの緊縮財政策によって、一九八二年から八七年にかけて平均三〇〇万人にのぼる失業者が生まれ、その多くが製造業労働者だったことである（毛利　一九九九：六八）。

第三は、「金融ビッグバン」と呼ばれる大規模な金融規制緩和である。一九八六年には証券・金融市場を海外へと開放し、売上手数料の自由化、資格規制の撤廃、銀行と住宅金融公庫の区別撤廃などを行った。これらの結果、海外からの投資が急増するだけでなく、イギリスの金融機関の多くが外国資本によって買収されることになった。この現象は、イギリスの選手が活躍できないテニスの大会になぞらえて「ウィンブルドン現象」と呼ばれる。イギリスの産業構造は八〇年代に大きく変容する。一九九〇年には製造業の従事者が二割を切り、金融・サービス業従事者が七割を占めるまでになった（表6－6）。イギリスの金融業のシェアは他国に比べてもいちじるしい伸びを示し、サッチャー政権末期にはGDP比で七％とアメリカに次ぐ水準となった（経済企画庁『平成九年年次世界経済報告』）。

表6-6　1990年の産業別就労人口（%）

流通・サービス	54
金融（金融、不動産、ビジネスサービス）	16
製造	19
建築	8
農業	2

出典：United Kingdom National Accounts 2000, p. 114 より作成

福祉改革としては次の三点が挙げられる。第一は、年金・医療保険への市場原理の導入である。一九八六年のファウラー年金改革では「隠れた民営化」が行われた（Pierson 1994: 59）。公的基礎年金を引き下げるとともに、公的付加年金（SERPS）から脱退して民間年金に加入する適用除外が認められ、民間保険に移行したほうが有利な制度とした（図6－3）。長期的にみると、イギリスの公的年金の水準は大きく引き下げられた。また国民健康サービス（NHS）改革では、当初の民営化案は取り下げられたものの、国営病院の一部民営化、擬似市場化（実績に応じた資金配分など）が導入された。

第二は、低所得層・失業層をターゲットとした福祉削減である（Pierson 1994: Ch. 4-5）。一九八〇年の社会保障法では失業給付への課税と受給資格の厳格化を行い、

図 6-3　1986 年のファウラー年金改革

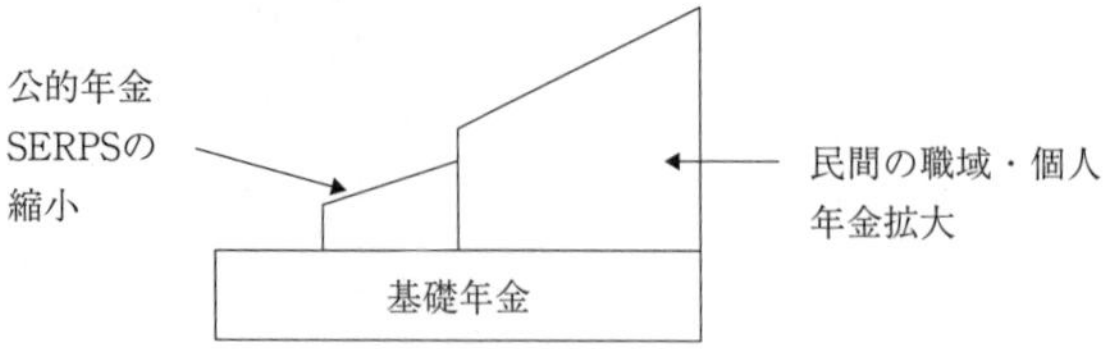

出典：筆者作成

公営住宅の民営化も推進した。ただし、失業者の増大によって手当の受給者は一九七九年の一二〇万人から一九九〇年の三〇三万人へと三倍近くに増え、支出は減らなかった。

第三に、公共サービス改革として、公務員の身分を独立法人へと移行させるエージェンシー化、市場原理（競争、成果主義など）を取り入れる新公共管理（NPM）、競争入札制度、学校選択制などが導入された。

（4）帰結

サッチャー改革はイギリス社会にどのような帰結をもたらしたのか。サッチャーの過激な言説に比べて実際の成果はわずかであったという評価もなされているが、長期的にみれば、それがイギリスの経済や社会に与えた影響は大きかった。

第一に、もっとも重要な点は、イギリスの産業構造が変貌を遂げたことである。一九世紀に「世界の工場」と呼ばれた大英帝国は二〇世紀に入って金融帝国へとシフトしていたが、サッチャー政権は二〇世紀後半の製造業の衰退を決定的なものとする一方で、「金融主導型レジーム」と呼ぶべき新たな富の蓄積体制を作りあげた（Kavanagh and Seldon eds. 1989: 49-63）。金融ビッグバン、国営企業の民営化と株式公開、労働組合の権力削減、労働市場の柔軟化、公的社会保険の民営化は、いずれも「株価上昇→信用創出→消費と投資の拡大→株価上昇」というサイクルを作りだすことに寄与した。サッチャー政権期に一％台にとどまっていた経済成長率は、九〇年代に入ると二～四％台へと回復する。

第二に、**表6－7**のとおり、政府支出の引き締めに比べれば、公的社会支出の削減は限定的なものにとどまった。ただし一九八六年の年金改革は長期的な支出の伸びを抑制することにつながった。とりわけ緊縮財政と低所得層をターゲットとした給付の引き締めは、格差の急激な拡大をもたらした。**表6－8**に示されるとおり、九〇年の相対的貧困率は一三・七％と倍増し、所得格差を示すジニ係数も一九七五年の〇・二七から一九九〇年の〇・三七へと急増している。

表6-7　イギリスの政府支出と社会支出（対GDP比、％）

	1980	1986	1990	1995	2000	2005	2010
政府支出	46.6	43.9	41.1	43.9	36.8	43.8	50.3
社会支出	16.5	19.5	16.7	19.9	18.6	20.5	23.8

出典：OECD Statistics, Factbook Country Statistical Profiles 2013
　　政府支出の1980～1985のみPierson 1994: 144

表6-8　イギリスの失業率と相対貧困率（％）

	1975	1980	1985	1990	1995	2000
失業率	3.3	5.7	11.3	6.9	8.6	5.5
貧困率	6.2		6.7	13.7	10.5	11.9

出典：OECD Statistics, Income Distribution and Poverty, 2016

②ニュー・レイバーの第三の道

サッチャー政権を引きつぐメージャー政権（一九九〇～一九九七年）は新自由主義的な政策を継承した。イギリス経済は復活を遂げる一方で格差の拡大がつづいた。約二〇年にわたって政権から遠ざかっていた労働党は、この時期に路線転換を図っていく。そこで浮上したのが、アメリカのクリントン政権に影響を受けた「第三の道」というアイディアであった。

（1）労働党の路線転換

労働党は一九八三年の総選挙で得票率二七％という歴史的な敗北を喫する。労働党内部では、労働組合を支持層とするだけでなく中産階級を支持層に組み込むための刷新が必要である、と認識されるようになる。一九八三年から九二年まで党首を務めたニール・キノックは、戦後のケインズ主義を転換し、サプライサイドを重視する路線へと舵を切った。キノックの後を継いだジョン・スミスは、一九九二年に党組織改革を行い、党大会での労働組合の代表割合を九〇％から七〇％へと引き下げ、一般党員の影響力を拡大させた。スミスのもとに作られた「社会正義委員会（Commission of Social Justice）」は、党内の旧左派と改革派を糾合し、八〇の支持組織や一一の地方都市からの意見聴取を行ったうえで、一九九四年に『社会正義』という報告書を発行する（Haddon 1994）。そこでは公的支出の拡大や税の引き上げという路線が中産階級の支持を失っていると分析され、権利と義務を調停すること、貧困層（失業・ひとり親層）に給付を行うのではなく、職業訓練や生涯教育をつうじてその「雇用可能性（employability）」を引き上げ、労働市場へと包摂することが提言された。

一九九四年に党首に就任したトニー・ブレアは、ゴードン・ブラウンらとともに党の「現代化」を図る代表的な論者であった。ブレアは党組織改革をつうじて旧左派を意思決定の場から排除し、労働組合の影響力もさらに縮小した（代表割合を七〇％から五〇％へと引き下げ、執行部に権限を集中）。一九九八年には『第三の道——新しい世紀の新しい政治』という政策文書を発表する。「第三の道」とは、伝統的な左派（高い税、国家管理）とサッチャーが刷新した右派（新自由主義）の対立を乗り越える新たな路線と称され、結果の平等ではなく「機会の平等」がめざされた。政府による画一的な権利保障ではなく、コミュニティの相互扶助を活性化すべきである。「社会を構成するのは、確固たる家族と賢明な政府にささえられた市民的制度にほかならない。……大半の個人が成功するためには、社会が強くなければならない」。知識や情報が基盤となる競争経済では、たんなる貧困層への再分配は機能せず、「人的資本への投資」が重要とされる（ブレア 二〇〇〇）。

こうした路線を具体化する鍵となったのが、貧困への新しいとらえ方である。ブレアは「社会的排除（social exclusion）」という言葉を戦略的に用いていく（Levitas 2005; 近藤 二〇〇八）。「社会的排除は、収入にかかわるだけでなく、それ以上のものである。それは将来の見通しと人間関係とライフ・チャンスにかかわる。それは物質的な貧困以上に個人に有害で、尊厳を脅かし、社会全体を腐らせ、世代から世代へと受け継がれる」（一九九七年社会的排除室でのスピーチ）。たんなる生活給付の分配ではなく、教育と就労支援によって労働市場へと包摂することが重要である。彼は一九九六年の労働党大会でこう演説している。「私がやりたいことは三つある。教育、教育、そして教育だ！」。ただし、ブレアの議論でも「依存の文化」の世代間連鎖が問題視されていたように、保守党の「アンダークラス」論と一定の連続性があった点にも注意が必要である。彼の言説は中産階級の広い支持を獲得し、一九九七年に労働党への政権交代が実現する。

（2）「第三の道」の政策

「第三の道」の理念はどう実現されたのか。まずブレアは、首相官邸の権限を大幅に強化し、首相の「大統領化（presidentialization）」と称されるトップダウン式の決定の仕組みを整備していった（ポグントゥケ、ウェブ編 二〇一四）。首相官邸に特別顧問を数多く配置し、内閣府には「政策ユニット」を設置し、社会的排除室、首相戦略室などによる少数での政策決定・調整機能を強化した。さらに官邸に直属する戦略コミュニケーション室を設置し、首相個人がメディアをつうじて直接国民に政策を訴える回路を作りあげた。

以上のようなトップダウン式の決定過程は、本書の枠組みによれば「政治的機会構造の閉鎖化」として位置づけられ、福祉拡大よりも福祉縮減に親和的である。実際、ブレア政権でも緊縮財政の方針は引き継がれた。公共サービスに市場原理を導入する新公共管理（NPM）、エージェンシー化も進められた。中央銀行の独立性は強化され、マネタリズムが継承された。財務相を担当したゴードン・ブラウンとエド・ボールズは、ともに金融業界の利益に大きな注意を払ったとされる（Beech and Lee 2008: 29）。

福祉改革として二点を取りあげておこう。第一は「社会的排除」への対応である。アメリカのクリントン政権の改革を参考に「福祉からワークフェアへ」の転換が行われた。失業層に就労活動を義務づける求職者手当を引き継ぎつつ、一九九九年に就労世帯税控除（Working Family Tax Credit）が導入された。これは就労にインセンティブを与える税制であり、とりわけひとり親の就労を促進し、子どもの貧困を削減することを狙いとしていた。子どもに関しては、二〇〇三年の児童税控除（Chaild Tax Credit）、児童給付金の増額なども行われた（セルドン編 二〇一二：一二章）。

さらにブレアは「福祉のニューディール」と呼ばれる就労支援策を展開した。一八～二四歳の失業者に対して四カ月間個人アドバイザーをつけ、六カ月間の雇用（職業訓練／民間セクター就労／非営利セクター就労／環境保護団体就労の選択）を支援し、週六〇ポンドの補助金と雇用者への七五〇ポンドの助成金を提供した。長期失業者（二五～四九歳）、高齢失業者（五〇歳以上）に対しても就労支援を実施した。ただし注意しなければならないのは、ブレア政権期に積極的労働市場政策への支出が増えていなかった点である。表6－9のとおり、サッチャー政権末期よりもブレア政権期のほうが支出は減少している。二〇〇八年の段階でもスウェーデンやドイツに比べるとその支出は半分以下である。つまり「福祉のニューディール」とは、支出を引き締めつつ、失業層を就労へと強制する政策であったといえる。

第二は公的福祉への市場原理の導入である。二〇〇〇年の年金改革では、SERPSに代えてステイクホルダー年金（民間の積立年金）を導入し、年金の「民営化」をさらに進めた（図6-4）。公的年金の所得代替率（平均所得者）は二〇〇五年の時点で三七%と、先進国で最低水準になった（OECD, Pension at a Glance 2005, p. 49）。医療サービス改革では、新公共管理の手法が参照され、病院の独立採算や競争、業績評価の仕組みが導入された（松田 二〇〇九：三九—五三）。

表6-9　積極的労働市場政策への公的支出（GDP比、%）

	1990	2000	2008
スウェーデン	1.68	1.72	0.85
ドイツ	0.79	1.24	0.80
イギリス	0.42	0.28	0.32
日本	0.32	0.24	0.19

出典：OECD Statistics, Public expenditure and participant stocks on LMP

図6-4　イギリスの2000年年金改革

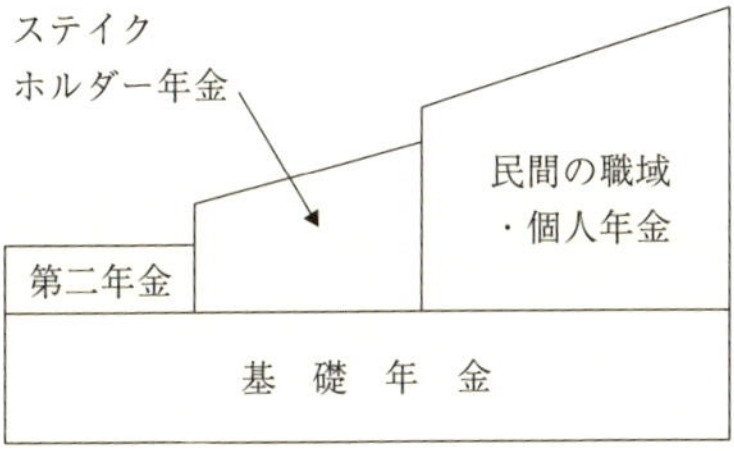

出典：筆者作成

（3）帰結

以上のように、ブレア政権の「第三の道」は、緊縮財政やマネタリズムという路線を引き継ぎ、大きくは「金融主導型レジーム」の枠内での改革にとどまっていた。教育や積極的労働市場政策への公的支出が増えていないことは、質の高い雇用を創出するというより、貧困・失業層に就労を強制する「ワークフェア」という性格が強かったことを示している。実際、所得格差を示すジニ係数

表6-10　相対的貧困率（%）とジニ係数の推移

	1990	1999	2004	2007	2010
相対的貧困率	13.7	12.0	10.3	11.3	10.0
ジニ係数	0.355	0.340	0.331	0.341	0.341

出典：OECD Statistics, Income Distribution and Poverty, 2013

はブレア政権期にも改善されていない（表6－10）。

ただし、家族への支援、とりわけ子どもの貧困への対策は一定の効果をあげた。児童貧困率は一九九六／一九九七年の三四％から二〇〇五／二〇〇六年の三〇％へと減少した（セルドン 2012: 325）。これは同時期のＯＥＣＤ諸国ではもっとも大きな削減率であった（OECD Family Database, CO2.2: Child Poverty, 2016）。労働党が人的資本投資を実際に行っていることから、同時期のアメリカと比べると、イギリスでは左右党派のあいだに一定の政策の違いを見いだすことができる。

とはいえ、その違いは「金融主導型レジーム」の枠内での幅にすぎない。金融危機を経た二〇一〇年に保守党のデーヴィッド・キャメロン政権が誕生すると、キャメロンはいっそうの緊縮財政を進め、金融に依存した成長体制の維持を鮮明にした。二〇一六年七月の国民投票で可決されたイギリスのＥＵ離脱（ブレグジット）のひとつの背景は、これまで述べてきた左右政党に共通する「政治的機会構造の閉鎖化」と、社会の格差拡大であったと考えられる。

4　自由主義レジームの改革と現状

一九八〇年代以降のアメリカとイギリスが、新自由主義的政策を選択し、それが党派を超えて共有されていった要因にはさまざまなものが考えられる。（一）そもそも公的福祉の受益層が小さく、福祉を攻撃する言説が中産階級以上に受容されやすかったこと。（二）「市場の自由」を重視する伝統があり、各政治家がこの伝統に訴えることで支持を獲得できたこと。（三）二大政党の競争が、アウトサイダーを組みこんだ支持層の再編をもたらすのではなく、トップダウン型の意思決定強化による中産階級の支持の奪い合いへと向かっていったこと。

これらのうちでもっとも基底的といえるのは、国内のヘゲモニーの変化である。中産階級が衰退し、労働組合の影響力が削減され、金融業界がヘゲモニーを握っていった。社会の二極化が進み、左右政党の実質的な政策は、一握りの金融・上層階級の影響力を強く反映するものとなった。金融規制の緩和、所得税の減税や累進緩和、緊縮財政はこうした条件のもとで進んだ。

ただし、両国のあいだには若干の違いも見いだせる。政治制度が分権的であったアメリカでは、金融業や大企業経営者層の権力を抑制する政策がとられず、いわば政治の不作為をつうじて「金融主導型レジーム」がより純粋な形で作られていった。格差の拡大とともに政治不信が蔓延し、近年では政党政治の枠組みが根底から揺らいでいる（たとえば二〇一六年アメリカ大統領選挙）。アメリカは過去三〇年のあいだに「政治的機会構造の閉鎖化」がもっとも進んだ国として位置づけられる。一方イギリスでは、労働党が「人への投資」「ワークフェア」を主張し、失業層やひとり親世帯への就労支援を一定の規模で実施した。相対的な幅のうちにとどまるとはいえ、イギリスでは左右政党のあいだに一定の路線対立を見いだすことができる。

第7章　社会民主主義の刷新——スウェーデン

この章では、自由主義レジームとの対比から、社会民主主義レジームの代表国であるスウェーデンの改革を検討する。

1　社会民主主義レジームの改革条件

第4章でみたとおり、スウェーデンはいわゆる「高福祉・高負担」の国として知られてきた。ところが現在のスウェーデンは、こうしたイメージと乖離がある。GDP比公的社会支出は二〇〇〇年代以降に減少をつづけ、二〇一一年の時点では二七・二%と、フランス（三二・四%）、イタリア（二七・五%）よりも小さい。もはや単純な「高福祉・高負担」の代表国とはいえなくなっているのである。こうした状況を受け、一部の研究者は「新自由主義」への収斂を指摘している[1]。他方で縮減は限定的であり、スウェーデン・モデルは維持されているという議論や（Castles 2004; Bergh 2004）、今日の変化のなかに社会民主主義のより「個人化」された形を見いだそうとする議論もある（Bergh and Erlingsson 2008; 宮本 二〇〇一：岡沢 二〇〇九）。

この章では、社会民主主義レジームの基礎となる理念をふり返ったうえで、その延長上に、「ワークフェア」と「自由選択」をめぐる政党間の新たな競争空間が生まれていることを指摘したい。

①福祉制度

まず福祉制度と政治制度の特徴をふり返っておこう。社会民主主義レジームの特徴は、国民全体が単一の制度に加入し、中産階級の生活水準に相当する手厚い給付が約束される、という点にあった。それは普遍主義の典型とされる。受益層は低所得層にとどまらず、国民全体に広がっていた。

普遍主義的な福祉国家を支えた条件として、大きく二つを挙げることができる。ひとつは「国民の家」という理念である。一九世紀後半から急速に近代化・工業化を遂げたスウェーデンでは、労働者階級の同質性が高く、労使の組織化が進んだ。労働者・使用者階級は対抗するというよりも、互いに協調しつつスウェーデン国家の発展をめざした。

もうひとつは「就労原則（arbetslinjen）」である。戦後スウェーデンの普遍主義的な福祉は、「すべての人がよりよい職に就く」という原則と不可分であった。この原則は、一九五〇年代から根づいていく競争的な雇用政策、すなわち連帯的賃金制度と積極的労働市場政策によって具体化された（第4章第1節参照）。つまり戦後スウェーデンの特徴は、一方で競争的な経済政策により分配のリソースを確保しながら、他方で普遍主義的な福祉を発展させてきた、という点にある。この二つの政策の組みあわせこそ戦後のスウェーデン・モデルを支えたのである。

②政治制度

以上の雇用・福祉政策を実現する鍵となったのが、社会民主党の権力の強さである。一九三〇年代から一九九〇年にかけて、社民党はほぼ一貫して政権の座にあった。その権力資源となったのは、労働組合の高い

図 7-1　1980 年代以降のスウェーデンの政党配置

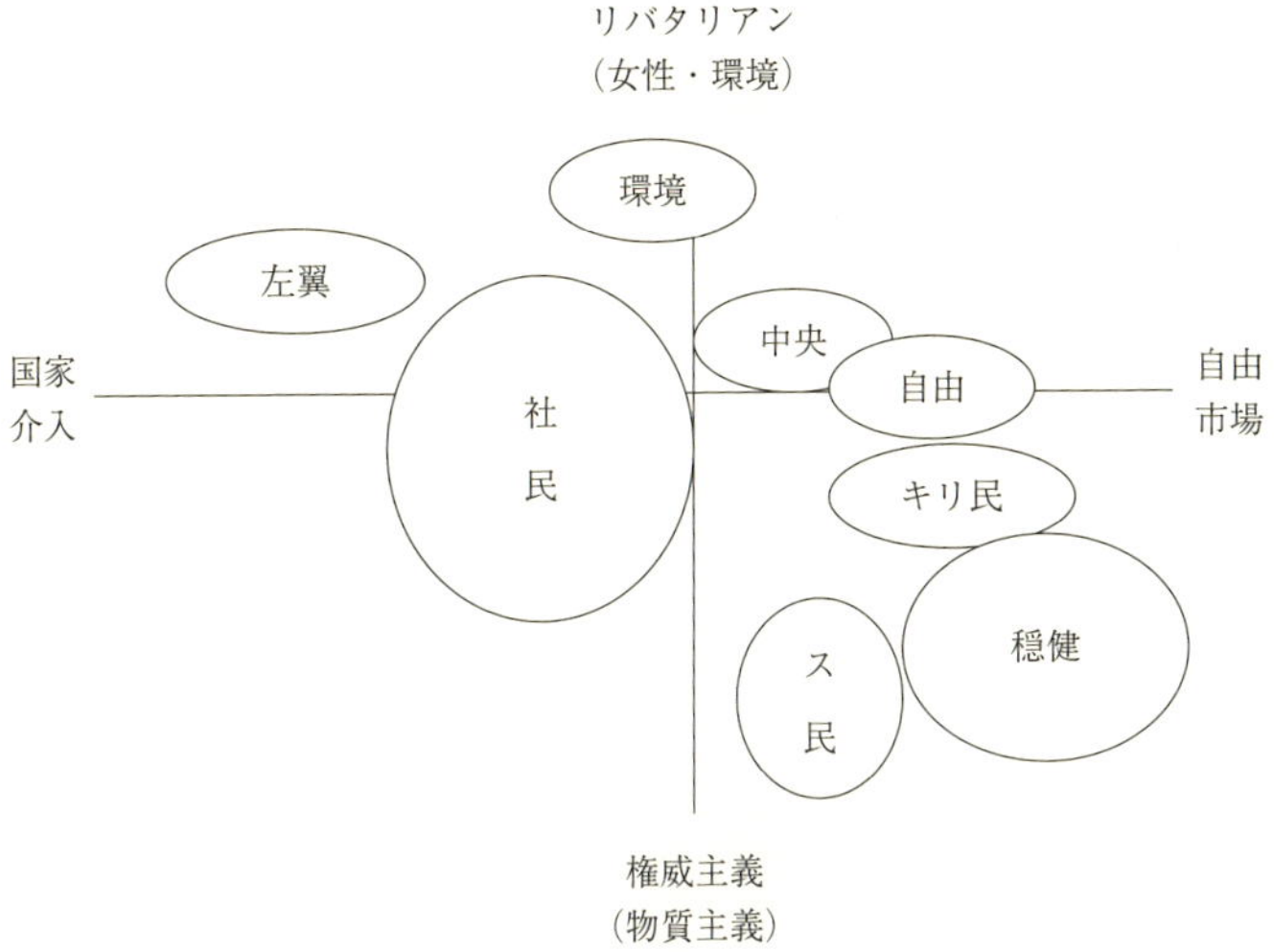

注：ス民：スウェーデン民主党
　　キリ民：キリスト教民主党（1996 年まではキリスト教民主社会党）
出典：渡辺 2014: 364、MARPOR をもとに筆者作成

組織率と、使用者団体（SAF）と労働組合（LO）の中央集権的な労使協調、いわゆる集権的なコーポラティズムであった。労働組合の力を背景としつつも、社民党は国有化や統制経済という社会主義路線をいち早く放棄し、競争的な経済政策を取りいれることで中産階級を含む幅ひろい支持層を獲得した。

スウェーデンは比例代表制をとる穏健な多党制（五党体制）の国である。[2] 一九八〇年代まで社民党が一党優位体制を築いてきたが、農民政党（中央党）が衰退したのちは、自由な市場を重視する穏健党と、福祉国家の維持を主張する社会民主党を中心として、左右のブロック化が進んでいる。左派ブロックのなかには反原発などを掲げ、リバタリアン的価値を重視する環境党が現れている。さらに二〇〇〇年代に入ると、移民排斥を掲げるスウェーデン民主党が勢力を拡大させ、第三極としての地位を占めつつある

（図7－1）。このようにスウェーデンでも、伝統的な左右対立だけでなくリバタリアン―権威主義という文化的対立が浮上している。

③コーポラティズムの解体

以上のようなスウェーデン・モデルがなぜ一九八〇年代以降に変容を迫られてきたのか。その要因は、産業構造の変化と金融のグローバル化にあった[3]。

第一は集権的コーポラティズムの解体である。「レーン＝メイドナー・モデル」のもとで連帯的賃金制度をとり、生産性の低い企業の淘汰がつづいたスウェーデンでは、一九八〇年までに産業がごく一部に集中するようになった（宮本 一九九九：二〇八）。一九七六年には労働者の七六％が上位二〇〇社に集中し、輸出関連の大企業と国内の公共セクターやサービスセクターとのあいだに大きな格差が生まれていった。

一九八三年には主要な輸出産業である金属業界の労組が中央交渉への参加を見送り、個別に賃金交渉することを表明する。一九九〇年には鉄鋼・精密機械、流通・サービス業、中小企業など産業別もしくは企業別に労使交渉が行われるようになった。さらに一九九一年には、グローバルな競争にさらされた使用者団体が政労使の交渉の場である行政委員会からの代表引き上げを宣言する。こうして中央集権的なコーポラティズムは解体した。

第二は一九八〇年代後半の金融自由化とバブル崩壊である。スウェーデンでも八〇年代から金融・株式市場の自由化が進み（Bergh and Erlingsson 2009: 78）、大企業が多国籍化していくとともに、海外直接投資が急増した。株価や不動産価格も急上昇すると、九〇年代初頭にバブルが崩壊する。株や土地価格が急落し、ス

表7-1　1990年代以降のスウェーデンのGDP成長率と失業率（%）

	1980	1990	1995	2000	2005	2010	2012
成長率	1.7	1.0	4.2	4.6	3.2	5.8	0.6
失業率	2.6	2.1	10.5	6.7	7.7	8.4	7.6

出典：OECD, Economic Outlook, 2012

ウェーデンは戦後初めて長期不況に突入した。一九九一年にはマイナス成長となり、失業率は一〇%近くに達した。その後、国家による公的資金投入がすばやく決定されることで不良債権処理が進み、金融不安は鎮まったが、その後も失業率は五〜八%程度へと高止まりした（表7-1）。

この時期に産業構造が大きく再編されていく。それ以前のスウェーデンは、日本と同様、国家と強く結びついた銀行が企業に融資をしていたが、一九九〇年代の金融自由化とともにもはや国家が金融に影響を与えることはできなくなる（久米、セーレン 二〇〇五）。ただし、金融を軸とした成長体制へ向かったわけではなく、スウェーデン企業は急速に多国籍化し、エレクトロニクス、IT、精密機械、化学など知識集約型産業への転換が進んだ。これらの産業は高付加価値の製品やサービスを生みだしたが、企業収益の増加は必ずしも雇用の増加につながらなかった。スウェーデン・モデルにとって深刻だったのは、失業率が低下せず、完全雇用が維持できなくなったことである。働かないで国家の手厚い福祉に依存する人が増えてしまうと、高福祉・高負担に対する中産階級以上の人びとの不満が高まってしまう。

こうして一九八〇年代からの産業構造の変化とグローバル化は、社民党の権力基盤を侵食していくことになった。

表7-2　1980年代以降のスウェーデン政治

1979～82年	フェルディン	中央党（＋自由＋保守）
1982～86年	パルメ	社民党
1986～91年	カールソン	社民党
1991～94年	ビルト	穏健党（＋中央＋自由＋キリ民など）
1994～96年	カールソン	社民党
1996～2004年	パーション	社民党
2006～2014年	ラインフェルト	穏健党（＋中央＋自由＋キリ民）
2014年～	ロベーン	社民党（＋環境）

2　穏健党の新自由主義

バブル崩壊後の一九九一年、社民党から右派連立政権（穏健党、国民党、中央党、キリスト教民主社会党）への政権交代が起きた（表7－2）。首相となった穏健党党首のカール・ビルトは「選択の自由」への「革命」を掲げた。彼の言う「選択の自由」とは、市民＝消費者に公共・民間の多様なサービスの選択権を提供することを意味していた。具体的には、住宅・教育・育児介護ケア・医療において民間サービスを導入し、公的サービスの効率化を図ること（新公共経営NPMと呼ばれる）、バウチャー制を導入すること、疾病手当・失業手当を削減すること、公的支出を削減し緊縮財政をとることなどである（Blomqvist 2004: 145–150; Rojas 2005: 66–68）。

しかし、こうした新自由主義的な改革は国民の支持を得られなかった。公的福祉の受益層が国民全体に広がっており、民間保険への加入者も限定されていたスウェーデンでは、公的福祉への支持は九〇年代以降も維持されていた。サービスの効率化策はその後に継承されたものの、民営化は受容されなかった。ビルト政権は金融危機への対処能力を欠いていると判断され、九四年に社民党が政権へと復帰する。こうしてスウェーデン・モデルの変容とは、普遍主義的福祉そのものの問いなおしというよりむしろ、「福祉と雇用をどう結びつけるか」という形で模索されていくことになった。

3　社会民主党の支持層再編

①女性化とサービス化

コーポラティズムの解体とグローバル化によって、伝統的な支持基盤が浸食されていくなか、社民党はどう対応しようとしたのか。以下では一九八〇年代以降の社民党が「女性化とサービス化」をつうじて支持層の再編を試みていたことを指摘する。

第一は「女性化」である（小川 二〇〇二：岡沢 二〇〇九：六章）。そもそもスウェーデンでは、六〇年代から社民党政権のもとで、出産・育児サービスや女性の就労支援が手厚く整備されてきた。女性の就業率は八〇年には八割近くに達するなど、先進国で突出して高い数字になっていた。こうした女性の社会進出を背景として、左派政党は「上からのフェミニズム」を推進していく。一九八七年に左翼党がクォータ制を導入したのを皮切りに、一九九三年に社民党が、一九九七年には環境党が同制度を採用し、政党の候補者名簿を男女同数とするか、どちらかの性別が六割を超えないようにした。一九七〇年に一四％にとどまっていた女性議員の割合は、すでに一九八五年に三一・五％となっていたが、一九九五年には四〇・四％、二〇〇五年には四五・三％へと上昇をつづける（『平成二三年度版男女共同参画白書』）。

第二は、福祉国家の「サービス化」である。一九八〇年代以降、教育・障害者・介護などの分野で高度な公的サービスが導入されていった。一九八二年の社会サービス法では育児・高齢者・障害者ケアなどに共通する原則として、（一）コミューンの責任の明確化、（二）自己選択の尊重、（三）健常者と同じ生活の保障（ノーマライゼーション）などが定められた。社会サービス法によって公的サービスのコミューンへの分権化が進み、一九九二年のエーデル法によってそれはさらに加速した。エーデル法では基礎自治体への権限・財源の分権化が行われた（Timonen 2003: 115）。さらに一九九七年の社会サービス法改正では、在宅ケア、デイケアが拡充された。**表7－3**のとおり、スウェーデンでは一九八〇年でも現金給付と同水準の公的サービス給付が行われていたが、二〇〇〇年代に入るとサービス給付の支出が上回るようになった。

表 7-3　現金給付／サービス給付の比較（対 GDP 比、%）

		1980	2000	2010
スウェーデン	現金給付	13.6	14.7	12.9
	サービス給付	12.4	12.3	14.1
ドイツ	現金給付	16.6	16.8	16.4
	サービス給付	7.0	9.4	10.7
日本	現金給付	5.4	9.4	12.7
	サービス給付	4.9	7.1	9.7

出典：OECD, Social Expenditure Database, Public and mandatory provate, Cash benefits/Benefits in kind

表 7-4　政治・経済のジェンダーギャップ（%）

	国会議員に占める女性の割合	管理職に占める女性の割合	賃金水準（男性＝100）
スウェーデン	47.3	29.9	88.4
イギリス	19.7	34.5	82.6
ドイツ	31.6	37.3	74.0
日本	9.4	10.1	66.8

出典：『平成 19 年度男女共同参画白書』

これらの政策展開は、いずれも女性の社会進出を促進した。すでに述べたとおり、国会議員の数は男女でほぼ同数となり、男女の賃金水準の格差も先進国ではもっとも小さくなっている（**表7－4**）。ただし女性の就労をおもに受け入れたのは公的部門であった点にも注意する必要がある。民間企業に勤めるのは男性のほうが多く、管理職に占める割合は男性七八％に対して女性二二％にすぎない（二〇〇五年）。他方、地方公務員・病院・学校・福祉関係などは女性によって占められ、その半数近くがパートタイム労働である。公的部門の管理職は男性四四％、女性五六％となっている（岡沢 二〇〇九：二〇四）。このように「上からのフェミニズム」の影響もあり職種によるジェンダーの偏りは残っている。

②「自由選択」の提唱（二〇〇一年スウェーデン社会民主党党綱領）

「女性化」と「サービス化」による支持層再編を進めた社民党は、二〇〇一年の党綱領（Partiprogram för Socialdemokraterna 2001）において、自らの路線を「自由選択」と規定し、市場の自由を重視する穏健党に対抗するビジョンを打ち出した。

「自由とは、外的強制や抑圧、飢えや孤立、恐怖からの自由である。と同時に自由は、参加し共同で決定を行い、個人として発達し、安全なコミュニティに加わり、自らの人生を自己決定し、自らの未来を選びとる自由でもある。」

この綱領によれば、社民党の目標は、すべての人に「参加」と「自己決定」の機会を保障することである。自由とは、豊かな人のみに保障されるものではなく、階級・ジェンダー・民族・障害にかかわらず、すべての人に平等に保障されなければならない。そのためには市場によるサービス供給だけでは不十分であり、むしろ市場権力を民主的にコントロールすることが必要である。

「参加と自己発展の自由が本物であるためには、人びとは経済的、社会的、文化的な条件において不利な立場にあってはならない。また、民主主義のコントロールのおよばない特定の経済権力に従属することもあってはならない。」

この文言だけをみると、国家による市場の統制を許容しているように読めるが、そうではない。「社会保険とケア、学校、医療のような社会サービスは、決して市場における財に還元できない」と言われるとおり、社会サービスの財源は公的に保障され、不利な立場の人びとにも届くようにしなければならない。一方でサービスの供給では民間企業や非営利団体が積極的に活用され、最大限の効率性がめざされる。社民党は穏健党が導入した新公共管理（NPM）を継承し、市場原理の導入による公共サービスの効率化も進めていった。

さらにこの文書でも「就労原則」が確認されている。「人間の労働こそすべての福祉と文化の基盤である」と言われるとおり、公的福祉の役割とは、すべての人びとが就労できる条件を整備することにある、とされた。

以上のように、社民党の「自由選択」路線は、穏健党の「選択の自由」と自らを差別化し、普遍主義的な福祉を維持することで、女性やマイノリティ層を新たな支持層へと組みこもうとするものであった。公共サービスの効率化を重視し、就労原則を維持する点では、伝統的な「社会工学」的発想を色濃く受け継いでいた(4)(Larsson, Letell, and Thorn eds. 2012: 263ff)。これらの点からみて、社民党の路線転換を新自由主義と同一視することはできない。それは新たな社会状況において中産階級・女性・マイノリティ層の支持を獲得するための社会民主主義の刷新であったととらえられる。

図7-2　1998年公的年金改革

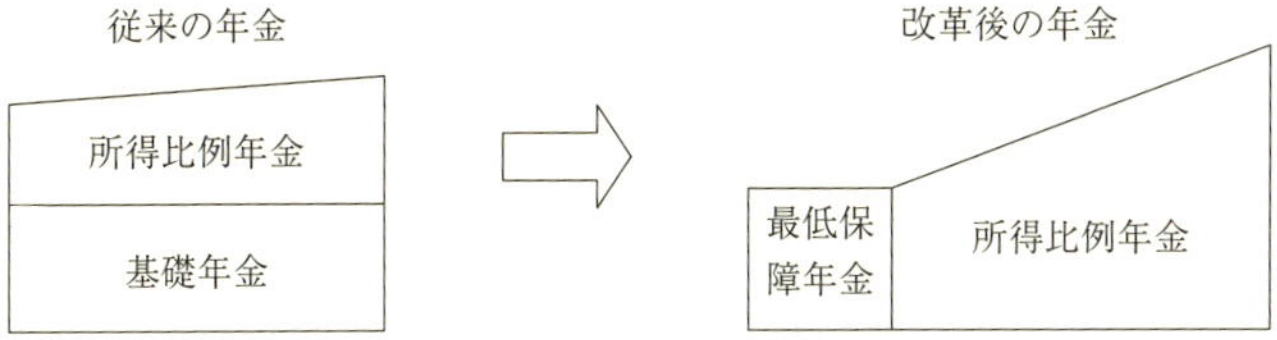

２階建て
（基礎年金＋所得比例）

最低額に満たない人への最低保障年金
＋所得比例年金（賦課方式＋積立方式）

出典：筆者作成

③雇用・福祉政策の転換

一九九四年に政権に復帰した社民党の政策として、年金改革、公共サービス効率化、労働市場改革の三つを取りあげておこう。

第一は、一九九八年の年金改革である。この改革の目的は、高齢化に応じて制度の持続性を確保するため、給付と負担の対応関係をより明確にし、財政均衡メカニズムを組み込んだうえ、働いている人ほど有利になる制度へと変えることであった。それまでの年金制度は、基礎年金に所得比例型の公的付加年金が加わった二階建てであった。新しい制度では、所得比例年金に一元化され、なおかつ保険料率は一八・五％に固定される。さらに経済成長率や平均寿命の変動にあわせて給付額を調整する「自動財政均衡メカニズム」が導入された。最低額に満たない人には税を財源とした最低基礎年金が設定された[5]（図7-2）。この改革は、もともと右派政権のときに構想されたが、社民党を含めたすべての党代表と専門家の参加する審議会で基本案が示され、社民党政権のもとで成立した。

第二は、公共部門への市場原理の導入である。電話、郵便、エネルギー部門は民営化され、サービス供給では民間委託、成果主義などの新公共管理の手法が導入された。エージェンシー化が進められた結果、二〇〇〇年代に入ってスウェーデンの公的支出は大きく減少していく。

表 7-5　積極的労働市場政策への公的支出（GDP 比、%）

	1995	2005	2013
スウェーデン	2.35	1.10	1.35
ドイツ	1.19	1.14	0.67
イギリス	0.30	0.40	0.23（2011 年）
日本	0.31	0.22	0.16

出典：OECD Statistics, Public Expenditure on LMP, Active measures, 2016

表 7-6　スウェーデンの公的社会支出の推移（対 GDP、%）

1980	1990	2000	2011
26.0	28.5	28.2	27.2

出典：OECD, Social Expenditure Database 2016

第三は、労働市場改革である。従来の手厚い失業保険や休暇制度は働くインセンティブを阻害するとみなされ、より「就労原則」を強化する政策が導入された。就労プログラム参加を条件とした給付、公共セクターによる一時雇用（清掃、社会サービスなど）、失業者を雇用する企業への助成金（賃金の五〇%）、教育休暇（一定期間の就労後、大学等で専門知識を身につけるための休暇制度）などである。スウェーデンの特徴は、アメリカやイギリスのように支出を抑制しつつ就労を強制するするワークフェア型の政策をとったわけではなく、積極的労働市場政策や教育政策に相対的に多くの支出につぎ込んだ点にあった（表7－5）。

④帰結

これらの改革はどのような帰結をもたらしたのか。二〇〇〇年代に入って顕著なことは、公的社会支出が全般的に縮小したことである（表7－6）。スウェーデンは過去二〇年のあいだに公的社会支出の効率化をもっとも進めた国であり、冒頭に述べたとおり、もはや突出した「高福祉」の国とはいえなくなった。

社民党政権のもとでスウェーデンは経済危機を乗り越え、年率二～五%程度の経済成長を実現した。ところが「福祉と雇用を結びつける」という点から見ると、社民党の戦略が成功したわけではなかった。二〇〇〇年代に入ってからも失業率は五%近くに高止まりし、就労訓練プログラムに依存して生活する人を合わせると、労働人口の二割以上が国家の給付に頼る状態は変わらなかった。職業訓練の多くが伝統的な製造業を対象としたものであったうえ、成長をけん引する知識集約的産業は雇用を吸収しなかったためである（宮寺二〇〇八）。

4　穏健党の新戦略

こうした状況において、三八歳で穏健党党首の座に就いたフレドリック・ラインフェルトは、穏健党の路線転換を敢行する。新自由主義的な路線ではスウェーデンの多数派の人びとに支持されなかったため、むしろ「就労原則」を掲げ、「就労と福祉を結びつける」ためのよりよい戦略を打ち出そうとしたのである。

「私たちの出発点は、より多くの人々が働くことでのみ福祉は拡充することができる、ということである。……労働の価値を再び高めることこそがスウェーデンにとっての課題である。」

「保守党［穏健党］は新しい労働者政党として二〇〇六年の総選挙に臨むであろう。私たちは、今こそスウェーデンでは新しい就労原則のための政治をおこなうべきと考える。」（ラインフェルトの著作、宮本二〇〇七：渡辺二〇一〇より引用）。

ラインフェルトは穏健党を「新しい労働者政党」と呼び、福祉の役割を人びとが「よりよい職」に就けるよう支援することであるとした。こうした路線は中産階級の支持を集め、穏健党は二〇〇六年の総選挙で勝利して右派連立政権を樹立すると、二〇一〇年の総選挙でも政権を維持した。

図 7-3　失業者向け労働市場政策の支出（対 GDP 比、%）

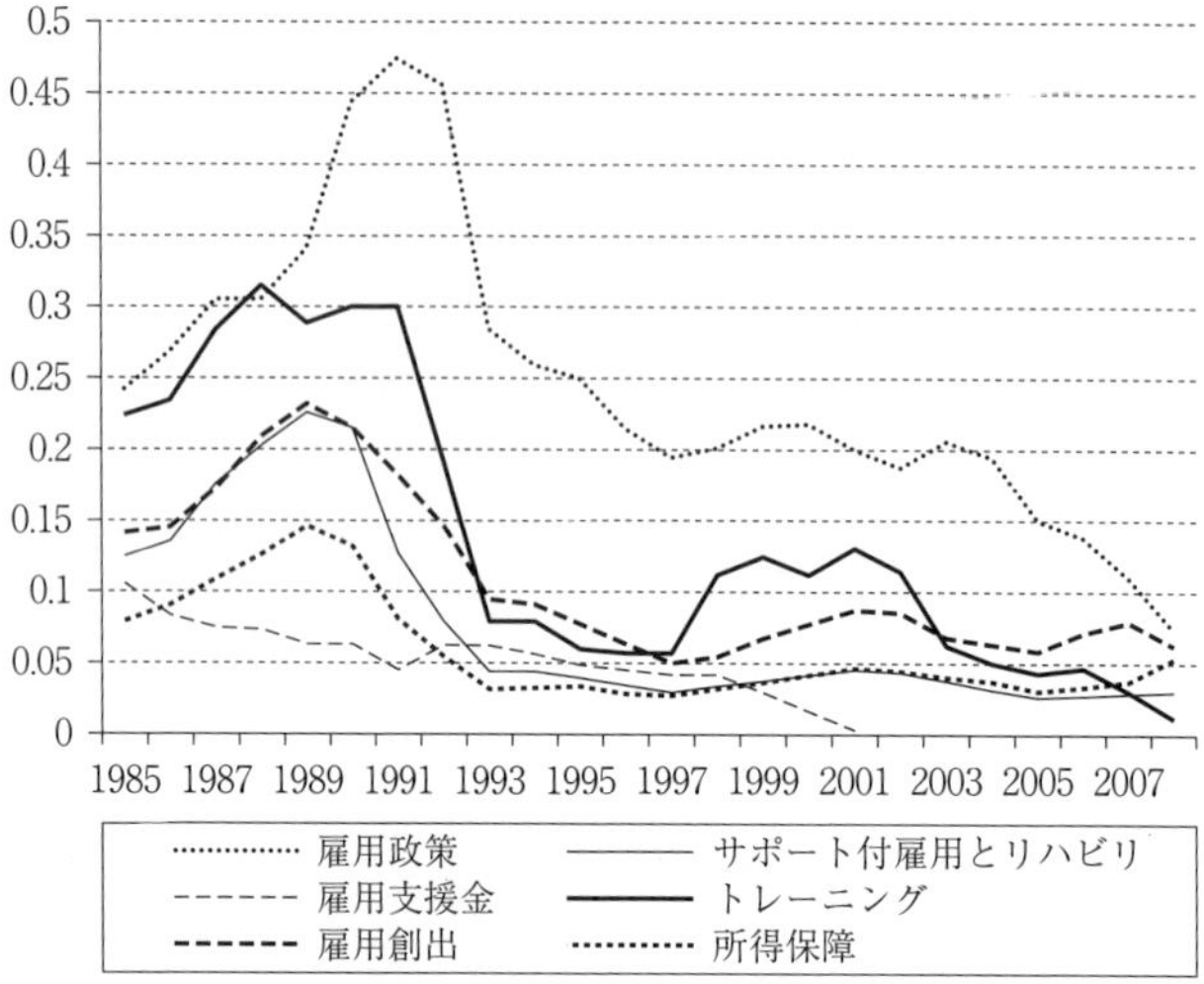

出典：Larsson et al. 2012: 95 より作成

ラインフェルト政権のもとで行われたのはワークフェアに近い政策であった。雇用政策の権限と財源がコミューンへと委譲され、失業給付資格の厳格化や職業訓練期間の短縮を導入することで、積極的労働市場政策への支出は減少した（図7－3）。また労働市場の柔軟化を進め、使用者の保険料負担を軽減することで雇用を増やそうとした。

表 7-7　各国のジニ係数と相対的貧困率
（2010 年、日本のみ 2009 年）

	ジニ係数	相対的貧困率
スウェーデン	0.269	9.1
ドイツ	0.286	8.8
イギリス	0.341	10.0
アメリカ	0.380	17.4
日本	0.336	16.0

出典：OECD Statistics, Income Distribution and Poverty, 2013

これらの政策の結果、スウェーデンでも格差は緩やかな拡大をつづけてきた（表7－7）。ジニ係数は一九九五年の〇・二二一、二〇〇四年の〇・二三四から二〇一〇年の〇・二六九へと一貫して拡大している。他国と比較するとジニ係数はまだ最小とはいえ、相対的貧困率ではすでにドイツを上回っている。

5　社会民主主義レジームの改革と現状

一九八〇年代まで「コーポラティズム」の代表国とされ、独自のモデルを維持しているとみなされてきたスウェーデンも、一九九〇年代にはコーポラティズムの解体と経済のグローバル化によって、福祉国家の再編を迫られてきた。

九〇年代の改革の特徴は、アメリカやイギリスのような新自由主義政策が受容されなかったことである。受益層の広かったスウェーデンでは、普遍主義的な福祉サービスを維持しつつ、「就労原則」をどう実現するかが問われてきた。この再編過程で注目されるのは、「自由」をめぐる規範的な対立が浮上した点である。穏健党が市場に重きを置いた「選択の自由」を掲げたのに対して、社民党は子ども（公教育）、女性（公的ケアサービス）、失業層（積極的労働市場政策）への投資をつうじて、より多くの人びとに「自由選択」を保障する立場を対置した。新自由主義への収斂ではなく、「自由」の意味と実現手段をめぐる政党間の競争が生まれていることが、スウェーデンの大きな特徴である。

スウェーデンの将来を考えるうえで無視できないのは、移民排斥を掲げる第三極の勢力、スウェーデン民主党の伸張である。スウェーデン民主党は二〇一四年の総選挙で社民党（三一％）、穏健党（二三％）に次ぐ一三％の票を獲得した。スウェーデン・モデルを支える理念が「国民の家」であったことを鑑みれば、移民問題はその基盤を侵食しかねない問題といえる。こうして今日のスウェーデンでは、ワークフェア的な立場をとる右派ブロック、「自由選択」を掲げる左派ブロック、右派権威主義的なスウェーデン民主党という三つの勢力による競争空間が形作られている。

第8章　保守主義レジームの分岐——ドイツ、フランス

1　保守主義レジームの改革条件

大陸ヨーロッパの保守主義レジームは、伝統集団を活用する形で形成された。スウェーデンのように国民全体が一つの制度に加入する普遍主義とは異なるが、これらの国でも手厚い福祉が実現し、それは「ヨーロッパ社会モデル」とも呼ばれてきた。しかし一九八〇年代以降、多くの国は高失業率と経済停滞に苦しみ、改革を迫られてきた。

なぜ保守主義レジームが困難に陥ったのだろうか。その要因は福祉制度と政治制度のそれぞれについて指摘することができる。まず福祉制度の特徴として二点が挙げられる。第一は、社会保険が職業ごとに分立している点である。社会保険は労使の代表によって管理され、財源の大部分も労使の拠出によってまかなわれる。給付水準は高く、年金では従前所得の七割程度が保障されるが、職業によってその水準は異なる。ドイツやフランスでは、公的付加保険にほぼすべての人が加入していたため、民間保険は近年に至るまで発展してこなかった。

第二は、家族が福祉の供給主体として重要な位置づけを与えられてきたことである。フランスの場合、一九六〇年くらいまで、社会保障支出の半分程度が家族関係支出（児童手当、住居補助など）によって占められ

ていた。男性が長期の就労に従事し、女性は育児や家事労働に専念する、という性別役割分業が制度によって奨励され、「男性稼ぎ主モデル」が根づいてきた。

福祉制度の分立と受益層の広さから帰結するのは、福祉縮減の改革を進めることがきわめて困難であった、ということである。両国では、七〇年代以降の経済停滞と社会保障財政の悪化を受けて、医療支出や年金給付の削減が政府によって提案された。しかし、これらの案には制度を管理する労働組合を中心として強い反対運動が起こった。さらに労働市場の柔軟化も困難であった。家族を扶養する責任を負う「男性稼ぎ主」は、一時的な雇用の喪失にも強く抵抗した。これらの国では、むしろ労働規制を強化し、「男性稼ぎ主」を保護する政策が導入されていった。

政治制度の特徴も改革の困難に拍車をかけた。ドイツ、フランスの政治制度はともに分権的である。選挙制度はドイツが小選挙区比例代表併用制、フランスが小選挙区二回投票制であり、多党制となるため複数の政党が連立を組んで政権を運営する。ドイツでは、議院内閣制のもとで首相に権限が集中しているが、大統領にも法案署名権がある。さらに連邦制をとっているため、中央政府の権限は制約され、連邦議会のほか、州代表によって構成される連邦参議院も強い権限を有している。フランスでは、大統領と議院内閣制が並存する「半大統領制」がとられ、大統領がおもに外交を、首相が内政を担当するという分業が半ば慣行となったものの、一九八〇年代から二〇〇二年までは両者の党派が異なるというねじれ現象、いわゆる「コアビタシオン」が常態化していた。

どちらの国も一九九〇年代まで雇用・福祉改革は「凍結」状態にあった（Esping-Andersen 1996）。その結果、社会のなかに分断が広がっていった。製造業から情報・サービス業への移行が進まず、経済も停滞した

図8-1　社会的排除の違い

自由主義レジームの「社会的排除」	保守主義レジームの「社会的排除」	
自由な労働市場	〈内〉規制された労働市場（壮年男性）	〈外〉排除（長期失業、女性、若者）
失業・貧困層＝排除		

出典：筆者作成

ままであれば新たな雇用は創出されない。仕事を喪失した人が新たな職を見つけることも難しくなる。とりわけ教育やスキルの乏しい若者は、学校を卒業しても安定した職を見つけることができなくなる。そのうえ男女の役割分業が固定化されているため、女性の就労も増えない。若者、女性、長期失業者など、本来労働力のある人の多くが労働市場に参加できず、男性の所得や福祉に依存して生活することになるため、労働コストがますます上昇してしまう。企業は正規労働者の数を絞り、「非典型労働」と呼ばれる短期契約やパートタイマーの職を増やそうとした。

こうしてドイツとフランスでは、八〇年代から九〇年代にかけて「社会的排除（soziale Ausgrenzung, exclusion sociale）」と呼ばれる現象が顕在化していった。イギリスの場合、「社会的排除」とはおもに福祉に依存する失業層やワーキングプア層を指していた。社会の分断線は中間層と低所得層のあいだに引かれた（図8－1左）。一方ドイツやフランスでは、社会の分断線は、いわば「インサイダー」と「アウトサイダー」のあいだに引かれる（Emmenegger et al. 2012; Schwander and Häusermann 2013）。「インサイダー」とは、規制され、保護された労働市場で働く人びと（おもに壮年男性）を指す。こうした人びとのこうむる病気、けが、老齢、失業などのリスクには手厚い社会保険が設定される。一方、低技能層、女性、若者はこうした労働市場から排除さ

表 8-1　若者と高齢者の就業率（2000 年、%）

	若年層（15～24 歳）	高齢者（55～64 歳）
フランス	28.3	29.3
ドイツ	47.2	37.6
イギリス	61.5	50.4

出典：OECD, Labor Force Statistics by sex and age, 2014

表 8-2　女性就業率の推移（%）

	1992	2000	2010
ドイツ	57.8	60.9	69.6
イギリス	62.6	66.8	67.9
スウェーデン	79.6	75.3	75.7
日本	61.9	60.6	63.7

出典：Eurostat, Population and Social Condition, Labour market

れやすく、高い貧困リスクを抱えるにもかかわらず、長期雇用を前提とした社会保険の対象から外れやすくなる。「アウトサイダー」は、雇用と福祉の両面において排除された存在となってしまうのである。

八〇年代の失業率は、ドイツでもフランスでも一〇%近くに高止まりした。フランスでは若年層の就業率が飛び抜けて低く、どちらの国でも五五歳以上の高齢層の就業率は低い（表8-1）。さらに九〇年代まで女性の就業率も他国より低かった（表8-2）。

これらの問題は、いわば保守主義レジームに特有の制度の「経路依存」によって引き起こされた問題である。それではドイツ、フランスは、どのようにして「経路依存」を打破し、改革を進めていったのだろうか[1]。

2　ドイツ——ワークフェアと新しい連帯

（1）社会的市場経済の変容

①コール政権の新自由主義

戦後ドイツの福祉政策や雇用政策は、関係する中間集団によって自治的に運営されてきた。年金では労使の職域団体が保険を管理し、医療であれば、疾病保険、医師団体、労働組合、使用者団体、地方団体などの関係者が話しあって保険料や医療政策を決定する。このように国家のもとにある中間団体が自治的に政策を決定する、という「補完性」が制度上の特徴であった。

一九七〇年代後半になると、産業構造の転換やグローバル化の進展によって、「社会的市場経済」への合意が徐々にくずれていく。(2) 社民党のヘルムート・シュミット政権は、財政赤字の削減策をとりつつも、大枠としては戦後の福祉国家を維持しようとした。ところが連立のパートナーであった自由民主党（FDP）は、もはや福祉国家を維持するのではなく、より市場中心の仕組みへと変革し、国際競争力を高めなければならない、と主張するようになった。

自民党は一九八二年に連立からの離脱を宣言し、シュミット政権は崩壊する。代わってキリスト教民主・社会同盟と自民党の連立政権が誕生すると、首相となったヘルムート・コールは戦後政治の「転換」を宣言する（表8－3）。

表8-3　ドイツ政治の流れ（首相、与党）

1974～82年	シュミット	社民党（＋自民党）
1982～98年	コール	キリ民社（＋自民党）
1998～2005年	シュレーダー	社民党（＋緑の党）
2005～2009年	メルケル	キリ民社（＋社民党）
2009年～2013年	メルケル	キリ民社（＋自民党）
2013年～	メルケル	キリ民社（＋社民党）

（2）コール政権（一九八二～一九九八年）の新自由主義

コール政権は、イギリスのサッチャー政権やアメリカのレーガン政権にならって「自由と活力、自己責任」を原則として掲げ、緊縮財政、公的年金・医療保険の一部民営化、労働市場の規制緩和といった新自由主義的な政策を推進しようとした。

しかし、これらの政策は関係団体の合意を得ることができなかった。医療保険改革では、保険金庫、医師団体、州のそれぞれが民営化に強く反発し、支出を若干抑制する改革が行われるにとどまった。年金の削減案に対しては、労働組合のみならず、労働者の反発を恐れた使用者団体も反対にまわった。民間年金の導入は争点にすらならなかった(3)。また労働市場改革でも規制緩和を進められなかった。受益層が中産階級に広がっていたドイツでは、イギリスやアメリカと異なり、戦後福祉政策そのものへの批判が共有されていなかったのである。

むしろ八〇年代から行われたのは、「男性稼ぎ主」の保護を強化する改革だった（Vail 2010: 83）。一つは労働時間の短縮である。週平均の労働時間を三五時間に短縮することを求める金属労組ＩＧメタルは、一九八四年に戦後最大のストライキを打ち、労使のあいだで週四〇時間から三八・五時間へと短縮する妥協案が成立する。さらに一九九五年からは週三五時間となり、この取り決めは他の産業にも広がっていった。もう一つは早期退職が推奨されたことである。一九九六年の高齢者パートタイム法では五五歳から六五歳のあいだで退職を選択しても年金が大幅に削減されないこと、その後パートタイマーとして働きつづけられることが定められた。

このようにコール政権のもとでは、福祉・雇用をめぐる改革は全般的な「凍結」状態にあった。その結果、「インサイダーとアウトサイダーの分断」が顕在化していく。表8－1、表8－2のとおり、ドイツの高齢者・女性の就業率はイギリスやスウェーデンに比べて低い。壮年男性と高齢者が既存の社会保険の受益者となる一方、女性や失業者はそこから排除されていた（ただし、デュアルシステムと呼ばれる職業教育制度のため、ドイツの若年失業率は他国より低く抑えられた）。

一九九〇年には東西ドイツが統一し、東ドイツが福祉制度に編入されることで、財政支出が大きく拡大する(4)。またＥＵ通貨統合のためにとられた緊縮財政の結果、経済は冷え込み、失業も増加の一途をたどった。

コール政権はこれらに対して目に見える改革を進めることができなかった。

②シュレーダー赤緑政権の改革（一九九八〜二〇〇五年）

一九九八年、社民党は「失業を半減させる」という公約を掲げ、約四〇％の票を獲得して第一党となる。社民党と連立を組んだのは緑の党だった。一六年ぶりに誕生したこの左派政権（赤緑政権と呼ばれる）のもとで、ドイツは「経路依存」を超える改革を実現していくことになる。

（1）社民党の変容

まずこの時期の政党システムの変容について触れておこう。戦後の先進国では、市場の自由か国家介入かという軸をめぐって、右と左の立場が分かれていた。ところがおよそ一九八〇年代以降、「脱物質主義」を掲げる「新しい社会運動」が登場する。個人の多様な生き方、政治参加を求める運動、フェミニズム、産業主義を見直すエコロジー運動などである。とりわけドイツではこうした運動が八〇年代から活性化し、それは緑の党という新党の結成につながった。

政治学者のキッチェルトは、一九八〇年代以降のドイツの政党システムを次のように説明している。高い教育を受け、高度なスキルをもつ専門職、知識・情報セクターの労働者などは、ますます「リバタリアン」的価値を抱くようになる。ライフスタイルの自由な選択、自己決定、参加を重視し、エコロジーやフェミニズム運動にコミットする。こうした人びとは緑の党か、社会民主党の支持層となる。九〇年のドイツ統一後は、旧東ドイツの共産党の流れをくむ左翼党が図の左端に位置する。一方、キリスト教民主社会同盟は、伝

図8-2　現代ドイツの政党配置

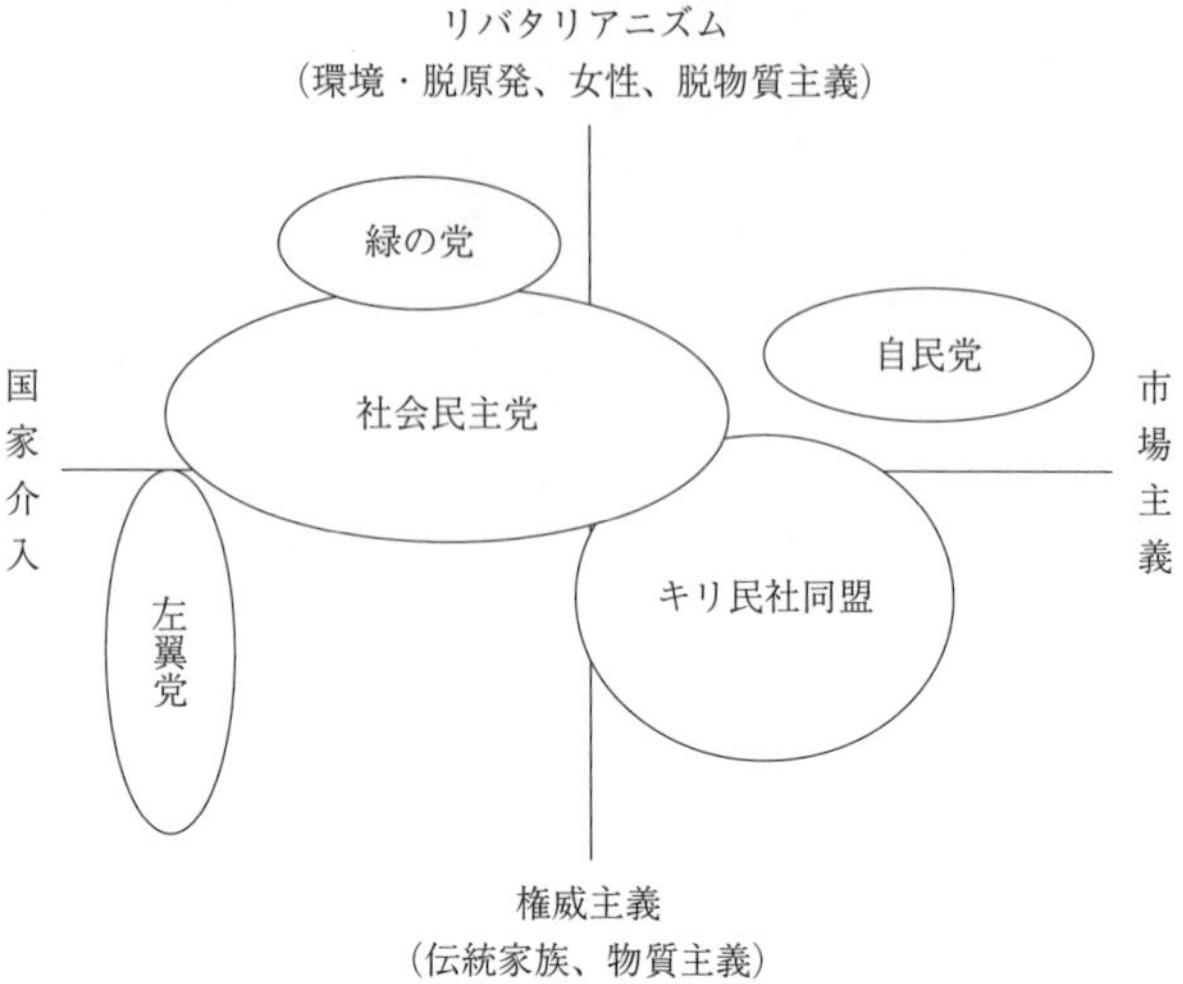

出典：網谷ほか編 2014: 97、MARPOR より筆者作成

統的な「男性稼ぎ主モデル」を保持し、経済成長を志向する。さらに右上には新自由主義を掲げる自民党が位置する（図8－2）。

社民党のリーダーとなったゲアハルト・シュレーダーは、一九九八年に政権を獲得すると、伝統的な社民主義からの決別を訴えた。一九九九年にはイギリスのブレアとともに「共同声明第三の道／新中道―ヨーロッパ社会民主主義前進の道」を発表する。

> 「新しい政治が成功を収めるためには、社会のあらゆるレベルで前向きの精神と新しい企業家精神の発展を必要としている。……新たな責任を担う用意がある、有能で十分に訓練を受けた労働力。創造性、自発性を発展させる社会保障制度。企業の独立やイニシアティブに向けての積極的な雰囲気。私たちは……生活のすべての面で創造性を高く評価する社会の実現を望んでいる。」

図8-3　シュレーダー政権の意思決定プロセス

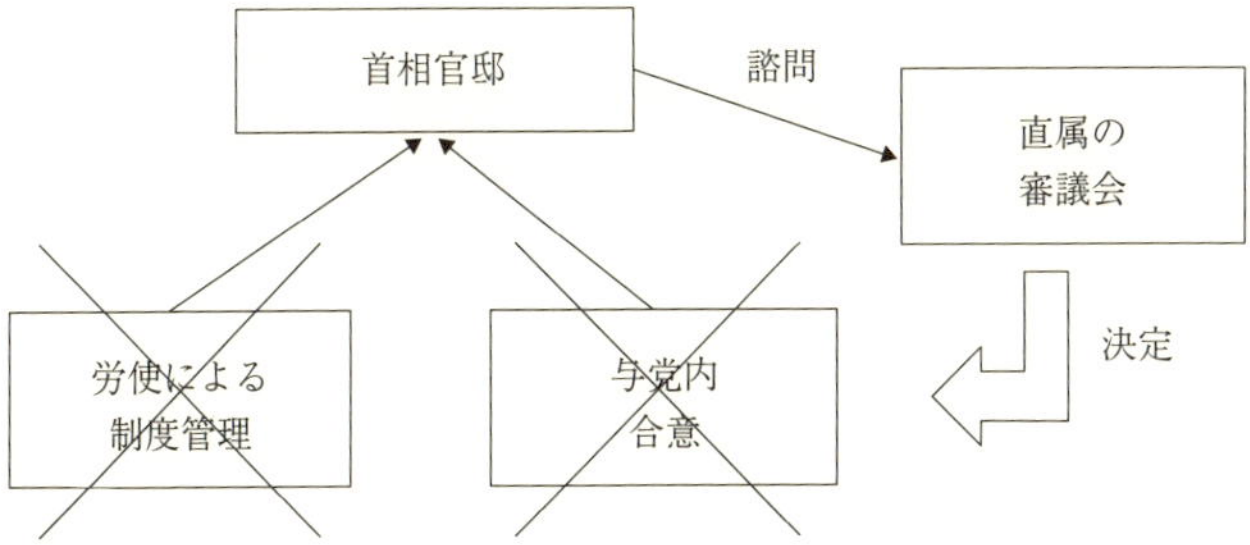

出典：筆者作成

この文書のポイントは、従来の福祉国家が新しい産業構造やグローバル化に適合しなくなっている、と指摘した点であった。シュレーダーが「新しい中道」と称する路線は、およそ次のような内容をもつ。（一）結果の平等にこだわるのではなく、機会の平等を重視すること。権利には義務がともなうことを明確にすべきである。（二）公共サービスを効率化するために市場原理を導入すること。（三）「企業家精神」を育成し、市場を活性化するサプライサイド改革を行うこと。働く人に有利な税制・社会保障へと改革する。労働市場を柔軟化し、「リスク」を担う企業家を育成する、など。（四）失業者を減らすために、人的資本と社会資本へと投資すること。以上の路線は使用者層のみならず、リバタリアン的価値を有する中産階級にも支持された。

（2）統治機構改革

第一次赤緑政権期にシュレーダーは労使の話し合いによる雇用・福祉改革を模索したが、コール政権と同様、その試みは成功しなかった。第二次政権（二〇〇二～〇五年）に入ると、シュレーダーは意思決定プロセスの改革に取り組んでいく。労使団体による意思決定が制約され、首相官邸に直属する会議体において大きな方針を作成し、世論の反応をみながら労使団体と個別の交渉を重ね、妥協を引き出す、という手法がとられるようになった（Fleckenstein 2011a: 153）。拒否権プレイヤーを回避する「トップダウン」型の意思決定へと転換したのである（図8-3）。

もっとも重要な会議は、二〇〇二年に作られた「労働市場における現代的サービス委員会」（通称「ハルツ委員会」）であった。元フォルクスワーゲン社の労務担当役員ペーター・ハルツがトップにすえられ、八つの使用者団体代表、三つの労働組合代表、地方代表を加えた一五名が構成員となった。労働組合の影響力は抑えられ、主要な左派労組は意思決定から排除された（近藤 二〇〇九：一二二）。ハルツ委員会は福祉縮減、労働市場の規制緩和などの「構造改革」を示した「アジェンダ二〇一〇」を発表し、さらに二〇〇三年から二〇〇六年にかけて、ハルツ法Ⅰ～Ⅳと呼ばれる福祉・雇用改革を主導していく。

（3）雇用・福祉改革の内容

以下ではシュレーダー政権下での改革を、年金改革、労働市場改革の順に概観しておこう。

年金改革

二〇〇一年の年金改革では、人口動態に応じて給付額を調整する仕組みが導入された。所得代替率は四五年加入したモデル世帯で七〇％から六七％へと引き下げられた(5)。また所得の四％までを積立式の個人年金に充てられる「リースター年金」が導入された。最低所得に満たない者に対しては、税を財源とした最低保障年金が導入された（図8-4）。これらは政府年金改革委員会によってトップダウンで決定されたが、緑の党支持層である専門職・自由業、高技能の労働組合（化学、管理職、サービス業）など、リバタリアン的価値をもつ団体も年金改革を積極的に支持した（Häusermann 2010: 164）。

労働市場政策

一九九〇年東西ドイツが統一されると、東ドイツの人びとを中心に公的扶助（日本の生活保護）の受給者が急増し、その数は約四〇〇万人に達する。九〇年代の失業率は七～一〇％で推移したため、福祉に頼る人をいかに減らし、より多くの人を就労へと向かわせるかが喫緊の課題となった。

ハルツ委員会の決定を経た改革では「ワークフェア」が推進された（Palier 2010: 404; 新川編 二〇一一：三九―四〇）。ハルツ法Ⅰ～Ⅲでは労働市場の柔軟化が進められる。月収四〇〇ユーロ以下のミニジョブが導入された。ミニジョブとは、賃金の下限が定められず、短期契約、労働者の保険料は免除となるような職である。表8-4のとおり、二〇〇〇年代に入ってドイツの短期雇用保護は急減している。非典型労働は、シュレーダーが政権に就いた一九九八年には全就業者の二五％であったが、二〇〇六年には三五％を超えた（労働政策・研修機構 二〇一〇：三七）。ただし正規労働者に対する規制緩和は進まなかった。

図 8-4　2001 年ドイツ年金改革

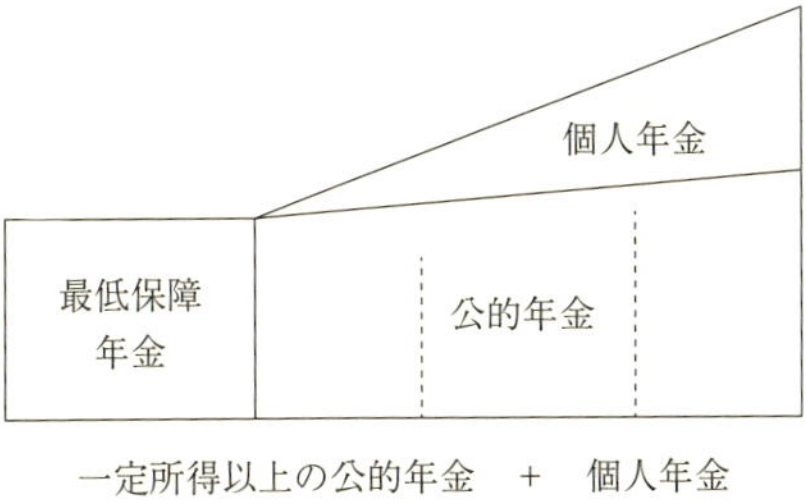

出典：筆者作成

表 8-4　短期雇用に対する保護の強さ

	1990	2000	2010
スウェーデン	4.08	1.44	1.44
ドイツ	3.25	2.00	1.00
日本	1.69	0.88	0.88
イギリス	0.25	0.25	0.38

出典：OECD Statistics, Strictness of employment protection, temporary contracts

二〇〇五年のハルツⅣ法では、公的扶助と失業給付が統合され、早期退職制が縮小された。失業給付期間は三二カ月から原則一二カ月へと短縮され（五五歳以上は一八カ月）、給付期間中の就労訓練が義務づけられた。紹介された再就職先を拒否した場合は給付停止とされた。

これらの政策の結果、ドイツの失業率は減少し、経済成長率はＥＵ諸国で上位となった。その一方で格差が徐々に拡大をつづけた（表８－５）。

表 8-5　ドイツのジニ係数の推移

1995 年	2000 年	2004 年	2011 年
0.266	0.264	0.285	0.286

出典：OECD Statistics, Income Distributioin and Poverty, 2013

③新しい連帯の模索

ドイツでは保守政党のキリスト教民主・社会同盟ではなく、左派の社会民主党政権こそが福祉の縮減や市場主義的な改革を進めてきたようにみえる。ただし緑の党と連合した社会民主党の政策は、国家介入か市場主義かという対立軸だけでは語れない。リバタリアン的価値にもとづき、個人の選択や自己決定を拡張しようとする政策も見てとれる（Häusermann 2010: 164）。ここではアウトサイダーにかかわる二つの政策を取りあげておきたい。

第一は、社民党による「労働」の意味の問いなおしである（田中 二〇〇六）。社民党は一九九七年に『労働の未来報告書』と題する報告書を発表し、次のように述べた。

「労働とは、生業、自己労働、名誉職労働、（福祉、ボランティアなどの）社会的活動、家事労働、介護労働、自己を社会的に伸ばすための教育活動などのすべてを指す。……労働とは、社会のために行う活動のあらゆる形態である。」

もはや現代社会において万人がフルタイムで働く必要はなくなっている。情報化・ＩＴ化や技術革新の進展によって、社会全体に必要な労働量はかつてよりも減少している。どの国でもパートタイム労働や失業が増えている。このような新しい経済のもとでは、フルタイム労働に従事することを前提として労働者の所得喪失を補てんする、という福祉のあり方はもはや適合しない。賃金労働以外のコミュニティ活動や家事労働も「労働」の一部とみなし、それらを公的に支援すべきである。

表 8-6　主要国の年間総労働時間（全労働者）

	1991	2000	2014
ドイツ	1554	1452	1371
フランス	1655	1535	1473
スウェーデン	1548	1642	1609
イギリス	1762	1700	1677
日本	1998	1821	1729
アメリカ	1818	1836	1789

出典：OECD Statistics, Average annual hours actually worked per worker, 2014

表 8-7　(西) ドイツの合計特殊出生率

1980	1990	2000	2005	2011
1.56	1.33	1.38	1.34	1.36

出典：OECD Factbook Country Statistical Profiles, 2014

新しい左派の考えによれば、人びとは労働時間を減らすことで、趣味や消費活動に従事するだけでなく、育児・教育・介護などの社会サービスを提供する地域の非営利団体、ボランタリー団体の活動に参加することができる。相互に助けあうような社会的絆を活性化することこそ新しい福祉のビジョンである、という。

こうした考えにしたがって労働時間の短縮が行われてきただけでなく（表8－6）、労働時間の柔軟な選択の仕組みも導入された。二〇〇〇年以降は労使協約によって労働時間貯蓄制度が広がってきた。この制度によれば、年間の労働時間（産業によっては生涯労働時間）を労働者が自由に積み立て、長期休暇、パートタイムへの移動、育児休暇、コミュニティ活動などに使うことができる。このようにドイツでは、非典型労働市場の拡大とともに、正規労働者に対する労働時間の柔軟化も進められている。

第二は家族政策である。少子化の進展を受けて（表8－7）、二〇〇三年に家族省による「家族のための連携」キャンペーンが行われ、主要な労使団体、企業、地方政府の代表が集まり、「持続可能な家族政策」への共通意識を形成する。いわば官僚層の「上からのイニシアティブ」によって少子化が政治問題化していった（第11章も参照）。第二次シュレーダー政権では、主婦優遇から「仕事と家庭の両立」支援への転換が起こり、三歳未満の幼児への公立保育所の整備、育児休業の短縮（二年→一年）と増額が行われた。赤緑政権の家族政策は、女性を就労へと促す「就労親和的な（employment-friendly）」政策であった（Fleckenstein 2011b）。

二〇〇五年に成立するアンゲラ・メルケル政権もまた、選挙での女性動員の弱さを克服するため、「新しい社会的市場経済が必要」と述べ、家族政策の刷新を重視した（近藤 二〇一三：一八五：Fleckenstein 2011: 797）。キリスト教民主・社会同盟は社民党と大連立を組み、スウェーデン型の福祉国家を理想とするフォン・デア・ライエンを家族相にすえて「両親手当」を導入した（倉田 二〇一四）。両親手当とは、育児手当の支給期間を二年から一四カ月へと短縮し、最低二カ月はもう片方の親（多くの場合男性）でなければ受給できないようにした制度である。就労を促すため、支給額は従前所得の六七％と定められた。また二〇一三年までに五五万人を受けいれる託児所を設置することも宣言された。社会民主党が女性の就労を重視していたのに対して、キリスト教民主・社会同盟は「女性が家事をする家族」と「共働き家族」の「選択」ができるようにすることを重視した（Palier ed. 2010: 64）。このようにドイツでは、左右政党がワークフェアへと向かっているが、働き方、家族のあり方をめぐっては、若干の政党間競争も生まれている。

3　フランス――自由選択

フランスは二〇〇〇年代以降も公的社会支出を拡大させつづけ、現在ではスウェーデンを抜いてもっとも「大きな福祉国家」となっている。しかし研究者のあいだでフランスの福祉改革に対する評価は低い。多くの研究者は、フランスをグローバル化の波に乗り遅れ、改革の停滞した国としてとらえている(6)。近年では、さまざまな改革の動きを視野に入れつつも、それらが「二分化（dualization）」の枠内にとどまっている、という指摘がなされている（Emmenegger et al. 2012; Palier ed. 2010）。「二分化」とは、既存の福祉政策の受益層である男性労働者（インサイダー）と、それ以外の女性・若者・低技能労働者（アウトサイダー）の線引きが維持されたまま、後者に対する支援策が導入されている、という意味である。ただしこの概念は、社会的属性による政策の違いを示すものにすぎず、今日の福祉改革が全体としてどこに向かっているのかを明らかにするものではない（田中 二〇一六ａ：二八五）。このように今日までのところ、改革の全体像について合意は存在していない。本書では、フランスの福祉国家改革が「自由選択」を掲げる新たなアクターに担われていることを重視し、それをたんなる福祉縮減でもなく、改革の停滞でもなく、「自由選択の普遍化」への動きとして把握する。

表 8-8　1975 ～ 2005 年の平均失業率の推移（%）

年	1975	1980	1985	1990	1995	2000	2005
失業率	4.0	6.4	10.2	8.9	11.4	8.6	9.0

出典：ILO, Laborsta, 2008

①改革の凍結（一九八〇～九〇年代）

（1）経済不況への対応

一九七〇年代に入ると、フランスもフォーディズムの機能不全に直面し、スタグフレーションと財政危機に苦しめられるようになる。フランス経済は七四年まで年平均五%の成長率を達成していたが、七三年のオイルショック以降は二%の成長率へと落ちこんだ（DARES 1996: 25）。一方五〇～七三年まで平均約二%であった失業率は七〇年代後半から急上昇し、八〇年代には約一〇%へと高止まりする（表8-8）。

戦後フランスでは、国家官僚の指導のもとで労使協調と産業の近代化が推進された。一九六〇年代以降は中産階級を中心として、官僚主導の管理に対する反発が強まり、より柔軟な労使関係（賃金交渉、経営参加など）を求める運動が活性化していった。当時の右派ジョルジュ・ポンピドゥ政権のもとで、一九六九年にシャバン＝デルマス首相が「新しい社会」プランを発表し、労使の交渉を強化したり、ジスカール・デスタン政権（一九七四～八一年）では労働組合の経営参加を強化したりした。しかし労働組合の不信もあり、労使協調は根づかなかった。

一九七〇年代の経済不況を経て、計画総庁、国立統計経済研究所（INSEE）経済部門などの高級官僚層は、徐々に「計画化」を放棄し、新自由主義のアイディアを受容するようになっていく（Jobert ed. 1994: 26）。福祉政策の分野では、社会保障財政が七〇年代後半から赤字に陥ったため、財政危機を訴える報告書が数多く発刊され、財政均衡が最優先の課題となっていった（Palier 2002: 175）。

図8-5　現代フランスの政党配置

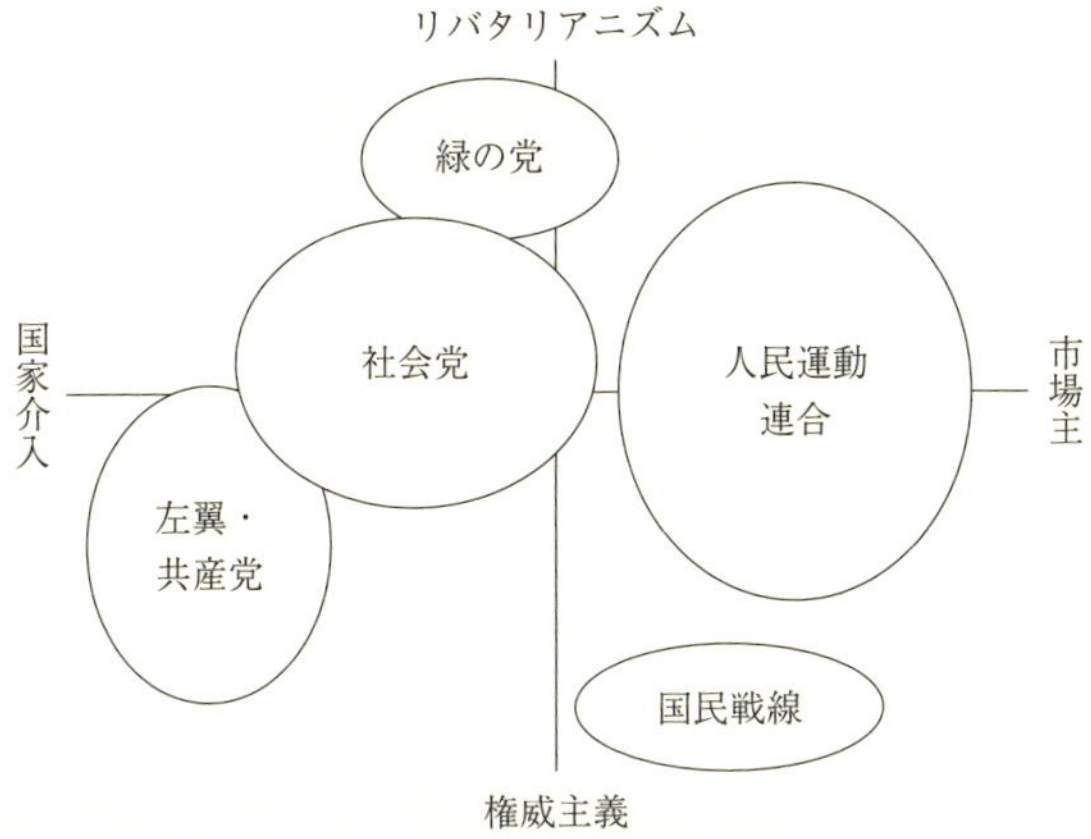

出典：網谷ほか編 2014: 158 ; Bréchon 2011 より筆者作成

（2）左派ミッテラン政権（一九八一〜一九九五年）

戦後フランス経済の発展によって、自営業・中小企業主が没落していくと、それらを支持基盤とする中道政党（MPR）は衰退し、代わって社会党を中心とする左派、人民運動連合を中心とする右派という政党の左右「二極化」が生まれる（図8-5）。一九八一年には社会党・共産党の左派連合が勝利し、約三〇年ぶりに左派のフランソワ・ミッテラン大統領が誕生した。

ミッテラン政権は、経済立てなおしのため、就任直後に主要産業（電気、金融、航空機など）の再国有化、富裕税の導入、最低賃金の引き上げといった強硬な左派的政策を実行した。しかし、これらの政策は急激なインフレを引きおこし、対外債務の悪化をもたらした。すでに欧州通貨制度（EMS）に加入していたフランスでは、一国単位のケインズ主義を維持することができず、高級官僚層の支持も得られなかった。フラン切り下げを強いられたミッテランは、ケインズ主義を放棄し、より市場の自由を重視する政策への「転回」を決意する（Martin-Roland et Favier 1995: 559

et s.)。

こうしてミッテラン政権は、一九八三年から緊縮財政と規制緩和を実行していく。一九八六年以降は右派シラク首相のもとで、金融・通信・石油・ガス・テレビなどの民営化や金融市場の自由化（ミニ・ビッグバン）が行われた。公共セクターの労働者数は一九八五年から二〇〇〇年のあいだに半減した（Culpepper et al. dir. 2006: 16）。

経済の自由化と並んで課題となったのは、社会保障財政の改革だった。しかしこの分野での改革は大きな困難に直面する。フランスの福祉制度の特徴は、職業ごとのいちじるしい制度的分立、労使による制度管理にある。これらは受益者である労働者層に強い拒否権をもたらし、政府主導による改革を困難にした。政府の提案した医療・年金財政改革案（一九八二年ベレロゴワ・プラン、八六年セガン・プランなど）は、いずれも労働組合の激しい反対運動に直面し、撤回に追い込まれた。社会給付の抑制が困難であることから、八〇年代には保険拠出の増額による財政均衡が試みられた[7]。医療保険に関しても、一九九一年には保険金庫と開業医による支出抑制のための自主的な「協定（conventions）」づくりが模索されたが、開業医たちの反対にあって失敗に終わり、支出は増加をつづけた。

失業の増大に対しては、雇用規制を緩和し、労働市場の流動化を進めるのではなく、正規労働者への解雇規制を強化することが選ばれた。五五歳からの早期退職制が広がり、ワークシェアリングによる失業の抑制が試みられた[8]。しかし、こうした「労働削減戦略」は正規雇用のコストを増大させ、結果として「非典型労働」の拡大をもたらした（Barbier et Nadel 2000: 45）。新規雇用の多くは短期・短時間の契約となり、若年層、女性、長期失業者は不安定な就労を強いられていった。こうした人びとは、長期雇用を前提とした社会保険の枠組みから外れ、「排除された人びと（exclus）」と呼ばれるようになった。

②レジーム再編（一九九〇年代後半～現在）

以上のようにフランスでも、ドイツと同様に「インサイダー／アウトサイダーの分断」が顕在化する。ではフランスにおいて改革はどう進められたのか。

（1）労使関係の変容

九〇年代に入ると「排除」問題への認識が広がり、ＥＵ統合やグローバル化が進展することで、労働組合のなかに雇用・福祉改革を推進する勢力が現れる。中道労組（CFDT）は「選択の自由」、「個人の解放」を掲げ、労働市場の柔軟化、社会保障改革を積極的に受容し、政府や使用者団体との交渉に入っていく（Palier 2002: 327–345. Cf. CFDT 1998: §211）。

一方使用者団体の側は、他の国と比べて重い社会負担を忌避し、国際競争の圧力にさらされた九〇年代以降、社会保障改革を強く訴えるようになる。九八年にはフランス全国経営者評議会（CNPF）からフランス企業運動（MEDEF）へと名称を変え、積極的な政治運動を展開しはじめる。二〇〇〇年に公表された「社会の再建」プログラムでは、企業の保険料負担の軽減、三五時間法の緩和、労働柔軟化の促進、就労義務の強化、政労使の三者協議機関に代わる個別の労使交渉、公的年金・医療保険改革などが掲げられた（MEDEF 2000）。

こうして左派労組（CGT, FO）が交渉において周縁化される一方、リバタリアン的価値を掲げる中道労組

（CFDT）と政府・使用者団体とのあいだで新たな交渉の回路が作られた。アクターの組み替えによって、九〇年代後半から「構造的な転換」（Palier ed. 2010: 20）が開始される。

（2）医療・年金改革

まず年金改革については、給付抑制、個人年金導入という二点に要約することができる。

第一に、九〇年代から今日までの年金改革は、制度の持続可能性を高めるために給付水準を抑制すること、公務員向けの特別制度を改革することを課題としてきた。バラデュール内閣は、中道労組（CFDT）の協力のもと、左派労組の反対を抑えて九三年に一般制度（民間労働者向け）の年金改革を行った。満額拠出期間が三七・五年から四〇年へと延長され、給付水準は現役時代の最高一〇年間の平均から二五年間の平均へと変更された。これらは実質的な給付削減策である。最低生活水準の年金を確保できない高齢者に対しては、無拠出の最低扶助年金（FSV）が導入された。一方、九五年のジュペ政権は特別制度（公務員、公共セクター労働者向け年金）改革に手をつけようとしたが、大規模なストライキに遭って挫折する。二〇〇三年のラファラン内閣は、前もって中道労組と交渉することで、特別制度の満額拠出期間を一般制度と同じく三七・五年から四〇年へと延長すること、二〇二〇年までにすべての制度で四二年まで延長すること、所得代替率を六六％とすることで合意した。

第二は、個人年金の導入である。九〇年まで社会的連帯を破壊するとしてタブー視されていた個人年金は、九〇年代後半から導入が進んでいく。一九九七年には任意の個人年金を認めるトーマス法が成立する（ただし左派のジョスパン政権のもとで二〇〇一年に廃止となった）。右派ラファラン政権は、公的年金の受給時期を柔軟化（繰り下げ受給による支給率上乗せ、段階的引退制）するとともに、二〇〇三年に労使による個人年金貯蓄プランを導入し、税制優遇措置を設けた（Palier 2007）。

医療保険に関しては、八〇年代に医師団体と保険団体の自主交渉による医療費抑制が試みられたが、失敗に終わった。医療支出は伸びつづけ、(9)八〇年代にはおもに保険料の引き上げによる財政均衡が試みられた。九〇年代半ばから、関係団体に代わって政府による医療保険の管理が進んでいく。まずジュペ政権は左派労組の反対を押し切り、中道労組（CFDT）との交渉によって医療財政の改革を進めた。九五年に社会負債返還税が導入され、一般制度の赤字を税によって補てんすることが定められた（Lacouture 1998: 311）。九六年には社会保障財政法が成立し、毎年の医療支出の総額を議会が決定することになった。さらに九〇年に導入された一般福祉税（CSG）は九八年に約七・五％へと引き上げられ、そのうち五・二五％が医療保険支出にあてられた。その結果、公的医療支出の三割が税を財源とするようになった（Palier 2009: 38）。

二〇〇〇年には医療保険から排除されてきた低所得層に対する普遍的医療給付（CMU：低所得層一五万人を一般制度に統合し、四〇〇万人を補足医療保険に加入させ、公的援助を行う制度）が成立した。国家と専門家による医療供給監視も強化された（笠木 二〇〇〇：二三）。全体としてフランスの医療保険改革は、国家の関与を拡大させつつ、支出の伸びを抑えるという方向をとっており、市場メカニズムの導入は進んでいない。

（3）新しいリスクへの対応

緑の党や社会党の一部はリバタリアン的価値（個人化、環境、自律、参加）を掲げるようになり、家族の復権や排外的ナショナリズムといった権威主義的価値を掲げる国民戦線（FN）に対抗して、より個人の選択に合わせた雇用・福祉政策への転換を図っていく(10)。

社会参入政策

すでに見たように、八〇年代に「排除」を問題化したのは反貧困アソシエーションであった。八八年にはこれらの運動を背景として、参入最低所得（RMI）が導入された。参入最低所得とは、フランスに居住する二五歳以上のすべての個人に最低所得と世帯収入の差額を支給する制度である。その目的はたんなる扶助ではなく「参入（insertion）」にあった。すなわち、給付を受ける個人は県との「参入契約」に署名し、職業的参入もしくは社会的参入（ボランティア、コミュニティ活動など）を行う義務を負う一方、県の側は個人に参入機会を保障する義務を負う。受給者は一九九五年に三三〇万人、二〇〇〇年には三四〇万人に達する。ただし職業的参入は低調なままにとどまった。受給の長期化が問題視されることで、二〇〇八年に参入最低所得はより就労へのインセンティブを強化した活動的連帯所得（RSA）へと衣替えした（第11章第1節を参照）。

一九九九年には社会党ジョスパン政権のもとで排除対策法が導入された。その第一条では「排除との闘いはすべての人の平等な尊厳にもとづく国家的要請である」とされ、若者への就労支援、職業訓練が行われた。

家族政策

家族政策は七〇年代に性質を大きく転換させる。従来の家族政策は「家族主義」を前提としていた。七〇年代以降、女性の就労、家族の多様化、新しい貧困の出現によって、家族給付の目的は、困難な状況に陥っている個人への「垂直的な配分」を含むようになった（Laroque dir. 1985: 30）。七〇年には孤児への特別手当、七一年に低所得者向け社会住居手当、七一年と七五年に身障者手当、七六年にひとり親手当が導入された（Damon 2006: 24-26）。七八年には家族手当から職業要件が削除され、男性稼ぎ主の扶養家族ではなく、フランスに居住するあらゆる家族がその対象となった。また女性の就労に合わせた託児所の制度化も進んだ。七〇年から八三年のあいだに家族向け社会扶助支出は二・五倍に拡大した（Ministère des affaires sociales 1985: 65）。

八〇年代も大きな流れは変わらない。とりわけ社会党政権下では家族手当が八五%、住居手当が五〇%も増額された（Damon 2006: 27）。八五年には女性の就労を支援する就学児童手当（APE）が導入される。

九〇年代には、低所得層向けの給付だけでなく、個々人の職業・家族生活スタイルに合わせた多様な選択肢が用意されるようになった。第一に、乳幼児への育児支援に重点が置かれるようになった。出産手当（約一一万円）、基礎手当（三歳未満、約二万円）のほか、二〇〇四年には乳幼児受け入れ手当（PAJE: prestation d'accueil du jeune enfant）が導入された。第二に、このPAJEをはじめとして、三歳未満の育児については出産休暇・育児親休暇（最長三年間）を選択でき、さらに就業自由選択補足手当（三歳未満、就業をつづけるか一時休業かを選択し、選択に合わせて所得が補てんされる）、保育方法自由選択補足手当（六歳未満、保育ママに委託するか自宅で養育するか選択でき、選択に応じた費用が援助される）などの制度が導入された。三〜五歳の公的保育所への就学率はほぼ一〇〇%となった。第三に、九九年には連帯市民契約（PACS）が成立し、同性カップルおよび異性の事実カップルにも法的地位が認められるようになった。

図 8-6　保守主義レジームの「凍結」と「経路破壊」

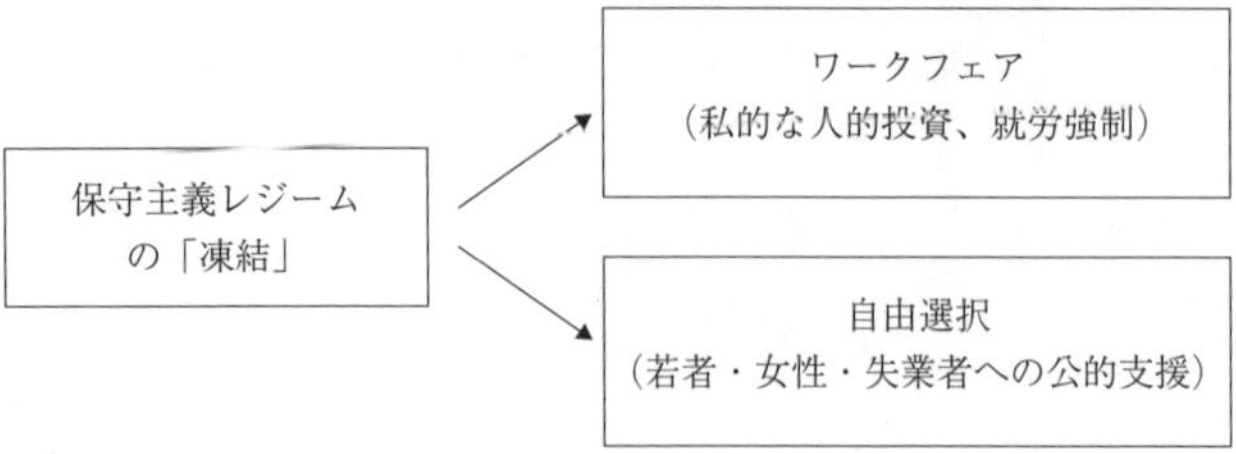

出典：筆者作成

4　保守主義レジームの改革と現状

これまでの論述を踏まえ、保守主義レジーム改革への考察をまとめておこう。ドイツ、フランスでは一九九〇年代までに「社会的排除」が顕在化した。しかし福祉制度と政治制度の分権性から変革は困難であり、「凍結」状態とも称された。ところが二〇〇〇年代になると、これらの国々でも構造的な転換が観察されるようになる。その背景にあったのはグローバル化やヨーロッパ市場統合の進展とされるが、これらの外的要因だけでは「経路依存」から「経路破壊」への転換を説明することは難しい。

なぜ「経路破壊」が実現したのか。ドイツとフランスでは共通する部分もあるが、今日では異なるルートをたどりつつある。ドイツの場合、二〇〇〇年代に行われたのは政治的な意思決定プロセスの集権化であった。雇用・福祉政策では、首相直属の機関において、ごく少数の政治家と専門家によって意思決定を行う傾向が強まった。「トップダウン」の強化によって雇用の柔軟化や福祉縮減が進められた。ドイツでも左右政党のあいだで、働く女性の支持を得るための家族政策をめぐる競争はある。とはいえ全体としてみれば、トップダウン型の意思決定のもとでワークフェア化が進んでいる。

一方フランスの場合、政治制度の集権化の動きは乏しく、全体としてみれば、公的医療や年金の縮減は緩やかである。ただし、二つの条件が改革を後押ししたと考えられる。一つは、一九九〇年代以降に専門職・技師などのよりリバタリアン的な価値をもつ中産階級を支持基盤とする中道労組（CFDT）が、左派労組と袂を分かち、「男性稼ぎ主」（男性労働者）の保護ではなく、女性の就労促進、多様な働き方の保障、社会保障財政の均衡、民間保険の活用へと舵を切ったことである。「自由選択」を掲げる中道労組が使用者団体、政府とのあいだに交渉の回路を築くことで、医療・年金改革や雇用改革が実現した。

もう一つの動きは、社会運動が福祉改革の担い手として浮上したことである。フランスではすでに八〇年代から「排除」問題が語られるようになり、アウトサイダーを支援する反貧困アソシエーションが活発に活動していた。これらのアソシエーションと家族団体は、一九九〇年代から二〇〇〇年代にかけて政策決定のプロセスに関与するようになる。こうした回路をつうじて反貧困政策や家族政策の刷新が行われ、「自由選択」型の政策が導入されていった。

このように、ドイツ、フランスは共通する問題状況に直面しつつ、今日では異なるルートをたどって福祉国家を再編しつつある（図８-６）。

第9章　分断された社会——日本

1　日本型レジームの改革条件

第4章では日本の戦後レジームの特徴を次のように指摘した。労使関係をみると、使用者優位のもとで企業別の労使協調が成立し、春闘をつうじて産業を超えた緩やかな連携が形成された。いわば「弱いコーポラティズム」は存在したが、長期保守政権のもとで公的福祉は小さな規模にとどまった。一方、民間企業では企業内福祉が発達し、労働者の家族扶養・住居・退職後の生活に対する所得補助が提供された。さらに中小零細業、地方農村部に対しては、政治を媒介した「利益誘導」による保護・規制や公共投資が行われた。日本型レジームは、社会的な権力関係からみれば自由主義的であるが、保守政党の主導による分立的な制度構築という点では保守主義レジームに近い性格をもっていた。

一九七〇年代には日本も一時的な不況に陥るが、むしろ日本型レジームはこの時期に完成へと向かう。日本は八〇年代をつうじて経済成長と社会の安定を両立させ、その仕組みは他国よりもすぐれた効率性をもつとして賞賛されることもあった(1)。政治の分野でも、日本の仕組みは幅ひろい利益団体の要望に対応する柔軟性をもつとされ、「日本型多元主義」などと称された（猪口 一九八三；佐藤、松崎 一九八六）。

しかし、グローバル化にともなう国際的な圧力を背景として、九〇年代初頭にバブルがはじけると、日本型レジームは大きな転換を迫られていく。その後のレジーム変容は、「自由主義化」、「新自由主義」、あるいは新自由主義と普遍主義のあいだでジグザグの過程をたどっているなど、論者によってさまざまに評され、現在まで定説は確立していない(2)。

本章では、一九八〇年代以降の日本のレジーム再編を二つの視角から検討する。第一は、戦後レジームの受益層が細かく分立し、分断されていたこととの帰結である。分配・再分配の仕組みが複雑に分かれていたことには、たしかに柔軟な対応を可能にするという側面もあった。八〇年代にはこれらの仕組みが「日本型福祉社会」と称され、その独自性が称揚された。ところが九〇年代以降、経済の低成長期に入り、分配するパイが限られていくと、受益層の分断によって公的福祉や保護・規制の引き下げがくり返されるようになった。人びとはそれらに一致して対抗する術をもたず、新たなビジョンを構築する社会的な基盤も存在しなかった。中小自営業者、若者、女性、地方の人びとは、それぞれの形で貧困リスクにさらされていく。二〇〇〇年代に入って問題となった「格差社会」とは、全般的な「自由主義化」の帰結というよりも、保守主義レジームに典型的にみられる「インサイダー／アウトサイダーの分断」が固定化され、アウトサイダーへの支援が手薄なまま放置されたことにより顕在化したものととらえることができる。

第二は「政治改革」の動きである。日本では一九九四年以降、政権交代可能な二大政党制の樹立と首相官邸への集権化が試みられてきた（表9-1）。これらの改革は、旧来の日本型レジームが機能不全に陥っていることを踏まえ、雇用・福祉の「レジーム転換」を行うという必要性に対応したものであったととらえることができる。ただし、過去二〇年来の政治改革は、どのような雇用・福祉政策を実現するのか、どのような「レジーム」転換を行うのか、という目的やビジョンと結びついていなかった。むしろ「改革」が権力獲得の手段やレトリックとして利用されてきた。新たなビジョンをめぐる政党間競争は、今日に至るまで根づいていない。受益層の反発を恐れる統治リーダーたちは、その場しのぎの人気取り政策を並べるにとどまってきた。

こうして約二〇年にわたり、政治の漂流と機能不全がつづいた結果、日本社会はいわば「三重苦」というべき重い課題を背負うことになった。今日の社会はさまざまな「格差」（正規労働と非正規労働、高齢・壮年層と若者、男性と女性、都市と地方など）によって引き裂かれている。とりわけ再生産を担う層での格差の拡大は、少子化をいっそう深刻化させている。その一方で、政府は膨大な公的債務を抱え、持続可能な社会保障の財源を見つけることすら困難になっている。

以上の視角により、一九八〇年代の「日本型福祉社会」の形成（2）、九〇年代の破綻（3）をみたうえで、今日までつづく政治改革の動きと雇用・福祉改革（4）について検討することにしたい。

表9-1　日本政治の流れ

1982～87年	自民（中曽根）
1987～93年	自民（竹下、宇野、海部、宮沢）
1993～94年	非自民（細川、羽田）
1994～96年	自社さ（村山）
1996～2009年	自民（＋公明など）
2009～12年	民主（＋国民新党など）
2012年～	自民（＋公明）

2　「日本型福祉社会」の展開

①日本型福祉社会論

第4章でみたとおり、一九七〇年代の自民党内には社会保障を「総合的」に発展させると主張する路線も存在した（石田博英など）。しかし一九七三年の石油ショックを経て、田中角栄の主導した「福祉元年」と呼ばれる拡充策が行きづまると、ヨーロッパの福祉国家と異なる「日本型福祉社会」をめざすという路線が主流となっていく。

一九七〇年代から八〇年代初頭にかけて、自民党の政策に大きな影響を与えたブレーンの一人は社会工学者の香山健一であった。一九七二年の自民党基本問題懇話会答申「二一世紀を準備する新しい型の政党へ――自由民主党組織活動のビジョン」において、「支持なし層」の増大に対応し、国民の多様なニーズを柔軟にくみ取って実現していく「自由と多様性を尊重する組織原理」を強調した香山は、(3) 七〇年代後半から福祉の拡大を強く批判する文書を公表していった。一九七五年に「グループ一九八四」という筆名で発表された「日本の自殺」(『中央公論』一九七五年二月号)では、「パンとサーカス」によって没落したローマ帝国と、先進国並みに豊かになった日本の類比が語られる。日本もまた「エゴと悪平等」にさいなまれ、福祉コストを上昇させ、社会の活力を喪失する危機に直面している。エゴイスティックな権利要求や画一的な平等と対比されたのは、「自立の精神」と「多元主義の承認」であった。この文書自体は具体的な政策を論じているわけではなかったが、その内容はのちの「日本型福祉社会」論を準備するものであった。

香山のほか、学者の村上泰亮、公文俊平、佐藤誠三郎らは、財界の要請に応じて政策提言団体「政策構想フォーラム」を立ち上げる。一九七六年にこの団体が発表した『脱「保革」時代の政治ビジョン』では、日本が「追いつき型近代化」をすでに達成し、従来の保守と革新の対立は意味をなさなくなった、と主張される。保守の側は生活水準を向上させ、多様なニーズをもった「新しい中間階層」の支持を調達する必要がある。そのためには「イエ型」と呼ばれる日本独特の集団的な組織原理を再評価しつつ、多様なニーズを柔軟にくみ取る政治が必要である、という。さらにこのフォーラムが一九七六年三月に発表した『中期展望と当面の不況克服策』では、「バラマキ福祉」が批判され、家族・企業・地域社会の相互扶助を活用した「日本独自の福祉社会の建設」が提唱された。

日本独自の集団主義を基盤とした「福祉社会」をめざすという考え方は、一九七八年に発足する大平内閣へと引き継がれる。一九七九年の施政方針演説では「活力ある日本型福祉社会の建設」が宣言され、その後閣議決定された『新経済社会七カ年計画』では次のように述べられた。

「欧米先進国へのキャッチアップをほぼ達成した現在では、国民生活の量的拡大から質的向上へと国民意識が変化しつつある。……今後のわが国の社会が進むべき基本的方向として、国民の勤労意欲の高さや社会的流動性の高さなどで示されるような社会経済的特質を生かした新しい日本型福祉社会の創造が求められている。それには、自由経済社会のもつ創造的活力を生かして国民生活の向上を図ることを基本として、効率の良い政府が適正な公的福祉を重点的に保障するとともに、個人の自立心と家庭の安定が基礎となって、その上に近隣社会等を中心に連帯の輪が形成され、国民一人一人が真に充実した社会生活を営むことができるような環境づくりを進めることが重要な要件となる。」

ここでは公的福祉をあくまで最小限にとどめ、企業活力を重視しつつ、家族と地域の自発的な相互扶助を組みあわせる、という方向性が示されている。この路線は八〇年代以降の自民党へと引き継がれていく。

②中曽根政権（一九八二〜八七年）の行財政改革

一九八二年に発足する中曽根康弘政権は、同時期のイギリスのサッチャー政権、アメリカのレーガン政権に担われた「新自由主義」あるいは「新保守主義」を日本において実現した政権とみなされることが多い(4)。

ただし、党内基盤の弱かった中曽根が首相となるにあたっては、田中派の支持が大きな助けとなった。また中曽根自身もフリードマンの唱える新自由主義とは距離をとり、日本型の「集団意識の強さ」を賞賛していたという（中北 二〇一四：一二二）。さらに重要なことは、中曽根の主導した行財政改革が、この時期に確立する民間大企業の労使協調に立脚していたことである[5]（伊藤 一九八八）。

第4章で触れたとおり、一九七〇年代後半になると、官公労セクター（総評）の主導する労働運動に対して民間セクター労組の優位が確立する。鉄鋼、電機、造船、自動車、機械などの民間大企業を中心とする中道労組（IMF-JC）は、国内の保護産業や低生産部門と自らを切り離し、「春闘」をつうじた賃上げを自粛することで、石油危機後の経済不況を乗り切ろうとした。さらに七〇年代末から八〇年代にかけて国際競争に直面していくと、民間大企業労使は賃金抑制、生産性の向上および中小企業の下請け化を進め、国内の不生産部門の整理を含む「行財政改革」を政府に要求していくようになる。たとえばIMF-JCは一九八一年に同盟とともに「行革推進国民会議」を設立している（労働省編 一九八一：五一四：久米 二〇〇五：一二三六）。

こうした民間企業の要請を背景として経団連会長の土光敏夫をトップにすえた第二臨調（臨時行政調査会）が設立された。鈴木善幸内閣のもとで一九八一年に発表された第一次答申では、「活力ある福祉社会」と「増税なき財政再建」が提唱される（臨調事務局 一九八二）。すなわち、「家庭、地域、企業等が大きな役割を果たしてきた我が国社会の特性は、今後もこれを発展させていくことが望ましい」。「個人の自立・自助の精神に立脚した家族や近隣、職場や地域社会での連帯を基礎としつつ、効率の良い政府が適正な負担の下に福祉の充実を図ることが望ましい」。増税ではなく徹底した「行財政改革」によって財政均衡を図る、という路線が示された。当時行政管理庁長官としてこの答申をまとめた中曽根は、一九八二年に発足した自らの政権でこの路線を実践していく。

以上のように、中曽根政権は家族、地域の相互扶助、企業福祉という日本型の集団主義に立脚し、「日本型福祉社会」の路線を継承しつつ、行財政改革や減税をつうじて都市部の中産階級に支持を広げようとしたものであった（宮本 二〇〇八：一一五）。以下、その政策を三点にまとめておこう。

第一は行財政改革である。緊縮財政（概算要求でのゼロ・シーリング）、通信・運輸・土地利用の規制緩和などが行われたが、もっとも重要なのは三公社の民営化である。一九八四年に日本電信電話公社（→NTT）、日本専売公社（→JT）の民営化が決定され、八六年には日本国有鉄道（→JR）が分割民営化された。これらを経て、戦後の労働組合のうちもっとも戦闘的であった国労を中心とする左派労働勢力は解体されていった。

第二は、公的福祉の全般的な縮小である。一九七三年に無料化された老人医療費は、一九八四年の健康保険法改正によって一割自己負担へと変更された。一九八五年には年金制度の大きな改革が行われ、今日までつづく制度の土台が作られた。第二臨調の第三次答申で示された「基礎年金の導入」と「給付水準の適正化」を受けて、職域ごとに分立していた年金制度のうち、基礎年金の一元化が行われた。基礎年金は六〇歳から支給され、四〇年間の加入で月額五万円とされた。また厚生年金（民間被用者）、共済年金（公務員）を所得比例の付加年金とし、二階建ての制度となった。保険料を引き上げる一方、満額支給年限の延長によって全体として給付額は削減された。

もう一つつけ加えるべきことは、戦後の「男性稼ぎ主モデル」、つまり男性が企業で働いて女性は主婦として家庭を支えるという家族のあり方が、「モデル家族」として制度のなかに組み込まれたことである。日本型の「活力ある福祉社会」を支えるのは企業であり、その中核となる労働者とは、家事や育児の負担を負わずに労働に専念する男性とみなされていた。一九八五年の年金改革では、男性に扶養される主婦が「第三号被保険者」という名称を与えられ、無拠出で年金を受給できる資格を付与された。一九八七年に導入された配偶者特別控除では、女性の就業調整の緩和が試みられたが、税・保険料の優遇を受けられる「主婦」の基準が年間一〇〇万円（一九九五年以降は一〇三万円）以下の所得とされたため、多くの女性はそれ以下の所得となるようパートタイム就労を調整した（堀江 二〇〇五：八章）。

第三は、地方への公共投資が八〇年代後半から活発に行われたことである（井手編 二〇一四：一一八）。一九八五年のプラザ合意によって貿易摩擦緩和と内需拡大を求められた日本政府は、一般会計に現れる公共事業費や補助金を抑制したものの、「民活」という新たな手法による内需拡大策をとった。さらに地方自治体が地方債を発行して公共事業をつづける仕組みを作ったり、財政投融資（郵貯、年金資金）や道路特定財源を活用した公共事業が継続されたりするなど、「見えない」形での利益誘導がつづけられた（宮本 二〇〇八：一二二以下）。

以上のように、一九八〇年代の日本では、「新自由主義」への転換が行われたというよりも、戦後に形成されたレジーム（小さな公的福祉、企業福祉、低生産部門への保護規制）を維持し、強化することが選択された。とりわけ労使関係では、民間の企業別労働組合を背景とする労使協調により、賃金抑制や生産性の向上をつうじて国際競争力を強化することがめざされた。保守政党は「小さな政府」を演出しつつも、地方への利益誘導を継続し、「男性稼ぎ主モデル」をむしろ強化した。経済成長がつづくかぎり、これらの組みあわせは他国にみられない柔軟で効率的な仕組みであるとして、一部の論者によって賞賛されたのである。

3　「日本型福祉社会」の破綻

しかし、一九九〇年代に入ると「日本型福祉社会」は破綻を迎えていく。その直接のきっかけは、一九九一年のバブル崩壊後の経済不況であった[6]。とはいえ、より長期的にみれば、グローバル化のもとでアメリカをはじめとする国外からの自由化圧力が強まることで、「日本型福祉社会」を構成する諸要素が徐々に掘りくずされていったといえる。

第一に、企業福祉を担ってきた民間企業は、グローバル化と産業構造の転換によって「日本型雇用」の見なおしを迫られていく。日経連は一九九五年の報告書『新時代の日本的経営』のなかで、経済の低成長、産業構造の転換、アジアへの生産拠点のシフトという環境変化を指摘している。「日本型雇用」の利点を引き継ぎつつ、雇用の複線化を図っていく必要がある。（一）総合職・管理職などの「長期蓄積能力活用型」人材に対しては、長期雇用や企業福祉を維持する。（二）特定課題の専門的能力をもつ「高度専門能力活用型」人材は、長期雇用ではなく、外部委託によって調達する。（三）定型的な業務に従事する「雇用柔軟型」人材は、有期契約とする。つまり「日本型雇用」の対象を一部の中核労働者に限定し、それ以外の専門的・周辺的労働に従事する者は、短期契約や外部委託へと置き換えていく、という方針が示されたのである。

その後、一九九九年の労働者派遣法改正により派遣労働が原則自由化され、二〇〇三年の改正ではその対象が製造業にも広がった。派遣労働者を含む非正規労働者の割合は九〇年代から上昇をつづけ、一九九〇年の二〇％から二〇一四年には四〇％へと倍増した（図9‐1）。女性労働者にかぎってみれば、今日では五

図 9-1　非正規雇用者の割合の推移

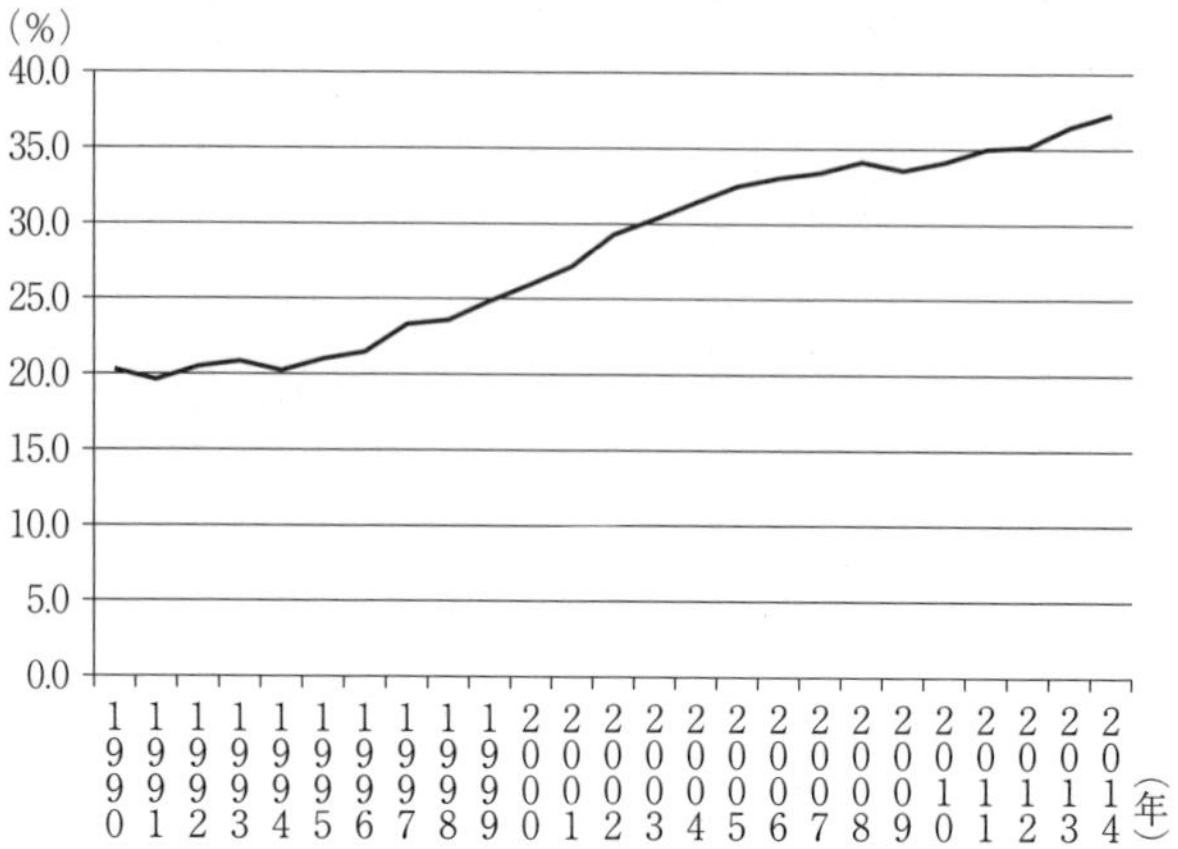

出典：総務省統計局「最近の正規・非正規雇用の特徴」2015 年 7 月より作成

六・七%が非正規労働となっている（総務省統計局「労働力調査」二〇一四年）。

第二に、一九八九年から九〇年の日米構造障壁協議、それを引き継いだ九三年の日米包括経済協議において、日本の非関税障壁の撤廃や市場開放が要求されていく。一九九三年のウルグアイラウンド合意では米の輸入が自由化され、一九九五年には食糧管理法が撤廃された。一九九八年には大規模小売店舗法が廃止された。こうして地方農業、中小零細業に対する保護・規制は徐々に撤廃されていった。

第三は、公共事業の縮小である。アメリカが内需拡大策を求めていたこと、バブル崩壊後の不況に対する景気刺激策が求められたことから、九〇年代末まで公共投資は拡大をつづけた。しかし、従来型の公共投資では経済成長につながらないこと、政治家や官僚の腐敗への批判が高まったことから、公共事業は「ムダ遣い」や「バラマキ」の象徴とみなされ、二〇〇〇年代に入ると縮小をつづけた。今日では公共投資の水準は他の先進国並みとなった（図9−2）。

以上のように、九〇年代から二〇〇〇年代にかけて、

図9-2　公共事業関係費の推移

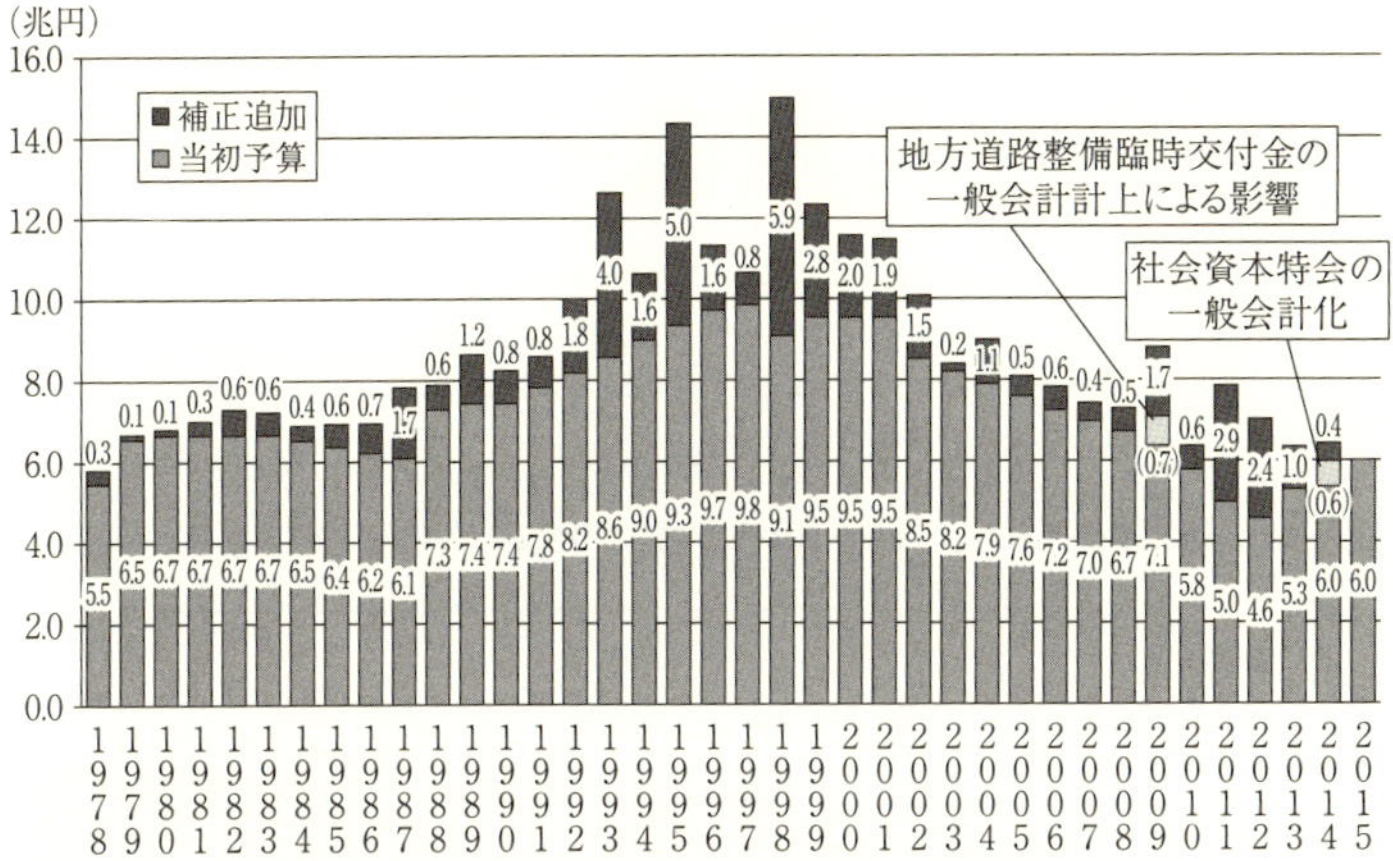

出典：財務省・財政制度分科会資料「社会資本整備」2015年より作成

図9-3　日本型福祉社会の変容

小さな公的福祉	企業福祉の絞り込み	低生産部門への保護・規制の縮小

出典：筆者作成

「日本型福祉社会」を構成する諸要素はそれぞれ切りつめられていった（図9－3）。企業福祉は一部の中核労働者へと絞り込まれ、中小企業や自営業への保護・規制も縮小していった。地方に対する公共投資は削減される一方、九〇年代までの財政赤字の累積は負の遺産として残された。

もともと国家による福祉支出が先進国で最低にとどめられていた日本では、バブル崩壊後の長引く経済不況のもとで、「格差」が顕在化することになった（表9－2）。日本社会の分断は、自由主義レジームの「社会的排除」と似ているようにみえるが、より複雑である。図9－4に示されるとおり、高齢者層のあいだでは格差が縮小しているが、若年

表9-2　相対的貧困率の推移（%）

	1985	1995	2005	2009
スウェーデン	3.3	3.7	5.3	8.7
ドイツ	5.6	7.2	7.6	8.8
イギリス	6.7	10.5	11.0	9.9
日本	12.0	13.7	15.3	16.0

注：イギリスは1994年、スウェーデンは1983年の数字
出典：OECD Statistics, Income Distribution and Poverty, Poverty rate after taxes and transfers

図9-4　年齢別所得のジニ係数（再分配後）の推移（1979, 1989, 1999, 2009年）

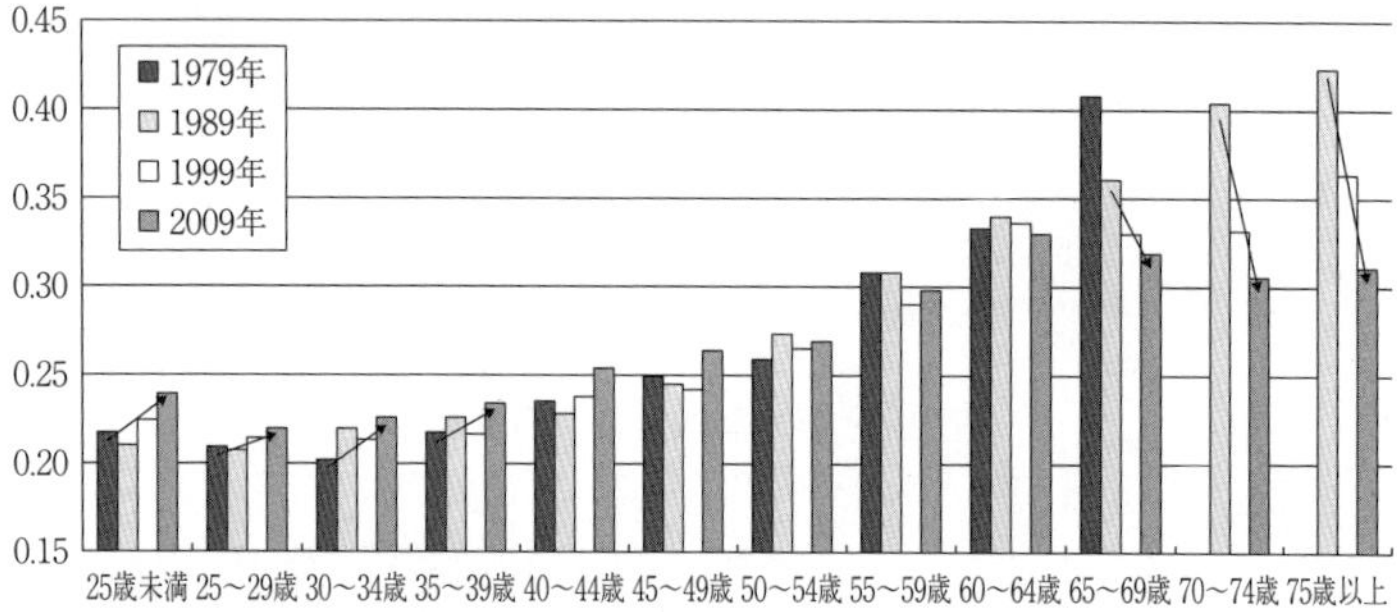

出典：財務省「説明資料 経済社会の構造変化」2015年7月より作成

層のあいだでは格差が拡大している。つまり全般的に福祉が縮減されているのではなく、中高年齢層は相対的に保護されている。分断線は正規と非正規、男性と女性などより複雑な形で引かれており、保守主義レジームにみられる「インサイダー／アウトサイダーの分断」に近い。若年層や女性といった再生産を担う層のあいだに格差が広がることで、少子化にも歯止めがかからなくなった。こうして日本は、巨額の財政赤字、格差の拡大、少子高齢化という「三重苦」を背負うことになったのである。

4　「政治改革」の時代

①政治改革論の登場

「インサイダー／アウトサイダーの分断」を解消するため、保守主義レジームで試み

られてきたのは、トップダウン式のワークフェア改革（ドイツ）、あるいは支持層再編による「自由選択」への改革（フランス）であった。日本で一九九〇年代初頭から行われてきた「政治改革」とは、長いタイムスパンのなかでみれば、雇用・福祉政策の「レジーム転換」の必要性に対応したものであったととらえることができる。しかしこれらの改革は、いかなる雇用・福祉政策を実現するのか、という大きなビジョンと結びついていなかった。その後の改革は権力闘争の手段という色彩を強め、日本型レジームは再編の展望のないまま漂流をつづけていくことになった。

一九九〇年代前半の「政治改革」の基調を作ったのは、一九八九年に日本生産性本部の呼びかけによって作られた「政治改革フォーラム」と、それを引き継ぐ「民間政治臨調」（一九九二年発足）である。政治改革フォーラムの問題意識は、長年の利益誘導政治と行財政改革の不徹底にあった（佐々木、二一世紀臨調 二〇一三）。これを引き継ぐ民間政治臨調も、佐川急便事件、リクルート事件などの政治腐敗を背景として、「健全な政党間競争と政策選択によって政治のダイナミズムを蘇生する」ことを目標として掲げていた(7)。つまり「政治改革」の目的とは、自民党型の利益誘導を非効率で腐敗の温床となるものとして退けつつも、それに代わる仕組み（とりわけ雇用・福祉政策）を構築しようとするのではなく、あくまで政党間の競争を活性化しようとするものであった。具体的なビジョンは各々の政党に委ねられていた。

一九九四年には非自民連立政権のもとで政治改革四法が成立し、中選挙区制に代わる小選挙区比例代表並立制、政党助成法、政治資金規制法などが導入される。これらはいずれも政党執行部の権力を強化することにつながった(8)。とりわけ選挙制度の改革は、日本の政党システムに大きな影響を与えた。一九九六年に民主党が結成され、二〇〇三年に自由党との合併を果たすと、二〇〇〇年代半ばからは自民党と民主党の二党を軸とする競争が形成されていく。

そこでこの節では、二〇〇〇年代の改革過程を、小泉自民党政権の新自由主義（二〇〇一〜〇五年）、民主党政権の挑戦（二〇〇九〜一二年）という二つの時期を中心として検討する。どちらの政党もトップダウン式の意思決定への改革を試み、自民党は新自由主義的改革を、民主党は「コンクリートから人へ」と称する人的投資戦略を実現しようとした。はたしてこれらの改革はレジーム転換に成功したのだろうか。

②小泉政権の新自由主義

自民党が政権に復帰した一九九〇年代後半から二〇〇〇年代前半の小泉純一郎政権に至る時期は、首相権力が強化されるとともに、新自由主義的な政策がとられていった時期でもある（竹中治 二〇〇六；待鳥 二〇一二）。その嚆矢となった橋本龍太郎内閣（一九九六〜九八年）では、「大競争（メガ・コンペティション）時代」の到来という認識のもと、「効率的でスリムな政府と活力ある社会・経済システム」を構築することが課題として掲げられた（自民党行革推進本部「橋本行革の基本方向について」一九九六年）。第二次橋本内閣では「六大改革」（行政・財政・経済・金融・社会保障・教育）が宣言された。行政改革の一環として内閣府の権限が大幅に強化され、経済財政諮問会議をはじめとする重要な会議がその下に置かれた。こうして「トップダウン」式の意思決定の基盤は作られたが、橋本は参院選大敗の責任をとり、社会保障改革に手をつける前に辞任した。(9)

これらの制度を活用し、新自由主義的な改革を推進したのが二〇〇一年に発足する小泉純一郎政権である。小泉は自らの内閣を「改革断行内閣」と名づけ、「経済・社会システム」の全面的な転換を訴えた。その大きな方針は、グローバル化に適合する経済社会システムへの転換を行うこと、具体的には財政支出を抑えるとともに、規制緩和などをつうじてサプライサイドを強化し、市場競争を活性化することであった（「今後の経済財政運営及び経済社会の構造改革に関する基本方針」二〇〇一年）。そのために従来の利益誘導、言いかえれば「政官財の鉄の三角形」を打破し、業界と政治との関係を断ち切ること、官僚主導から政治主導へと意思決定プロセスを変革することが必要とされた。以下では、意思決定プロセスの変化を指摘したうえで、具体的な改革として二点を取りあげておこう。

まず意思決定プロセスでは、経済財政諮問会議が活用され、与党の「事前審査」を迂回する形で大枠の方針が決められた。小泉自らがこの会議の議長となり、官房長官や関係閣僚のほか、経済財政担当大臣として竹中平蔵が出席し、さらに財界二名、学者二名、合わせて一〇名がメンバーとなった。毎年六月に「骨太の方針」が策定され、予算の方針が決められたうえで閣議決定される。こうしてトップダウン型の意思決定の回路が作られた。

雇用・福祉改革として、大きく二点を挙げることができる。第一は社会保障改革である。二〇〇一年に閣議決定された「基本方針二〇〇一」では、「「自助と自立」を基本とした持続可能で安心できる制度の構築」が目標として掲げられた。小泉政権では消費税の増税が封印されたため、社会保障費の伸びを抑制することがめざされた。二〇〇二年の医療制度改革では被用者の自己負担が二割から三割へと引き上げられ、七〇歳以上の高齢者自己負担は定額から一割へと引き上げられた。二〇〇六年の改革では、現役並み所得のある高齢者の自己負担が二割から三割へ、七〇歳から七四歳までの患者の自己負担が一割から二割へと引き上げられた。さらに七五歳以上を対象とする高齢者医療保険制度が創設された。

二〇〇四年の年金制度改革では、基礎年金の国庫負担を三分の一から二分の一に引き上げ、保険料の上限を一八・三％に固定し、保険料に合わせて給付の水準を調整することが決められた。さらにマクロ経済スライドを導入し、物価上昇から約一％を引き下げた水準しか給付の増額を認めないことで、実質的な給付水準を抑制することが決められた（ただしこの措置は物価下落によって二〇一四年度まで実施されなかった）。給付水準は「モデル世帯」で所得代替率五〇％を「目標」としたが、実際には少子高齢化が進んだためより低い水準となった。さらに「基本方針二〇〇六年」では、二〇〇六年から五年間の社会保障費の伸びを、自然増から二二〇〇億円抑制することが定められた。

第二は、すでに述べた地方への公共事業の削減である（図9－2）。地方交付税や地方への補助金も削減される一方、地方政府に対する税源の移譲が行われた。

このように小泉政権では、全体として「新自由主義」と呼べるような支出削減改革が行われたが、その意思決定プロセスと内容は次のような制約をともなっていた。第一は、意思決定プロセスが属人的な要素に支えられていた点である。経済財政諮問会議では民間議員と閣僚の綱引きがつづき、首相のリーダーシップがなければ決定は進まなかった。二〇〇五年に郵政民営化が実現した後、財政運営の中心は党へと移り、官邸主導は貫徹されなかった[10]（清水 二〇〇七：三三〇）。さらに小泉以後の安倍・福田・麻生政権になると、トップダウン型の意思決定は維持されず、政権運営の機能不全がつづいた。

第二は、新自由主義的な改革に対する党内合意の不在である。そもそも小泉政権期の改革も、小泉個人の関心に大きく規定され、労働市場の規制緩和、ワークフェア的な就労促進策といった福祉と雇用を連関させる政策はほとんど進まなかった[11]。さらに政権末期には「格差社会」に対する世論の関心が高まった（山田 二〇〇四：橋木 二〇〇六）。第一次安倍政権（二〇〇六・九～二〇〇七・九）が短期間で終わると、次の福田政権（二〇〇七・九～二〇〇八・八）、麻生政権（二〇〇八・八～二〇〇九・九）では路線転換が進んだ。福田政権期には党の財政改革研究会会長に与謝野馨が就任し、社会保障財源を目的とした消費税の増税が模索された。麻生政権では財政出動による経済成長路線（総額二兆円の定額給付金など）がとられた。このように自民党内では新自由主義的改革への批判が根強く、雇用・福祉に関するワークフェア改革への合意は形成されなかった(12)。

③民主党の挑戦（二〇〇六年九月～二〇一二年一一月）

一九九四年の選挙制度改革以降、民主党は自民党に対抗する勢力として拡大してきた。そもそも多数の党出身者が集まってできた政党であるため、まず方針の変遷を確認しておく必要がある。おもに社民党とさきがけの議員が中心となって一九九六年に結成された民主党は、自民・新進の保守二大政党に対する「第三極」を志向し、「民主リベラル」を旗印としていた（大嶽 一九九九）。しかし一九九八年に元新進党の議員を吸収して新民主党が結成されると、「民主リベラル」から「民主中道」へと路線が変わり、「自己責任と自由意思を前提とした市場原理を貫徹」する、という理念が掲げられるようになった。一九九八年の民主党結党宣言「わたしたちの基本理念」では次のように述べられている。

「私たちは、これまで既得権益の構造から排除されてきた人々、まじめに働き税金を納めている人々、困難な状況にありながら自立をめざす人々の立場に立ちます。すなわち、「生活者」「納税者」「消費者」

の立場を代表します。「市場万能主義」と「福祉至上主義」の対立概念を乗り越え、自立した個人が共生する社会をめざし、政府の役割をそのためのシステムづくりに限定する、「民主中道」の新しい道を創造します。」

自民党の利益誘導政治に対抗し、より市場原理を重視した透明で効率的な政治を実現することで、都市部中産階級の支持を得ようとしたのである。

ところが二〇〇三年に小沢一郎の自由党と「民由合併」を果たすと、ふたたび路線転換が図られる。小沢は二〇〇六年に党首に就任すると、小泉路線との対抗軸を明確にするため、「国民の生活が第一」というキャッチフレーズを掲げ、都市部低所得層・農村部への再分配政策へと舵を切る。民主党は二〇〇九年に政権を獲得すると、「政治主導」によって予算を組み替え、こうした路線を実現しようとした。

(1) 統治機構改革

民主党の二〇〇九年衆議院選挙マニフェストでは、「官僚丸投げの政治から政治家主導の政治へ」、「政府と与党を使い分ける二元体制から、内閣の下の政策決定に一元化へ」、「各省の縦割りの省益から官邸主導の国益へ」などが方針として掲げられた。具体的には、副大臣・政務官（政務三役）・大臣補佐官の任命による内閣機能の強化、事務次官会議の廃止、首相直属の国家戦略局の設置などによって、「トップダウン型」の意思決定を行うことがめざされた。

しかし、二〇〇九年の政権交代後は、内閣の方針に対する党内部からの造反が相次ぎ、閣内でも意思統一はなされなかった。国家戦略局も設置されず、「トップダウン型」決定プロセスへの改革は失敗に終わった（日本再建イニシアティブ 二〇一三：山口、中北編 二〇一四）。二〇一〇年の参議院選挙敗北後、衆参の「ねじれ」が発生すると、政権は深刻な機能不全に陥った。

（2）「コンクリートから人へ」

民主党政権では一六兆円に及ぶ予算の組み替えによって「コンクリートから人へ」と称する分配策を実現することがうたわれた。子ども手当支給、高校無償化、高速道路無料化、農家への個別所得保障などである。しかし、これらの財源を見つけることができなかっただけでなく、選挙を目的としたこれらの政策は、ごく少数の党幹部によってマニフェストに書き込まれたものにすぎなかった。反貧困運動や女性運動など、本来受益者になる人びととの連携は乏しく、支持層の再編もともなわなかった。負担と給付の関係について社会的な合意がないまま実施されたこれらの政策は、「バラマキ」との批判を受けた（伊藤、宮本編 二〇一四）。二〇一二年の衆議院総選挙において民主党は壊滅的な打撃を受け、政権交代とともにこれらの政策は撤回・修正された。二〇一五年には「小さな政府」を掲げる維新の会との合流を果たし、民進党へと衣替えした。

5　日本型レジームの改革と現状

一九八〇年代に提唱された「日本型福祉社会」とは、比較の観点からみれば、自由主義と保守主義の折衷である戦後レジームの基本的な枠組みを維持し、小さな公的福祉、企業福祉、低生産部門への保護規制を組み合わせる構想であった。それは八〇年代にはうまく機能したようにみえたが、九〇年代に入ると、国際的な自由化圧力、労使関係の変容を背景として解体へと向かっていった。小さな公的福祉は維持される一方、企業福祉は一部の中核労働者へと絞り込まれ、低生産部門への保護規制は撤廃されていった。二〇〇〇年代の日本社会は、自由主義レジームにみられる所得格差の拡大だけでなく、保守主義レジームにみられるインサイダー／アウトサイダーの分断を抱え込むことになった。

一九九〇年代以降に試みられてきた「政治改革」は、直接には利益誘導政治にともなう腐敗を改革することを目的としていたが、より長期的にみれば、政治のリーダーシップとダイナミズムを回復し、新たな社会経済状況にあわせた「レジーム転換」を実現する、という課題に対応するものであったと考えられる。しかし、二〇〇〇年代の自民党による新自由主義的改革は党内の合意を形成できず、トップダウン型の意思決定に向けた党組織改革も行われなかった。今日まで首相のリーダーシップは属人的要素に依存したままである。民主党は「人への投資」を掲げて対抗軸を作ろうとしたが、福祉拡大に必要となる支持層の再編（アウトサイダーを支援する社会運動との連携）をともなわず、その政策は「バラマキ」との批判を受けて挫折した。過去二〇年にわたって行われてきた「政治改革」は、レジーム転換のビジョンと結びつくことなく、権力獲得をめぐるレトリックや手段として利用されてきた。ドイツにみられるようなワークフェア型の改革も、フランスにみられるような自由選択型の改革も進まなかった。その結果、今日の日本社会は格差拡大、少子高齢化、財政赤字という「三重苦」を抱えて立ちすくんだ状態にある。

それでは、将来に向けてどのような選択肢が残されているのか。第三部では、格差への対応、労働市場改革、家族政策という三つの論点に絞って、他の先進国の対応とその政治的条件をふり返り、日本に残された道を考えることにしたい。

第Ⅲ部　課題と展望

第10章　グローバル化と不平等

第Ⅰ部と第Ⅱ部では、それぞれの国で福祉国家がどう形成され、現在どう再編されているのかを、いわば「縦軸」（時系列）に沿って考察してきた。第Ⅲ部では、おもな政策ごとに、いわば「横軸」に沿って各国の取り組みを比較検討することで、いかなる要因が取り組みを分岐させているのかを考える。第Ⅲ部の目的は、おもな国の改革が、レジームの違いを超えて、グローバル化への適応を最優先する「ワークフェア」と、個人のライフスタイル・働き方の多様な選択肢を保障する「自由選択」の二つへと収斂しつつある、と主張することである。

まず第10章では、グローバル化と格差の関係について概観する。格差への対応がなぜ異なっているのかについて、近年までの政治経済学の研究を踏まえつつ検討する。次に第11章では、「新しいリスク」への対応にしぼって各国の対応を比較する。今日の先進国では「新しいリスク」に対応する労働市場政策、家族政策のあり方が、格差への対応の鍵を握っている。この章では近年までの研究を整理したうえで、「政治的機会構造」という概念を導入し、政策決定プロセスの違いが各国の対応を分岐させている、と主張する。以上を踏まえ、終章では本書全体の議論をまとめ、「福祉国家はどこから来て、どこに向かっているのか」という序章で提起した問いに一定の結論を導きたい。そのうえで、日本の選択肢について本書の考察から引きだせる含意をまとめる。

1　グローバル化は格差を拡大させるか

これまで検討してきたとおり、グローバル化のもとで各国の政策が「新自由主義」へと収斂しているわけではない。とはいえ、先進国のなかでは格差拡大の傾向がみてとれる。二〇一四年にトマ・ピケティの『二一世紀の資本』が世界的ブームとなったことに象徴されるとおり（Piketty 2013）、格差の拡大は近年の社会科学にとってもっとも注目されるテーマとなってきた。以下ではまず、ＯＥＣＤの報告書の変遷をたどり、代表的な議論の流れを確認しておきたい。

ＯＥＣＤは二〇〇八年に『格差は拡大しているか？（*Growing Unequal?*）』という報告書を刊行し、初めて格差を主題として取りあげた。ただし、この報告書でおもに論じられたのは「格差」の定義であった。格差・貧困は、ある時点での世帯所得の違いにとどまらず、教育・保健サービスのあり方、資産の分布とも関連させてとらえなければならない。長期的な階層移動も考慮に入れる必要がある。単身世帯の増加など、世帯構造の変化も見かけ上は格差を拡大させる。これらを踏まえると、格差の拡大は人びとが思っているより緩やかであり、それがグローバル化によって引き起こされたかどうかも断定できない（OECD 2008）。つまりこの時点では、格差それ自体が問題であるかどうかについて、合意は形成されていなかったのである。

しかし、二〇〇八年の世界金融危機を経た二〇一一年の報告書『格差拡大の真実（*Divided We Stand: Why*

図10-1　OECD内の地域における不平等と経済成長の関係(2008〜12年)

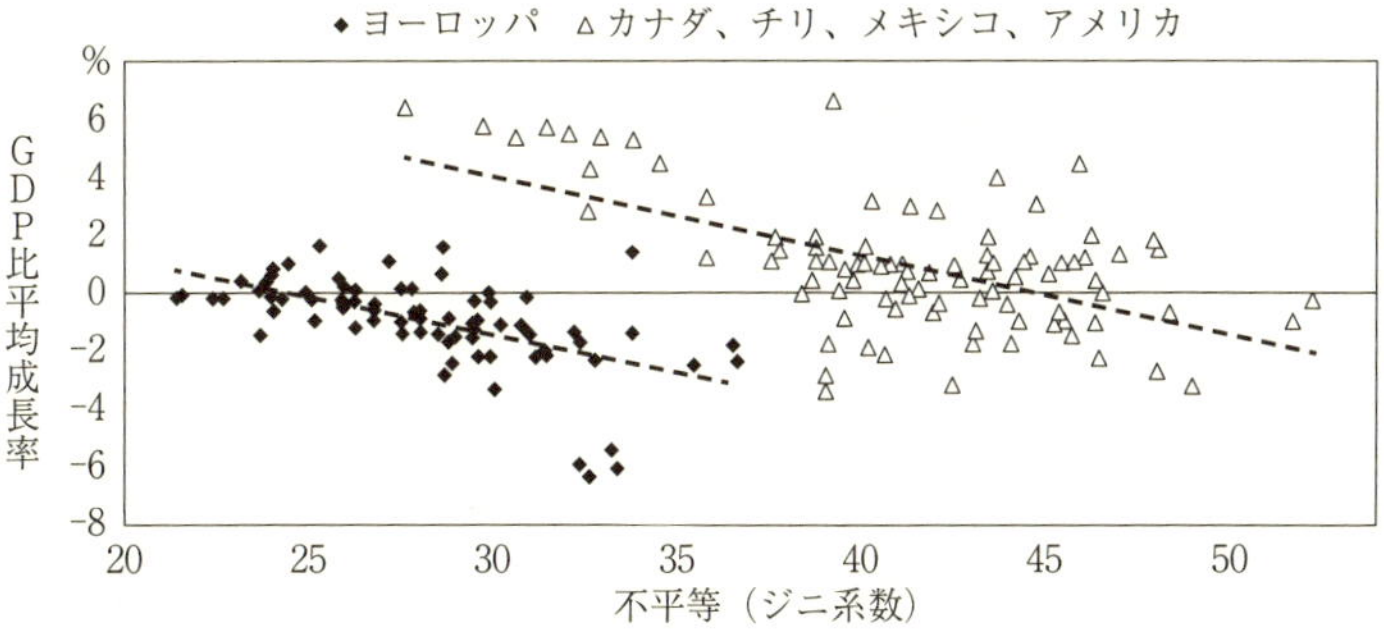

出典:OECD 2015: 68より作成

Inequality Keeps Rising)』になると、もはや格差の拡大は否定できないすう勢とみなされるようになる。過去二〇年のあいだにOECDのほとんどの国で富裕層一〇%の所得が貧困層一〇%の所得よりも大きく増加した[1]。ジニ係数の平均は、一九八〇年代半ばの〇・二九から二〇〇〇年代後半の〇・三一六へと増加した。さらに上位一%の人びとの所得占有率も上昇した。これらのおもな要因は、グローバル化と技術革新による労働市場の変化とされる。高技能の職に就く人がより多くの所得を得るようになり、教育水準が低く、技能の低い人びととのあいだで賃金の二極化が進んでいる。国家による再分配(税と社会保障)は、格差の拡大を抑えこむことに成功していない(序章の図0-2を参照)。

もっとも新しい二〇一五年の報告書『格差縮小に向けて(*In it together: Why Less Inequality Benefits All*)』では、もはや格差の拡大は自明視され、それへの対応が主題となった。注目されるのは、格差の拡大が経済成長を阻害する、と主張されるようになった点である。OECD域内の地方の経済水準を比較すると、所得不平等と経済成長とのあいだには明確な負の相関関係がある(図10-1)。所得上位層への富の集中を軽減するためにも再分配は効果的であるものの、それだけでは十分ではない。低賃金で不安定な職に就く「非典型労働者」に就労支援を行うこと、女性への就労支援によって働く女性を増やすこと、そして子どもへの教育を強化し、すべての子どもに均等な機会を保障することが、格差と闘う有効な手段とされた。

このように今日の国際的な議論では、グローバル化と技術革新が格差を拡大させていること、それが経済成長を阻害していることが広く認められるようになった。再分配の強化と「人への投資」が重要であることにもコンセンサスが成立しつつある。とはいえ、今日でも格差への対応には国によって大きなばらつきがある。そこで以下では、なぜ国によって格差への対応が異なるのかについて、近年までの研究を踏まえつつ検討しよう。

2　格差への対応の違いをもたらす要因

①合理的選択モデル

ある国では政府が大きな再分配を行い、別の国では小さな再分配しか行わない。なぜこうした違いが生まれるのか。その答えを説明する古典的なモデルは、アラン・メルツァーとスコット・リチャードが一九八一年に発表した合理的選択モデルである。民主主義のもとでは、各人の選好の中央に位置する中位投票者（median voter）がどのような再分配を望むかが政策を決定づける。ところで市場における所得分布は、横軸に所得、縦軸に人数をとった場合、単純な釣り鐘状にならず、どの国でも図10－2のように右に伸びた形となる。所得のない人びとが一定数おり、少数の高額所得者もいるからである。所得格差が大きな国ほどグラフは右

図10-2　日本の平均所得と中央値（2013年）

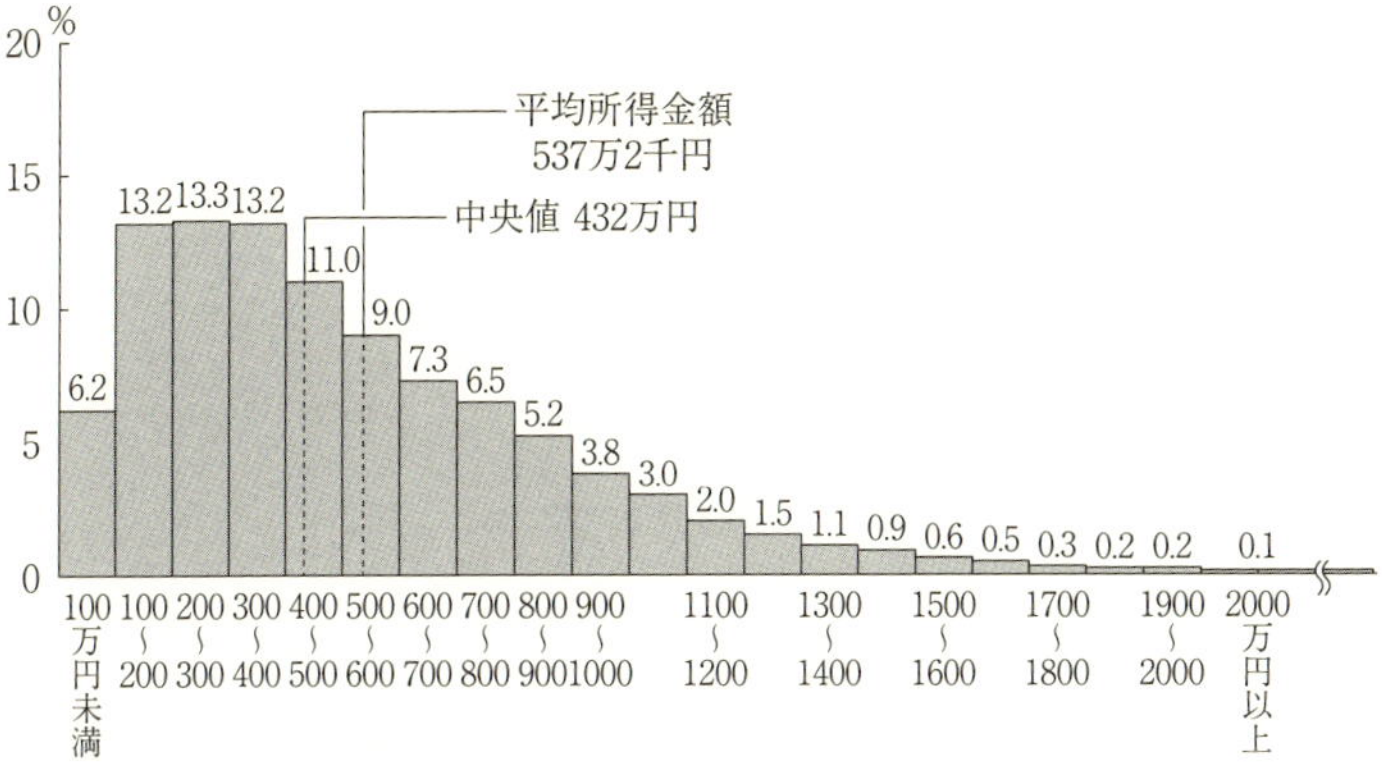

出典：「平成25年 国民生活基礎調査の概況」より作成

に長く伸び、わずかな高額所得者によって平均所得が引き上げられる。この場合、中位投票者の所得と平均所得の差額が大きくなり、中位投票者は大きな再分配（高額所得者に課税し、それ以外の人びとに再分配すること）を望むと予想される。逆に所得格差の小さな国では、中位投票者の所得と平均所得の差は小さくなり、中位投票者はより少ない再分配策を選好すると予想される。つまり彼らのモデルによれば、所得格差の大きな国ほど再分配が大きくなり、所得格差の小さな国ほど再分配は小さくなるはずである。

　このモデルはわれわれの直観にも合致しているため、これまで大きな影響力をもってきた。ところがその後の検証によると、彼らの説は事実と合致しなかった（Perotti 1996; Alesina and Glaeser 2004; Iversen and Soskice 2009）。たとえば、アメリカのようにもともと所得格差の大きな国ほど再分配が小さく、スウェーデンのようにもともと所得が平等な国ほど再分配は大きい（序章の図0－2を参照）。言い換えれば、本来再分配が必要なはずの不平等な国ほど、政府による再分配は小さくなっているのである。個人の合理的な選好からはうまく説明できないこの現象は、一部の研究者によって「ロビンフッド・パラドクス」とも称されてきた（Iversen and Soskice 2009）。

②レジームの経路依存

再分配をめぐる「パラドクス」はどう解くことができるのか。ひとつの説明は、階級権力に着目するレジーム論である。エスピン＝アンデルセンは、労使の階級権力の違いによって、戦後の先進国を三つのレジームに区分した。社会民主主義レジームは中産階級の平均的な生活水準に相当する手厚い福祉を国民全体に保障する。再分配の受益者には中産階級も含まれるため、再分配への支持は厚くなる。一方、自由主義レジームでは低所得層をおもな対象として公的福祉が提供される。再分配の受益層が限定されるため、再分配への支持は薄くなる。一九八〇年代以降の福祉国家改革では、既存の制度の「経路依存」が働く。もともと支持層の厚い社会民主主義レジームでは普遍主義的な福祉が維持されたが、支持層の薄い自由主義レジームではより給付の削減が進んだ、とされる（Esping-Andersen 1996）。

しかし、この説明にもいくつかの批判が寄せられている。再分配への支持をみると、社会民主主義レジームのほうが強いとはいえない。スウェーデンでの再分配への支持は、西ヨーロッパや南ヨーロッパの国々よりも低く、日本とあまり変わらない（図10－3）（Gelissen 2000: 299; Dallinger 2010: 336）。つまり、普遍主義的な制度だからといって再分配への支持が大きいとはかぎらないのである[2]。

レジームによって再分配の大きさに違いがあることは事実である。アングロ・サクソン諸国の自由主義レジームでは、もともと再分配が小さく、近年では格差がいっそう拡大している。とはいえ、レジームの違い

図10-3　再分配への支持

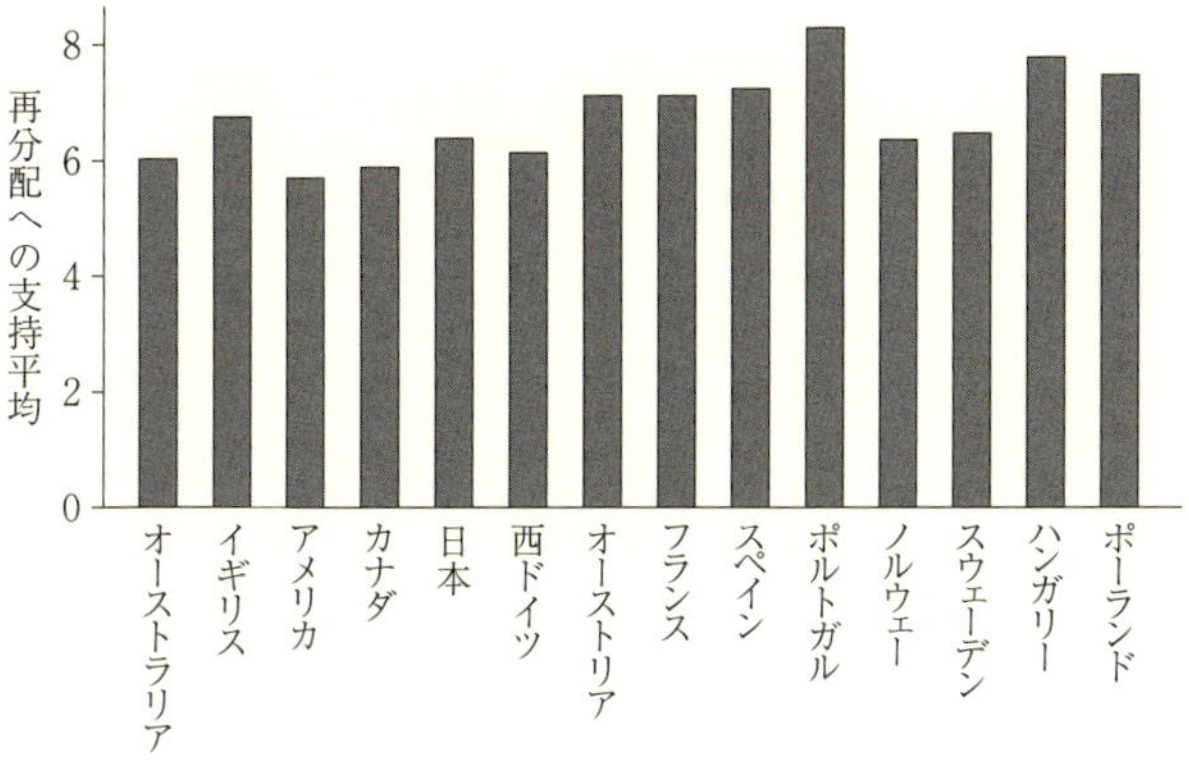

出典：Dallinger 2010: 336より作成

（その背景にある労使権力の違い）と「経路依存」だけでは、格差への対応の違いを十全には説明できない。

③政治制度と党派性

トーベン・アイヴァーセンとデヴィッド・ソスキスは、右か左かという政権の党派性によって再分配の違いを説明するモデルを提起している。左の政権ほど再分配は大きくなり、右の政権ほど再分配は小さくなる。政権の違いに影響を与えるのは、労使の権力関係というよりも、政治制度である（Iversen and Soskice 2006）。たとえば、社会階層が低所得層（L）、中間層（M）、高所得層（H）という三つに均等に分布していると想定してみる。選挙制度が小選挙区制の場合と比例代表制の場合では、中間層（M）の投票行動はどう変わるだろうか。小選挙区制の場合、一つの選挙区で一人しか当選しないため、二大政党の争いとなりやすい（デュヴェルジェの法則）。左派政党は低所得層（L）と中間層（M）の一部の利益を代表することになるため、この政党が政権をとると、リーダーはLの利益をより重視し、M・Hに課税してLに再分配する政策を選ぶ可能性が高い。一方、右派政党は中間層（M）の一部と高所得層（H）の利益を代表するため、よりHの利益を重視し、課税も再分配も少なくなりやすい。中間層が自らの利得を考えるなら、右派へと投票する可能性が高くなる、と推測できる。比例代表制の場合はどうだろうか。政党システムは多党制となり、低所得層（L）、中間層（M）、高所得層（H）それぞれを代表する政党が作られ、選挙後に連立協議が行われる。もしL、Mを代表する政党間で連立が成立した場合、H層に累進課税を行い、LM層へと再分配する政策がとられやすい。一方、M、Hを代表する政党間で連立を組む場合、全階層に均一の課税を行い、LM層へと薄く分配する政策がとられやすいと予測される。中間層からみると前者のほうがより望ましいため、LM層を代表する中道左派政権が成立しやすくなる。

彼らのモデルによれば、小選挙区制の国では右派政権が成立し、再分配は小さくなりやすい。比例代表制の国では中道左派政権が成立し、再分配が大きくなりやすい。この予測は過去の選挙結果によってある程度検証される（表10－1）。一九四五〜九八年の一八カ国の選挙結果を調べると、小選挙区制の国では三分の二の確率で右派政権が成立

表10-1　選挙制度と政権の党派性
（18ヵ国、1945～98年）

	左派政権	右派政権	右派政権の比率
比例代表制	291	171	0.37
小選挙区制	116	226	0.66

出典：Iversen and Soskice 2006: 177

していることがわかる。

④人種の分断

最後に、福祉制度や政治制度とは異なる要因を挙げておこう。そもそも再分配への支持は、かならずしも個人や階層の合理的な利得計算のみによって決まるわけではない。社会成員のあいだの「連帯」感覚が、支

持の違いをもたらす可能性もある。困窮に陥っている人が自らと無関係であると感じるならば、誰も政府による再分配を支持しようとはしないだろう。アレジナとグレーサーは、人種の多様性がこの「連帯」感覚を損ない、少数者に冷淡な福祉制度や政治制度をもたらすのではないか、と指摘している。彼らは先進国と途上国を含めた比較、アメリカ国内の地域の比較のいずれにおいても、人種の多様性と公的社会支出のあいだに負の相関関係がみられることを指摘した（Alesina and Glaeser 2004）。多様な人種が共存し、公的福祉が特定の人種に偏って分配される国・地域ほど、再分配への支持は小さくなる、という。

一方、ウィル・キムリッカなど英米圏の多文化主義を研究してきた論者は、人種・民族の多様性が再分配を損なうことはない、と主張している。彼らは一九八〇年から二〇〇〇年までの先進一六カ国において多文化主義政策と公的社会支出を比較し、両者のあいだに相関関係は見いだせない、と指摘した（Kymlicka et al. 2006）。

しかし、キムリッカらの主張は二〇〇〇年までのデータにもとづいており、それ以降の動向をとらえていない。コープマンズは二〇〇〇年代の西ヨーロッパ一八カ国の移民政策とその帰結を検討し、オランダ、ベルギー、スウェーデンなど移民の文化や言語を尊重し、寛大な多文化主義政策を行ってきた国ほど、移民の経済的・社会的統合に失敗している、と指摘している（Koopmans 2010）。つまりキムリッカらの主張とは逆に、多文化主義を採用してきた寛大な国ほど、結果として移民の「福祉依存」をもたらしてしまい、排外主義を掲げる極右政党の土壌を生みだしている、というパラドクスが観察されるのである（Crepaz 2008; 中山二〇一六）。今日では人種間の分断、とりわけ移民の増大は、再分配のあり方を揺るがす大きな要因となっている(3)。

3　インサイダー／アウトサイダーの分断

本章では、格差拡大への対応がなぜ国によって異なるのかを、おもな研究を紹介する形で検討してきた。その要因として、レジームの違いだけでなく、政治制度、人種間の分断が挙げられた。これらの研究を踏まえると、日本において今後再分配が強化される可能性は低いと考えられるかもしれない。人種間の分断は相対的に少ないとはいえ、そもそも労働権力が弱く、保守政党の一党優位のもとで再分配の小さなレジームが作られてきた。さらに一九九四年の政治改革によって衆議院選挙が小選挙区中心の制度へと移行し、保守政党の優位もつづいている。

とはいえ、これらの研究ではなお十分に明らかにされていない点がある。一つは、一九八〇年代以降に再分配が急速に縮小した事例をうまく説明できないことである。たとえばアメリカは、小選挙区制をとっており、人種の多様性も大きい。もともと再分配は小さかったが、一九八〇年代に富裕層の政治的影響力が増大し、「金融主導型レジーム」が作られていった。金融規制緩和、低所得層向け証券やローンの開発、所得税・法人税減税などによって、社会の格差はいっそう拡大した。とくに移民が増えたわけでもなく、政治制度が変わったわけでもない。こうした事例を説明するためには、低所得層や反貧困運動による政治参加の回路が閉ざされ、「政治的機会構造」がごく一握りの富裕層にとって有利なものへと変容したことを考慮に入れる必要がある（第6章第1節）。

もう一つは、再分配の量だけではなく、その中身に関する考察である。ＯＥＣＤの報告書で指摘されたとおり、今日格差と闘う鍵となるのは、たんなる所得の再分配ではなく、「新しいリスク」への対応である。医療保険や年金が整備されることで、どの国でも高齢層の貧困は減っている（OECD 2008）。一方、労働市場の変化や家族の多様化にともなって、若年層のあいだでは非典型労働が拡大し、低賃金で不安定な職に就く人が増えている。単身世帯やひとり親世帯も増えている。低所得層、若年層、女性に教育・就労支援を行ったり、ケアの外部化を保障したりしなければ、貧困リスクに陥る人が増えてしまう。

そこで次章では、これら「新しいリスク」への対応にしぼって、各国の対応を分岐させている要因を考えることにしたい。

第11章　新しいリスクへの対応

本章では「新しい社会的リスク」への対応を代表する労働市場改革、家族政策の二つを取りあげ、これらの政策を分岐させる要因について検討する。

1　労働社会のゆくえ

①労働市場の変容

ＯＥＣＤの報告書でも触れられたとおり、グローバル化と技術革新は、先進国の労働市場のあり方を変化させる。高度な情報処理や技能を要する職に就ける人は、ますます高い賃金を得るようになる。一方、単純なサービス業に従事し、不安定な職に就く人が増えていく。とりわけ教育水準の低い人びと、スキルの乏しい若者は、安定した職に就くことが難しくなる。日独を除き、多くの国で若年層の失業率は高止まりしている（表11－1）。日本の場合、若年失業率は低く抑えられているものの、若年層（一五～二四歳）で非正規職に就く者の割合は一九九〇年の二〇・五％から二〇一四年の四八・六％へと二・五倍に拡大している（総務

表 11-1　主要国の若年失業率（15 ～ 24 歳、2012 年、%）

スペイン	53.2
フランス	24.3
スウェーデン	23.7
イギリス	21.0
アメリカ	16.2
ドイツ	8.1
日本	8.1

出典：Eurostat, Unemployment rate by gender and age

注：ドイツの若年失業率が低く抑えられているのは、中等教育段階で職業学校を選択できる「デュアルシステム」と呼ばれる制度のためである。

省統計局「最近の正規・非正規雇用の特徴」二〇一五年）。

こうした労働市場の二極化に先進国はどう対応してきたのだろうか。以下ではいくつかの代表的な研究を引きながら、大きな方向性を確認しておこう。

まず第Ⅱ部の各章でみてきたとおり、多くの国は似た方向で改革を進めつつある。すなわち、（一）労働市場の流動性を高め、産業構造の変化に対応しつつ、（二）若年層や長期失業層への就労支援を強化し、「福祉と就労を結びつける」という改革である。

たとえばイギリスでは、一九八〇年代のサッチャー政権のもとで、労働市場の規制緩和が進められた。失業・低所得層への生活給付を削減し、彼ら・彼女らに就労を強制する改革が行われた。その結果、貧富の格差は拡大した。一九九〇年代に入ると、労働党は「第三の道」を掲げ、新自由主義に対抗する路線を打ち出した。失業・低所得層への受動的な給付は削減しつつ、就労にインセンティブを与える税制を導入し、就労支援や企業への雇用助成を行うことで、「福祉と就労を結びつける」という改革である。

スウェーデンでも、失業率が高止まりした九〇年代から、社民党が労働市場改革を推進した。公的扶助や失業給付の受給に就労プログラムへの参加を義務づけ、職業訓練、企業への雇用助成などを行った。二〇〇〇年代後半になると、積極的労働市場政策（職業教育、就労支援プログラムなど）への支出の大きさを批判する穏健党によって、より受給資格を厳しくし、就労義務を強化する政策がとられた。

図11-1　フレキシキュリティの「黄金の三角形」

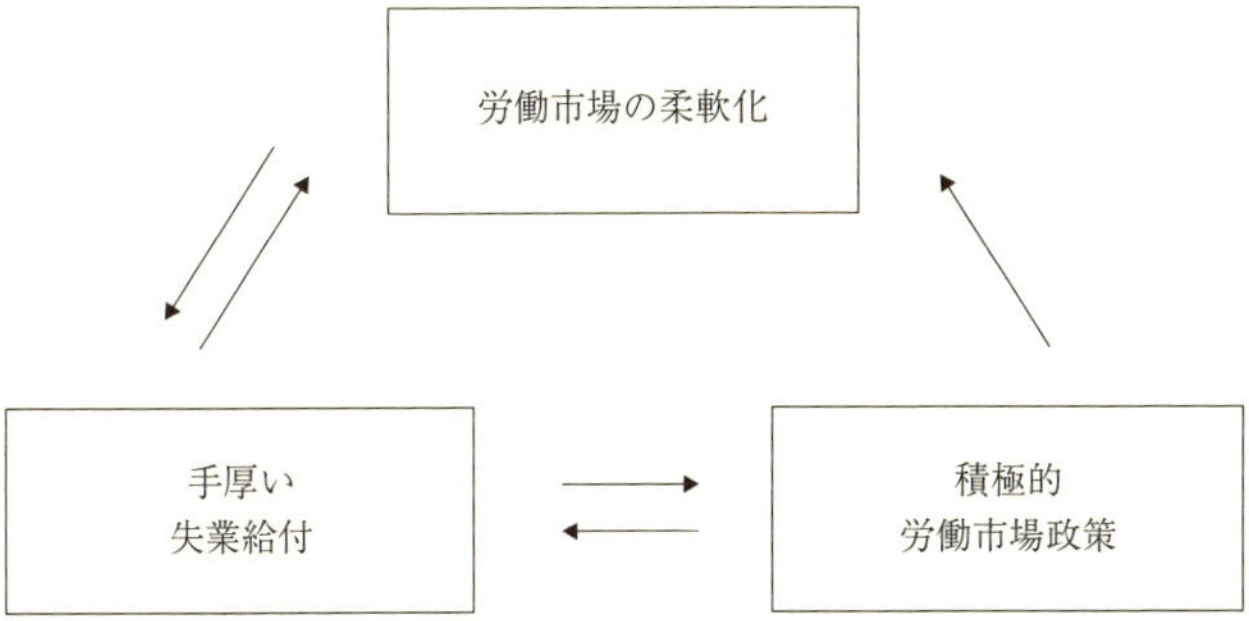

出典：OECD 2004: 97より筆者作成

二〇〇〇年代に入ると、これら共通の政策は、ＯＥＣＤや欧州委員会などの国際機関によって「フレキシキュリティ」と称されるようになった。フレキシキュリティとは、「柔軟性（flexibility）」と「保障（security）」を組みあわせた造語である。「柔軟性」は次のように説明される。「柔軟性は、ライフコースの移動――学校から仕事へ、ある職から別の職へ、失業・不活動と仕事の行き来、仕事から退職へ――の成功にかかわっている。それはたんに企業がより自由に採用したり解雇したりできる、ということではない」。また「保障」とは、「たんに雇用の維持を保障する以上のことである。それは人びとが、労働生活のなかで向上していけるような技能を付与したり、新しい職を見つけられるよう支援したりすることである」（European Commission 2007: 10）。つまりフレキシキュリティとは、誰もがより自由に職を移動し、常に新しい技能を身につけられるよう積極的に支援する政策のパッケージを指す。

ＯＥＣＤは二〇〇四年に発刊した報告書『雇用の概観（Employment Outlook）』で、デンマークの政策をモデルとしてフレキシキュリティの中身を説明している。それは（一）労使の話し合いによる解雇ルールの明確化（労働市場の柔軟化）、（二）一時的な失業を許容できるくら

表 11-2　失業保険の給付期間と所得代替率（2004 年）

	所得代替率（%）	給付期間（月）
スウェーデン	75	28
フランス	75	23
ドイツ	69	12
日本	62	8
イギリス	54	6
アメリカ	54	6

出典：OECD 2007: 92

表 11-3　積極的労働市場政策への公的支出（GDP 比、%）

	1990	2000	2012
スウェーデン	1.68	1.72	1.33
オランダ	1.14	1.33	0.88
フランス	0.72	1.19	0.90
ドイツ	0.79	1.24	0.69
イギリス	0.41	0.24	0.41（2010 年）
日本	0.32	0.28	0.21
アメリカ	0.22	0.17	0.12

出典：OECD Statistics, Public expenditure and participant stocks on LMP, active measures, 2015

いの手厚い失業給付、（三）積極的労働市場政策（公的な職業訓練や職業紹介）という三つの組み合わせを指す（図11－1）（OECD 2004: 97）。今日では、「ステイクホルダー、国際機関、学界の間で、国家は……労働市場の諸制度をフレキシキュリティに適合させるべきだ、というコンセンサスが生まれている」、という。

しかし、こうした大きな方向性を共有し、とりわけEU諸国では二〇〇〇年のリスボン戦略以降に「開放的政策協調（open method of coordination）」と呼ばれる手法をつうじて雇用政策の協調がめざされてきたにもかかわらず、実態をみてみると、まだ日米を含めた各国の違いは大きい[1]。とりわけ失業給付の手厚さや積極的労働市場政策への支出には見過ごせない差異がある[2]。失業給付の期間をみると、日本、イギリス、アメリカはスウェーデンやフランスの三分の一から四分の一である（表11－2）。積極的労働市場政策への支出（GDP比）は、スウェーデンではアメリカの一〇倍、日本の六倍以上となっている（表11－3）。

②労働市場政策を分岐させる要因

なぜ労働市場政策が手厚い国と、手薄な国に分かれるのだろうか。なぜグローバルな競争のもとで、新自由主義や「フレキシキュリティ」への収斂が起こらないのだろうか。この分野の研究は錯綜しており、いまだ共通の合意が形成されるにはほど遠い。とはいえ、多くの研究は「ワークフェア」と「アクティベーション」という二つの類型への分岐を指摘している。(3)(4)

「ワークフェア」とは、公的扶助や失業給付といった受動的な給付を削減し、公的福祉に依存していた人びとが自ら労働市場で働くことを条件として、選別的な所得補助を行う政策を指す。積極的労働市場政策への支出は少なく、むしろ教育の市場化をともなう。労働市場の規制緩和によって雇用を拡大させ、就労を強制するタイプの政策である。一方「アクティベーション」とは、就労にインセンティブを与える税制や給付を導入し、手厚い職業教育・生涯教育や就労支援を行い、より普遍的な形で人びとに能力開発の機会を提供することで、よりよい職への移行を支援する政策を指す（図11－2）。

それでは、なぜ国によってワークフェアとアクティベーションという分岐が生まれるのだろうか。この問いに対しては、自由主義や社会民主主義といったレジームの違いを指摘する研究（Dingeldey 2007; Morel, Palier and Palme ed. 2012: 17-19）、労使関係による違いを指摘する研究などもある（Obinger et al. 2012）。ここでは二〇〇〇年代にもっとも注目されてきた研究として、産業構造の違いに着目する「資本主義の多様性（VOC: Varieties of Capitalism）」論を取りあげておきたい。

ピーター・ホール、デヴィッド・ソスキスらは、産業構造（製品市場）に応じて労働者の技能形成のあり方が異なる、と論じた（Hall and Soskice ed. 2001）。彼らは雇用制度だけでなく、金融制度、教育制度、企業

図11-2　ワークフェア（上）とアクティベーション（下）

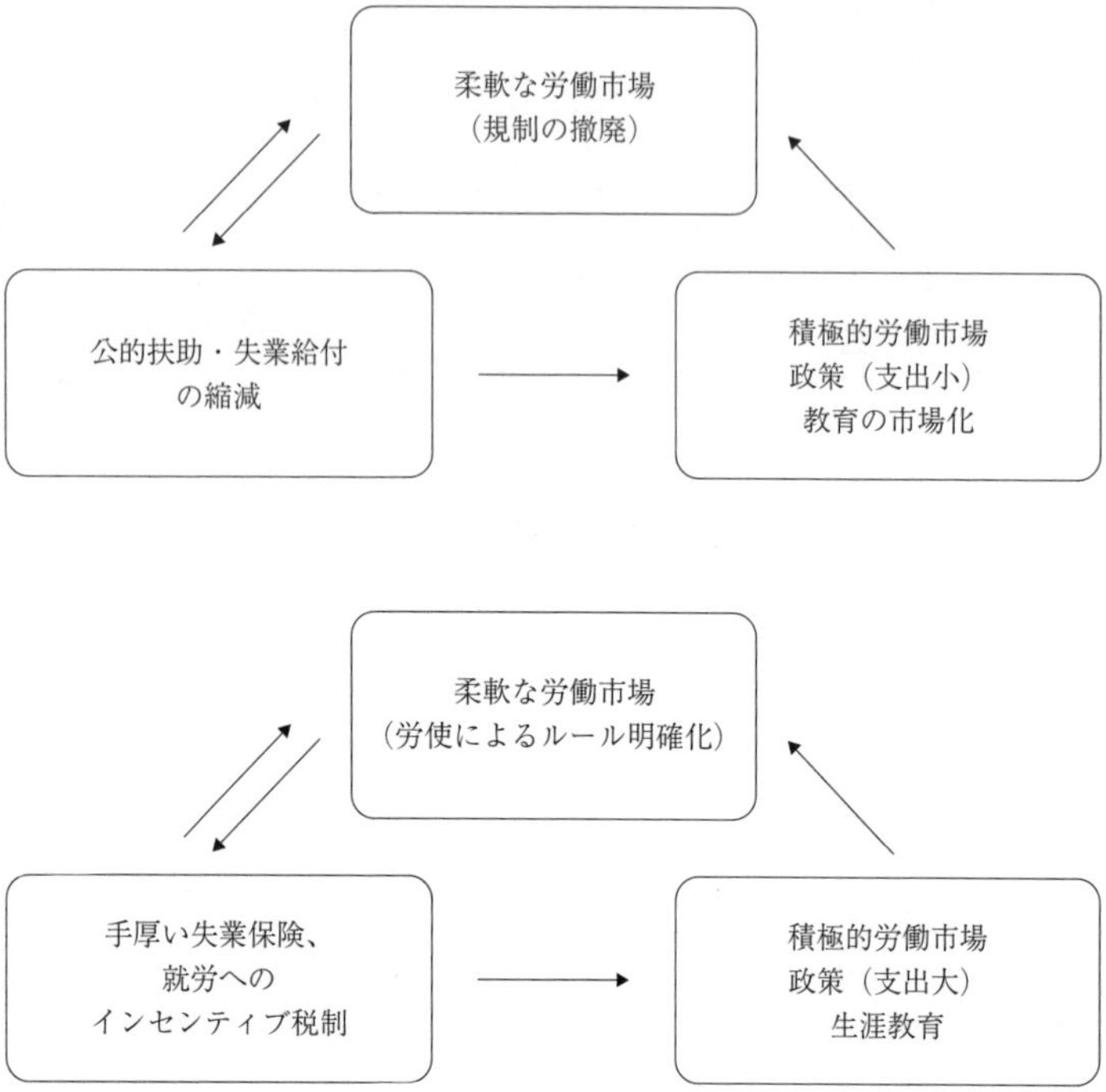

出典：筆者作成。

間関係、福祉制度などのあいだに「制度的補完性」があり、それぞれの制度が機能的に依存しあっている、と考える（表11-4）。これらの制度の組み合わせは、特定の製品市場において「比較優位」をもたらす。

（一）「自由主義的市場経済（LME: Liberal Market Economy）」と呼ばれる制度の組みあわせのもとでは、労働者は短期的な職の移動をくり返す。こうした資本主義のもとでは、急激な技術革新に応じた労働者の雇い入れ、資金調達が行われやすく、短期的な技術革新を要する製品市場において優位となる（バイオ、半導体、情報通信など）。労働者は長期的に自らの技能に投資するインセンティブをもたず、公教育は一般的な資格の

表 11-4　資本主義の多様性

資本主義類型	自由主義市場経済 Liberal Market Economy	調整的市場経済 Coordinated Market Economy
雇用関係	弱い雇用保護 労働組合の弱さ	長期雇用 労使協調
金融	直接金融 （株式市場の発達）	間接金融 （銀行との長期取引） 株式持ち合い
教育	一般的資格取得 （私的支出）	高度な公教育 産業特殊的技能のための教育・訓練システム（OJT）
福祉	最小限の福祉	手厚い福祉
製品市場	ラディカル・イノベーション	高技能・高付加価値製品

出典：ホール、ソスキス編（2007）より筆者作成

付与にとどまり、積極的労働市場政策への支出は乏しい。アメリカ、イギリス、カナダのような国がこれに当てはまる。

（二）「調整的市場経済（CME: Coordinated Market Economy）」と呼ばれる制度の組み合わせのもとでは、使用者は労働者を長期的に雇用し、産業に合わせた特殊技能を身につけるよう支援する。こうした資本主義のもとでは、労働者には長期的に自らの技能に投資を行うインセンティブが生まれ、高い技能にもとづく高付加価値の製品市場が作られやすい（機械、化学、輸送、素材加工など）。手厚い福祉や高度な公教育、職業教育は、労働者の技能形成に役立つため、使用者にとっても望ましいものとなる。ドイツ、フランス、日本、北欧諸国などがこれに当てはまる。

このように、資本主義の多様性論によれば、各国の産業構造にあわせて労働者の技能形成のあり方が異なり、雇用・福祉政策も大きく二つの類型に分岐していく。この分岐は「制度的補完性」によって、グローバル化のもとでも強い持続性をもつ、という。

ただし、資本主義の多様性論は、技術革新の激しい製品市場、高付加価値の製品市場に焦点を合わせたものであり、かならずしも一国の労働市場全体を対象としたものではない。労働市場の二極化に

ともなうアウトサイダーの出現に対して、この分析がどの程度の射程をもつのかには疑問も残る。(5) とはいえ近年では、これらの議論を発展させ、政治制度の違いと結びつけることで、より包括的な類型化を行おうとする研究もある。

アイヴァーセンとステファンスによれば、資本主義の多様性論は、「人的資本形成（human capital formation）」をめぐるより広い類型へと組み込むことができる（Iversen and Stephens 2008）。第10章でみたとおり、アイヴァーセンは選挙制度の違いによって、再分配の大きな国と小さな国に分かれる傾向がある、と指摘していた。再分配の大きさと資本主義の多様性論は統合的に把握することができる。(6) 小選挙区制の国では右派政権が成立しやすく、公教育や福祉支出は小さくなりやすい。人的資本形成は各人の私的な投資に委ねられる傾向がある。こうした制度は自由主義的市場経済と親和的であり、ワークフェアがとられやすい。つまり、各人は自らに投資をして労働技能を身につけ、流動性の高い労働市場において新しい職を見つけ、生活の保障を得ようとする。一方、比例代表制の国では中道左派政権が成立しやすい。中間層と低技能・低所得労働者層のあいだで連合が成立しやすいため、基礎教育や高度な職業教育プログラムなどのアクティベーション政策がとられやすい。公共サービスでの（女性の）雇用が増えるとともに、高付加価値の製品市場が発達する。以上のように、比例代表制のもとで左派勢力の強い国では調整的市場経済が発達しやすく、小選挙区制のもとで右派勢力の強い国では自由主義市場経済が発達しやすい、とされるのである。

③政治的機会構造

これまでの議論をまとめよう。先進国では労働市場の二極化への対応として、ワークフェアとアクティベーションという政策の分岐が見いだせる。分岐の要因として、これまでの研究では、産業構造の違い、政治制度の違いが指摘されてきた。これらの研究は実証的な根拠に支えられており、一定の説得力をもっている。とはいえ、まだ補完すべき点も残されている。それは過去二〇年来の労働市場政策の「変化」を分析するうえで必ずしも十分ではない、という点である。

「資本主義の多様性」論について言えば、調整的市場経済の代表国といえるドイツでも、近年雇用政策や福祉政策が大きく変化している。「制度的補完性」がどこまで強固であり、どの程度の持続性をもつのかについては疑問も提起されている（Hancké ed. 2008: 11）。また政治制度は長期的に変化しないため、直近の変化の分析には適さない。

そこで以下では、政策決定プロセスに着目し、「政治的機会構造」という概念を導入することで、既存の研究を補完する論点を提示してみたい。労働市場改革をとらえる一つのポイントは、アウトサイダー（長期失業層、若者、女性）への支援がどの程度行われるか、という点であった。正規労働者を支持基盤としてきた伝統的な左派政党は、かならずしもアウトサイダーへの支援に積極的であるわけではない（Gingrich and Ansell 2015: 288）。その一方で、今日では伝統的な左右対立に加えて、リバタリアン―権威主義という文化的対立が浮上している。(7) 左派政党がより多様な働き方を許容し、アウトサイダーを支持層へと組み込もうとしたり、アウトサイダーを支援する反貧困運動や労働運動が政策決定に影響を与える回路が作られたりした場合、公的職業教育や就労支援など、アクティベーション型の政策が拡大すると考えられる（政治的機会構造の開放化）。一方、政策決定がより集権化し、トップダウンへと向かう場合には、労働市場の規制緩和が進み、公的支出を増やさずに就労を強制するワークフェア型の政策が選ばれると推測できる（政治的機会構造の閉鎖化)。こうした枠組みにしたがって、とくに「インサイダー/アウトサイダーの分断」が顕著にみられた保守主義レジームの国々を事例として取りあげ、どのように改革が行われたのかを比較してみよう。

(1) ドイツ

ドイツでは、一九九〇年ドイツ統一以降の失業率の高止まりと、労使交渉による雇用改革の失敗を経て、第二次シュレーダー政権(二〇〇二～〇五年)のもとでトップダウン式の改革が行われた。二〇〇二年に首相官邸に直属するハルツ委員会が作られ、一五名の委員によって包括的な労働市場改革、公的扶助、失業保険改革案が策定された。二〇〇三年の「アジェンダ二〇一〇」では解雇規制の緩和、就労促進が宣言され、つづくハルツ法Ⅰ～Ⅲでは、非正規労働(ミニジョブ)が導入され、就労困難な層への就労支援が強化された。とりわけ重要なのは、ハルツ法Ⅳにおいて公的扶助の一部と失業給付が統合され、新たな失業給付が導入されたことである。この失業給付では、給付期間が三二カ月から原則として一二カ月(五〇歳以上は一八カ月)に短縮され、稼得能力のある者には就労プログラムへの参加が義務づけられた。紹介された再就職先を拒否した場合には給付停止などの罰則も定められた。

ドイツの労働市場改革の特徴は、トップダウン型の意思決定により、積極的労働市場政策への支出が減らされるなど(表11-3)、就労支援よりも労働市場の規制緩和と就労強制に偏ったワークフェア政策が導入されたことである。この政策は二〇〇五年以降のキリスト教民主社会同盟・社民党の大連立政権にも引き継がれていく。

（2）オランダ

オランダは伝統的に政労使の中央交渉によるコーポラティズムが根づいてきた国である。八〇年代初頭には、女性就業率の低さと手厚い福祉による労働コスト上昇のため、失業率が一二%に達した。一九八二年には政労使の三者協議によって「ワッセナー合意」が締結される。労働者は労働賃金を抑制し、使用者側は労働時間を短縮する。こうしたワークシェアリングによって雇用を創出することが試みられ、オランダではパートタイム労働が急速に広がり、女性の就業率も上昇した（表11-5）（Jelle and Hemerijck 1997）。

オランダの特徴は、こうした働き方の多様化を背景として、九〇年代にフルタイム労働とパートタイム労働の「選択」機会を拡張する政策が導入されていったことである。労働党中心の政権ができた一九九六年にはフルタイム労働とパートタイム労働の均等待遇が法制化され、賃金、待遇、社会保険などでの差別が禁じられた。二〇〇〇年には労働時間調整法が成立し、労働者がパートタイム労働とフルタイム労働を自由に選択できる権利が認められた。労働者は育児や介護による一時的な短時間労働など、ライフスタイルに応じて働き方を自由に選択できるようになった。使用者がこれを拒否する場合には十分な理由を立証する責任が課される。さらに二〇〇二年に右派へと政権が交代した後も、仕事と家庭を両立させるための育児・介護休暇、長期休暇制度が整備された（水島 二〇〇六；水島 二〇一二）。これらの政策の結果、オランダではカップルのうち一人がフルタイムで働き、もう一人がパートタイムで働くという「一カ二分の一稼ぎ主モデル」が根づき、失業率は五%以下に減少した。出生率も一九八〇年代に一・五を切ったのち、現在では

表11-5　オランダにおけるパートタイム労働の割合（就業者内、%）

	1985年	1995年	2010年
男性	6.1	11.8	17.2
女性	45.5	55.1	60.6

出典：OECD Statistics, Labour Force Statistics, Full-time Part-time employment, 2012

一・七台まで回復している。

働き方の多様化を推進する改革では、パートタイム労働の拡大を踏まえ、労働組合がフルタイム・パートタイム労働の均等待遇を推進するなど、政労使のコーポラティズム的な意思決定の回路が機能した（Yerkes 2011: 141）。こうした回路をつうじて女性やパートタイム労働者などのアウトサイダーの利益が政策決定へと反映され、「仕事と生活の両立」を可能にする諸改革が進んだのである。(8)

(3) フランス

フランスでは、一九九八年と二〇〇〇年の労働時間短縮法（週三五時間への規制法）をつうじて、労使の話しあいによる働き方の柔軟化が進められてきた。ただし雇用保護の縮小など、労働市場の柔軟化は進んでいない。(9)

フランスの大きな特徴は、八〇年代から「排除」に対する包摂政策が行われてきたことである。(10) 八〇年代に長期失業や不安定な労働の拡大を社会問題として取りあげたのは、カトリック救済会、ATD－カールモンド、心のレストランなどの反貧困アソシエーションであった（Paugam 1993: 65）。ATD－カールモンドの創始者ウレザンスキ神父は、一九八七年に『大貧困と経済的社会的不安定』という報告書を発刊し、排除問題を人権の侵害として位置づけた（Conseil économique et social 1987）。この報告書を踏まえ、一九八八年に左派政権のもとで参入最低所得（RMI）が導入される。参入最低所得では、二五歳以上（子どもがいる場合は二五歳未満も含む）で最低所得に満たない人への所得が補てんされるとともに、「社会的・職業的参入」への支援を地方公共団体の義務とした。地方公共団体は受給者と個別に「参入契約」を結び、非営利団体・企業・ケースワーカーとの協力によって、受給者の職業活動およびコミュニティ活動への参入を支援する。それはアソシエーション活動を公的機関が補完する「フランス型連帯」を象徴する制度とされた（Merrien 1996: 418）。

二〇〇〇年代に入ると参入最低所得の受給者は一〇〇万世帯を超える。フランス人の過半数は寛大な最低所得制度が「エレミスト」（RMI受給者の呼称）たちの就労を妨げている、と考えるようになった（Duvoux 2012: 50）。二〇〇四年には右派政権のもとで「家族・弱者・貧困委員会」が設置され、責任者にはホームレス支援団体エマウス・フランスの代表者マルタン・イルシュが指名された。イルシュはおもな労使団体、地方団体の代表者、専門家のみならず、カトリック救済会、ATD－カールモンドなどの反貧困アソシエーションの意見を糾合し、一〇〇にのぼる個人・団体の協力を得て、二〇〇五年に報告書『可能性を追求する―新たな社会の方程式』を提出する（Commission Familles, vulnérabilité, pauvreté 2005）。そのなかで参入最低所得に代えて就労へのインセンティブをより強化した活動連帯所得（RSA）が提案された。

活動連帯所得の案は二〇〇七年の大統領選挙において、左派のセゴレヌ・ロワイヤル、右派のニコラ・サルコジの両候補者に受容される。大統領に就任したサルコジは「貧困に抗する活動連帯」委員会の責任者にふたたびイルシュを任命する。イルシュは二〇〇五年委員会の人脈を活用し、一五〇を超える団体を糾合して「参入会議」を組織し、報告書をまとめた（Dagnaud 2009: 24）。この報告書を受けて二〇〇八年に活動連帯所得が導入された。活動連帯所得とは、基礎給付と活動給付の二つから構成される。基礎給付によって最低生活給付、住居や医療などの社会サービスが保障されるとともに、受給者が働いて得た所得の六二％が活動給付として加算される。つまり就労へのインセンティブがより強化された。さらに受給者は県の担当部門とのあいだに「参入契約」を交わし、「社会的・職業的参入」活動を行う義務を負う。理由なく参入契約や参入活動を拒否した場合には給付停止などの措置がとられる。県は「参入プログラム」を策定し、社会的・職業的な参入への支援を個人ごとに行うことが義務づけられた。

このようにフランスの特徴は、トップダウン型の改革というよりも、アウトサイダーを支援する社会運動を意思決定過程に組み込むことで、左右党派を超えて包摂政策が行われてきた点にある。近年では就労へのインセンティブが強化されているものの、包摂の目的は「社会的・職業的参入」とされ、就労のみが目的とされているわけではない。民間企業のみならず非営利団体が活用され、手厚い参入支援が行われている点が大きな特徴である。

④日本への示唆

この節では、労働市場の二極化に先進国がどう対応してきたか、なぜ対応の分岐がみられるのかを検討した。分岐の要因として、産業構造の違い、政治制度の違いが指摘された。これらに加え、本節では「政治的機会構造」の違いに着目した。ドイツのようにトップダウン型の意思決定が強化された国ではワークフェア改革が行われたが、オランダではパートタイム労働者の利益を代表する回路が作られ、フランスではアウトサイダーを支援する社会運動が政策決定に影響を与えた。これら「政治的機会構造の開放化」によって、オランダでは労働者全般の働き方を自由に選択できる改革が進み、フランスでは手厚い就労支援、非営利団体を活用した包摂政策が行われてきた。

以上を踏まえ、日本の事例について考えてみたい。日本は、長期雇用や企業内職業訓練の仕組みが発達してきたことからも、調整的市場経済を代表する国のひとつとして位置づけられる。しかし九〇年代以降は非正規労働が拡大し、インサイダー／アウトサイダーの分断が顕在化している。

この問題に日本はどう対応してきたのだろうか。第一に、おもに使用者団体と結びついた保守政権のもとで、一九九九年の労働者派遣法改正（派遣労働の原則自由化）、二〇〇三年の製造業への派遣拡大など、非正規労働に対する規制緩和が進められてきた。ただし、正規労働者の雇用保護は維持され、働き方の自由化（労働時間の選択制など）も進んでいない。二〇〇六年の第一次安倍政権ではホワイトカラー・エグゼンプションを含む「労働ビッグバン」が提案されたが、世論や労働組合の反発に遭い、改革は先送りされた。

第二に、二〇〇〇年代に入ると急増した生活保護受給者を減らすため、厚生労働省を中心にアウトサイダーへの「自立支援」の動きが始まる。二〇〇七年には「『福祉から雇用へ』推進五か年計画」が策定され、稼得能力と意思のある者を選別して「可能な限り就労による自立・生活の向上を図る」ことが定められた。また二〇〇〇年代半ばには「格差社会」を批判する社会運動が活性化し、民主党への政権交代後は、反貧困ネットワーク事務局長である湯浅誠が内閣府参与に任命されるなど、格差への取り組みが一時的に政治的アジェンダともなった。湯浅の働きかけによって省庁を横断して困窮者に対応するワンストップサービスが作られ、生活保護の受給要件も一時的に緩和された。

しかし、これらの動きは政権浮揚への一時的な取り組みに限定され、アクティベーション（就労支援、職業訓練）のための財政的な裏づけは、他国に比べて乏しいままにとどまっている。二〇一二年には社会保障審議会に「生活困窮者の生活支援の在り方に関する特別部会」が作られ、生活保護費の急増への対応が話しあわれた。この報告書では「生活困窮者をやみくもに就労に追い立てる」のではなく、「社会的自立から経済的自立へと、個々人の段階に応じて最適なサービスが提供される」ことが重要とされ、社会的企業や非営利団体との協力による「中間的就労」というアイディアも提案された。報告を受けて、二〇一三年には生活保護法が改定された。そこでは中間的就労を含めた職業的な自立への行政支援が定められたが、不正受給への罰則強化、扶養義務の強化も定められ、全体としてみれば給付の引き締めが行われている。アウトサイダーを支援する社会運動が政治に影響を与える回路は作られていない。

こうして日本では、「トップダウン」による市場を活用したワークフェア改革、アウトサイダーを支援する社会運動との連携によるアクティベーション改革、このどちらも体系的には行われてこなかった。こうした政治の不作為が、「インサイダー／アウトサイダーの分断」を固定化させることにつながっている。

2　少子化への対応

①男性稼ぎ主モデルの変容

戦後のフォーディズムの前提にあったのは、男性が工場労働などで所得を稼ぎ、女性は家庭で家事やケア労働に従事する、という「男性稼ぎ主モデル」であった。一九六〇年代から事務職やサービス業への女性の就労が拡大していくと、従来女性が家庭内で引き受けていた育児・介護などのケア労働を外部化する必要が生じた。これらが進まない国では少子化が急速に進展した。またひとり親世帯や単身世帯などが増え、世帯構造も多様化していく（エスピン－アンデルセン 二〇〇〇：四章）。男性稼ぎ主の所得喪失に対応した医療保険・年金・失業保険だけでは、家族やライフスタイルの多様化に対応できない。こうして家族の変容もまた、

図11-3　先進国の合計特殊出生率の推移

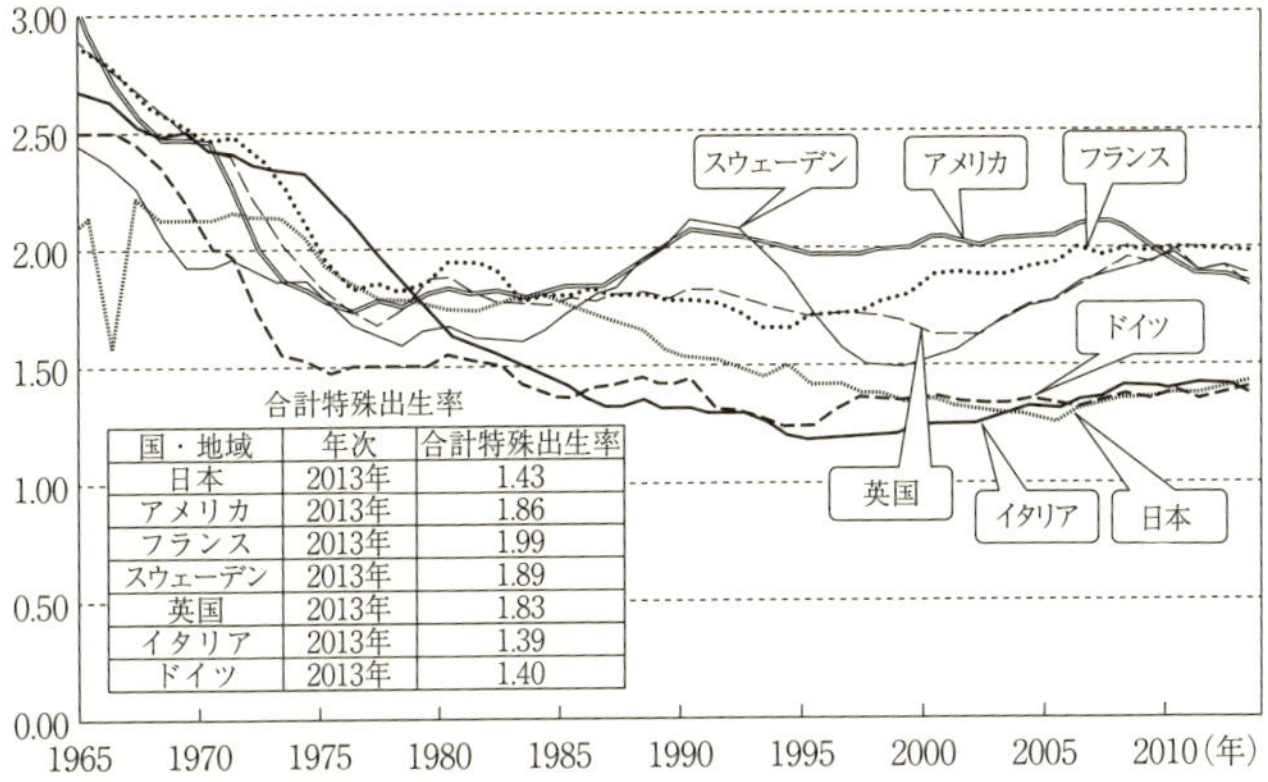

国・地域	年次	合計特殊出生率
日本	2013年	1.43
アメリカ	2013年	1.86
フランス	2013年	1.99
スウェーデン	2013年	1.89
英国	2013年	1.83
イタリア	2013年	1.39
ドイツ	2013年	1.40

出典：『平成27年版少子化社会対策白書』より作成

「新しい社会的リスク」をもたらすことになる（Taylor-Gooby ed. 2004: 2-6）。

ところで家族に関しては、そもそも私的な関係性であるため、「社会的リスク」という表現にはなじまないとする立場もありうる。そこでまずこの点について検討しておこう。

経済発展とともに少子化が必然的に進む以上、それをリスクとみなすべきではない、という議論がある。たしかに先進国の合計特殊出生率（以下出生率と呼ぶ）は、一九七〇年前後に大きく下がっている（図11-3）。しかしその後の推移をみると、スウェーデン、フランス、イギリスでは二・〇近くにまで回復する一方で、ドイツ、イタリア、日本では一・五を下回る水準のままとなっている。つまり経済発展が必然的に少子化をもたらすわけではなく、政策的な対応によって、急激な少子化が進む国とそうでない国に分岐していることがわかる。

次に、女性の就労が伝統的な「家族の絆」を弱め、少子化を進展させた、というよくみられる議論について検討しておこう。はたしてこの説は事実と合致するのだろうか。二〇〇〇年のOECD諸国を比べると、女性の労働力率が高い国ほど、出生率

図 11-4　OECD 諸国の女性労働力率と合計特殊出生率（2000 年）

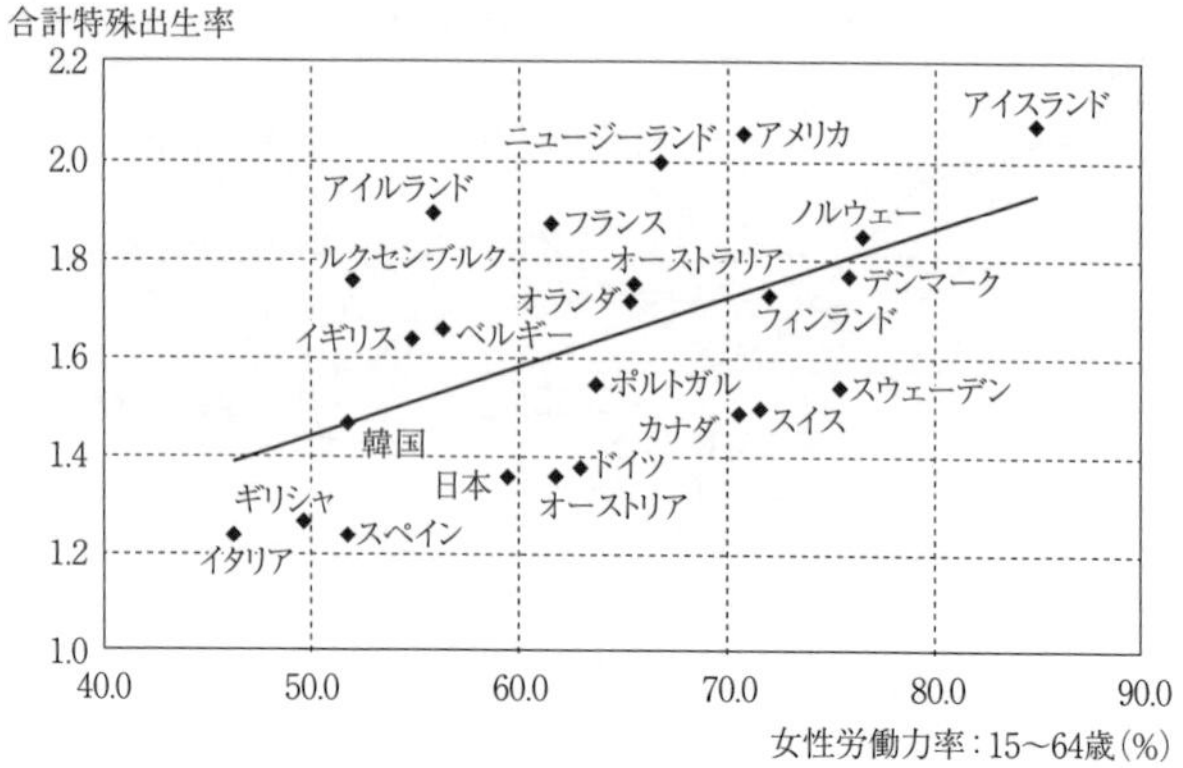

出典：内閣府『少子化と男女共同参画に関する社会環境の国際比較報告書』（2005 年）より作成

も高くなっていることがわかる（図11－4）。男女の役割分業が強く残るイタリア、スペイン、日本などの国では、女性が出産や育児と仕事の選択を迫られるため、結果として子どもをもたない女性が増え、少子化が進行している。仕事と育児が両立しやすい北欧諸国などでは、むしろ多くの女性が子どもをもつという選択を行っているのである。

図11－5は婚外子の割合と出生率の相関を表している。婚外子の割合が五〇％を超える北欧やフランスでは出生率が高く、婚外子がわずかな日本や韓国では出生率が低いことがわかる。つまり、伝統的な家族規範の強い国ほど、家族を形成することにさまざまな負担がともない（たとえば女性が家庭と仕事の二者択一を迫られるなど）、結果として少子化が進むことになっていると推測される。

以上より、少子化は避けることのできない現象ではなく、女性の就労によってもたらされた現象でもない。むしろ伝統的な家族規範が強く残り、男女の役割分業が固定化されている国ほど、少子化が進んでいることがわかる。今日では「脱家族主義（defamilialization）」を促進すること、すなわち誰も

図11-5　婚外子の割合と合計特殊出生率の相関（2006年）

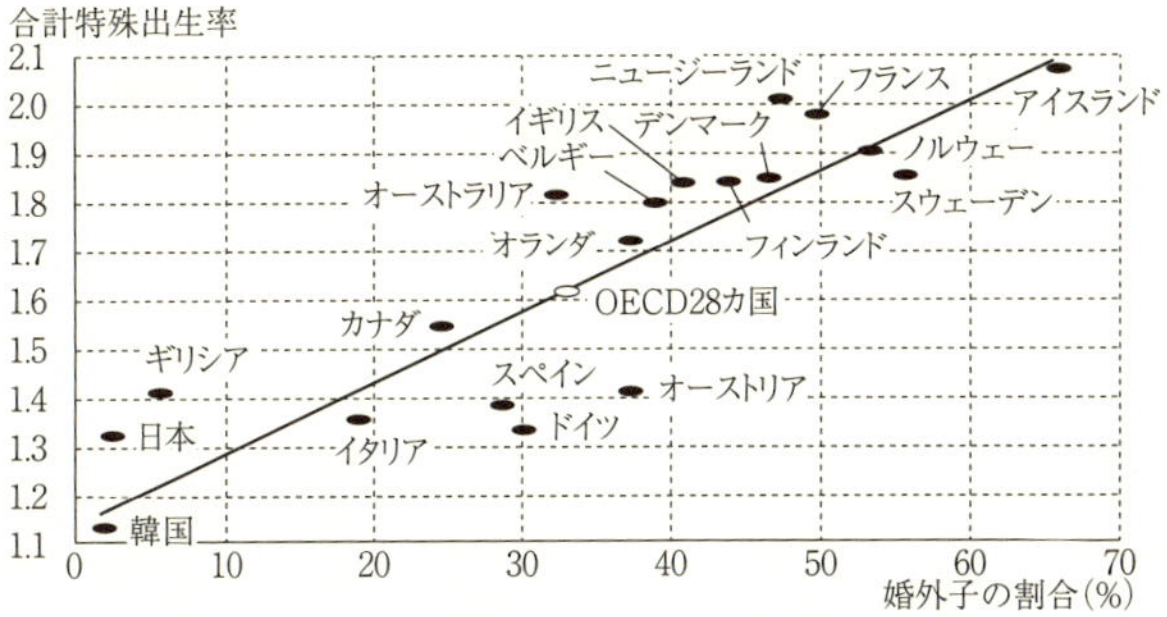

出典：OECD, *Society at a Glance 2009*, p. 65より作成

が家族に依存することなく、多様なライフスタイルを選択できるよう支援する政策こそ、少子化に対応する鍵となる、という点に関して専門家のあいだではコンセンサスが成立している[11]。

それでは、脱家族主義が進んでいる国とそうでない国に分かれているのはなぜだろうか。戦後のある時期までほとんどの国が「男性稼ぎ主モデル」であったことを考えれば、特定の文化や伝統がその要因であるとはいいがたい。政策的な対応を分岐させる何らかの要因があったはずである。

②何が脱家族主義の違いをもたらすのか

図11－6は家族関係支出の国際比較である。一見してわかるとおり、今日でも家族に対する公的支出には大きな違いがある。スウェーデン、イギリス、フランスはGDP比でアメリカの四～五倍、日本の二倍以上も支出している。さらに支出の中身にも違いがある。ドイツやイギリスでは現金給付の割合が大きいが、フランス、スウェーデンでは保育ケアサービスに多くの支出をふり向けている。なぜこうした違いが生まれるのだろうか。以下では代表的な研究をふり返っておこう。

第一に、左右の党派性の違いは家族政策に影響を与えるのだろうか。

図11-6　家族関係支出の国際比較（2011年）

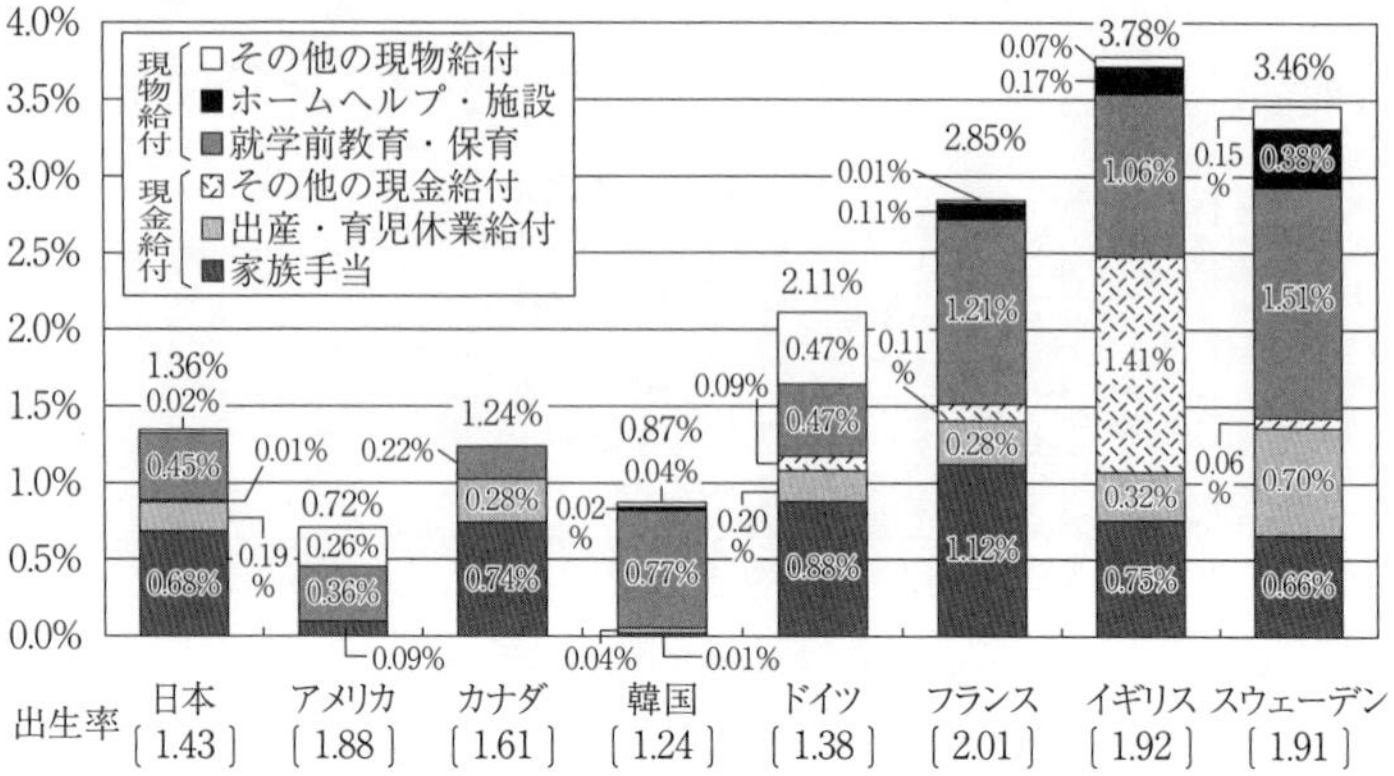

出典：内閣府子ども・子育て本部「家族関係社会支出（各国対GDP比）」2016年より作成

右派政権は保守的であるが、左派政党が政権をとったときには脱家族主義が進みやすいのだろうか。ランバートは、一九八〇年代から二〇〇三年までの二〇カ国を対象として、出産・育児休業と就学前児童の保育サービスへの支出を比較した。その結果、左派政党が政権についているかどうかは、これらの支出と弱い相関しかないことが明らかとなった（Lamber 2008: 325）。伝統的な左派政党は、男性を中心とした労働者を支持基盤としている。こうした政党が政権をとったとしても、とくに脱家族主義を進めるインセンティブをもたないのである(12)。

第二に、レジームの違いによって、脱家族主義の進展に違いが生まれるのではないだろうか。たしかにレジームの「経路依存」によって、いくつかの政策の違いは説明できる（表11－6）。自由主義レジームのイギリスと社会民主主義レジームのスウェーデンを比較すると、育児休業ではスウェーデンの公的給付がもっとも手厚く、イギリスでは公的給付がない。保育サービスをみても、スウェーデンでは公的保育が充実しているのに対して、イギリスでは民間保育サービスが中心である。どちらのレジームでも女性の就労は進んでいるが、公的な支援を行うか、

表11-6　主要国の家族政策（2007年時点、日本は2014年）

スウェーデン	フランス	ドイツ	イギリス	日本
児童手当（1子から16歳未満、月1.7万円、2子2万円、3子2.7万円）	児童手当（2子以降20歳未満、月1.9万円3子から2.5万円）、所得税控除	児童手当（1子から18歳未満、月2.5万円、4子から3万円）	児童手当（1子から16歳未満、月1.9万円、2子以降1.3万円）、税控除	児童手当（3歳未満1.5万円、中学生まで1万円、年960万以上の所得制限あり）
両親合わせて480日まで（390日従前賃金の80%、90日は9.6万円）	育児休暇の期間選択（1子は6カ月、2子は3歳まで月8.6万円）	3歳まで、24カ月の育児休暇（月4.9万円）	13週間までの育児休暇、給付なし	12カ月までの育児休暇（従前賃金の50%）
自治体による公的保育（2歳児の90%カバー）	保育所、保育ママ、家庭保育の選択、3～5歳の公的保育所はほぼ100%のカバー	保育サービス未整備（3歳未満13.5%の利用）	企業施設、民間保育サービス中心	保育サービス未整備（3歳未満27%の利用）

出典：『平成19年度少子化対策白書』、厚生労働省「保育所関連状況取りまとめ（平成26年4月1日）」より筆者作成

民間市場を活用するかという違いはレジームの性質と一致している。

　ただし、保守主義レジームのドイツ、フランスに関しては、この説明は当てはまらない。保守主義レジームはもともと「男性稼ぎ主モデル」がもっとも強固であったが、フランスでは手厚い育児休業と並んで公的保育サービスが充実しているなど、脱家族主義が進んでいる。一方ドイツはごく最近まで脱家族主義が進んでこなかった。

　第三に、多くの研究者が一致して指摘するのは、議会での女性代表の多さが脱家族主義を促進させる、ということである（Lambert 2008; Bonoli and Reber 2010）（**表11-7**）。ボノーリとリーバーは、一九八〇年から二〇〇三年までの三〇カ国について保育サービスへの公的支出を比較し、いかなる要因が支出の多寡に影響を与えたのかを考察した。左派政権では公的社会支出全体が増えるものの、とくに保育サービスへの影響が大きいわけではな

表 11-7　国会議員（下院）に占める女性割合（%、2016 年）

スウェーデン	43.6
ドイツ	36.5
イギリス	29.4
フランス	26.2
アメリカ	19.4
日本	9.5

注：日米以外はポジティブ・アクション導入済み。イギリスは労働党のみ導入。
出典：Inter-Paliamentary Union, Women in national parliaments

い。公的保育サービス支出にもっとも影響を与えていたのは、議会での女性代表の多さであった（Bonoli and Reber 2010: 114）。さらに彼らは、年金など「古いリスク」への支出が大きくなる前に女性代表が増えた国では、保育サービスへの支出を増やすことが容易であったのに対し、少子高齢化が進み、年金支出が増大している国では、高齢者への支出と保育サービス支出とのあいだに「競合」が生まれてしまい、後者を増やすことは政治的に困難となる、とも論じている（Bonoli and Reber 2010: 115）。

③政治的機会構造

以上の議論をまとめておこう。近年では「脱家族主義」の重要性について、コンセンサスが成立している。これまでの研究では、脱家族主義が進んだ国とそうでない国の違いをもたらす要因として、レジームの違い、議会での女性代表の多寡、「古いリスク」への支出との競合が挙げられた。これらの要因は、いずれも長期的な家族政策のすう勢を説明するうえで重要である。とはいえ、一九九〇年代以降の家族政策の「変化」を説明するうえでは、なお粗すぎるところがある。そこで以下では「政治的機会構造」という概念を導入し、既存の研究を補完する論点を提示してみたい。

「男性稼ぎ主モデル」からの脱却とは、受益層である男性と、就労機会や選択機会を制約されてきた女性との「インサイダー／アウトサイダーの分断」を乗り越える、という課題として把握できる。分断を乗り越える一つの方法は、育児休業を短縮し、保育サービスの規制緩和によって民間企業の参入を促し、労働市場を柔軟化することで女性の就労を促すという「ワークフェア」型の政策である。公的な保育サービスや就労支援を拡充するよりも、給付削減と規制緩和をおもな手法とするこの政策は、インサイダーの抵抗を排したトップダウン型の意思決定によって可能となると考えられる(13)（政治的機会構造の閉鎖化）。

もう一つの方法は、公的保育サービスの拡充、公的な就労支援によって仕事と家庭の両立を支援するという政策である。こちらは政党がアウトサイダー（女性）を支持層へと組みこんだり、アウトサイダーの利益を代表する運動が政策に影響を与える回路が作られたりした場合に可能となると考えられる（政治的機会構造の開放化）。

以上の枠組みにしたがって、「男性稼ぎ主モデル」がもっとも強固であった保守主義レジームの代表国、ドイツ、フランスの改革過程を比較してみよう(14)。

(1) ドイツ

ドイツでは一九九〇年代前半までに最長三年間の所得を補償する手厚い育児休暇制度が整備された。その一方で保育所の整備は進まなかった。三歳未満の子どもは母親自身の手で育てるべきだ、という「三歳児神話」が根強かったためである。左右政党とも両立支援への関心は乏しく、二〇〇〇年代初頭に至っても、三歳未満の子どもへのケアサービス利用率は一割を切っていた（Leitner et al. 2008: 190）。ドイツで政策転換のきっかけとなったのは、EU指令によるジェンダー平等への圧力と、出生率の急激な低下であった（Morel 2007: 631）。一九九八年から二〇〇二年の赤緑連立政権では、フェミニズム運動の影響を受けた緑の党が育児ケアサービスの拡充を要求する。二〇〇二年の連邦議会選挙では、はじめて育児に関する男女役割分業が大きな争点となった（Clasen 2011: 97）。

ドイツ家族政策の実質的な転換は、二〇〇二～〇五年の第二次赤緑政権のもとで実現する。その推進要因となったのは、社民党レナーテ・シュミット大臣のイニシアティブによる連邦家族省の積極的なキャンペーンだった。連邦家族省は二〇〇六年までに七つの報告書を立てつづけに発表し、出生率低下による「死にゆく国家」に警鐘を鳴らした。代表的な二〇〇三年の報告書『活発な人口発展のための効果的な家族政策』では、保育施設の拡充と所得比例型の育児休業手当の導入が提唱された。それまで家族政策に関心が薄かった社会民主党は、「アジェンダ二〇一〇」で貧困家庭への支援を将来の経済の担い手に対する「社会的投資」として位置づけた。これらを背景として二〇〇五年に育児整備法が導入され、三歳未満の子どもへの保育施設の利用率を二〇一三年までに三五％へと引き上げることが定められた。

育児ケアへの支援を経済成長に向けた「社会的投資」ととらえる見方は、保守派のキリスト教民主・社会同盟へと引き継がれていく。二〇〇五年からのキリスト教民社同盟と社民党の大連立政権では、スウェーデンの育児休業制度を範とした「両親手当（Elterngeld）」（二〇〇七年）が導入された。これは父親の育児休業取得を促し、就労の継続によって所得が上昇するように設計された所得比例型の給付制度であった（Leitner et al. 2008: 196; 須田 二〇〇六；倉田 二〇一四）。

こうしてドイツの家族政策の転換は、ＥＵからの圧力と連邦家族省のいわば「上からの」イニシアティブによって開始され、「社会的投資」というアイディアを受容した左右両党の合意によって実現した。近年では公的保育サービスの拡充も進められているが、基本的な特徴は、手厚い所得保障を減らし、女性の就労を促す「雇用親和的」な政策という点にある（Fleckenstein 2011b）。

(2) フランス

フランスではフェミニズム運動の影響を背景として、一九七〇年代に家族と職業の両立支援策が導入されはじめる (Commaille et al. 2002: 78)。三歳未満の乳幼児ケアのための保育ママ職業資格認定、三～六歳児向け幼稚園の整備などである。一九八〇年代には育児ケアサービスの拡充が図られ、一九八六年に在宅保育手当 (AGED)、一九九〇年に認定保育ママ雇用手当 (AFEAMA) が導入された。これらは保育ママを雇う際、母親に補助金が支給される政策である。これらは高収入の女性にとって選択肢を拡大させ、低技能・低賃金のケア労働に就く女性も増大させた。

しかし、男性と競合する職種への女性の参画は抑制されつづけた。一九八五年には出産・育児による所得喪失を補てんする育児休暇手当 (APE) が導入され、支給額・対象はその後も拡大をつづけた。これらの政策を推進した右派政権は、低賃金の女性労働者を家庭へと回帰させ、多子出産を奨励することを目的としていた (Morel 2007: 625)。家族政策の理念を示す標語として用いられた「自由選択 (libre choix)」とは、高学歴の女性にしかあてはまらず、教育やスキルの乏しい女性にとっては家庭での育児を行う自由、すなわち「働かない自由」を意味していた (Math et Renaudad 1997: 13; Jonson and Sineau 2001: 111)。実際一九九〇年代後半に至るまで、三歳未満の子どもをもつ母親の過半数は家庭で育児を行っていた。

フランスで家族政策が転換するきっかけとなったのは、全国家族会議 (Conférence nationale de la famille) が一九九六年から毎年開催されるようになったことである。この会議では社会保険団体、労使団体、地域団体の代表のほか、家族アソシエーションが参加して家族政策の優先事項が話しあわれた。そこでは女性に対する育児・仕事の両立支援だけでなく、低収入家庭に対する再分配の強化が主張された（Steck 2005: 171）。二〇〇三年の家族会議を経て、二〇〇四年には乳幼児受け入れ手当（PAJE）が導入される。これは「自由選択」をより実質的なものとするため、三歳未満の育児向けに基礎手当を保障したうえで、子どもを保育所に預けるか、保育ママに預けるか、就業を中断するか、パートタイムで就業するか、フルタイムで就業するかの選択を両親に委ね、就労を継続するほど有利な所得を保障する仕組みであった。こうしてフランスでは、一律の就労強制ではなく、働き方、保育法の実質的な「自由選択」を保障し、非営利団体を活用したきめ細かな政策が展開されるに至った。

④日本への示唆

この節では、先進国で「脱家族主義」の必要性へのコンセンサスが生まれているにもかかわらず、「脱家族主義」の進んでいる国と進んでいない国でなぜ分岐が起こるのかを検討した。これまでの研究では、レジームの違い、議会での女性代表の多さ、古いリスクへの支出との競合が指摘されてきた。本節ではこれらに加え、「政治的機会構造」という概念を導入した。統治リーダーや官僚層によるトップダウン型の意思決定がとられる場合、公的支出の大幅な増加ではなく、規制緩和や就労促進型給付の導入による女性の就労が図られやすい。一方、女性代表が増えたり、フェミニズム・家族団体が政策決定に影響を与える回路が作られたりした場合、公的保育サービスや就労支援への支出が増えやすい。とくにフランスの場合、たんなる就労促進ではなく、育児方法や働き方の「自由選択」を保障するきめ細かな制度が作られていった。

以上を踏まえ、最後に日本への示唆について考えてみたい。日本では、一九八五年の第三号被保険者制度

(専業主婦向けの無拠出年金)、一九八七年の所得税配偶者特別控除の導入などに見られるとおり、保守政権のもとで「男性稼ぎ主モデル」は推持・強化された。日本は保守主義レジームと同様、男女の役割分業が制度のなかに強く組み込まれたレジームといえる。さらに今日まで議会での女性代表は先進国でも突出して少ない(表11－7)。そのうえ高齢化がもっとも急速に進んでおり、古いリスクへの支出が増えつづけているため、新しいリスクへの支出との競合も深刻である。これらの条件を勘案するかぎり、脱家族主義への政策転換は政治的にきわめて困難であることがわかる。

とはいえ、日本でも少子化問題は早くから認識されていた。日本で育児支援が争点化したのは一九九〇年のいわゆる「一・五七ショック」以後である。厚生省を中心に育児支援策が検討されたが、その中身は女性による育児を前提とした環境整備にとどまった。一九九九年に自民党と公明党の連立政権が誕生すると、公明党は少子化対策を政策上のアジェンダにのせる。ただし公明党の主張とは、児童手当の拡充であり、両立支援というよりも、母親の育児に対する経済的支援であった(辻 二〇一二：一二三)。こうして一九九〇年代末に至るまで、政党や官僚のイニシアティブによる男性稼ぎ主モデル転換の動きは乏しかった(大沢 二〇〇七：七八)。

一方、一九九〇年国連経済社会理事会の決議と勧告、一九九五年世界女性会議での北京宣言などの国際的な議論を受けて、政府は「ジェンダー平等」への取り組みを本格化させる(内閣府男女共同参画局「男女共同参画社会基本法制定のあゆみ」)。いわば「トップダウン」によって両立支援への動きが開始された。一九九四年には男女共同参画審議会が総理府に設置され、ジェンダー問題や家族問題を専門とする学者、ジャーナリスト、女性団体代表など計二七名が委員に任命された。審議会の答申を経て、一九九八年には「男女共同参

表11-8　家族向けサービス支出

スウェーデン	2.14
イギリス	1.37
フランス	1.36
ドイツ	0.97
日本	0.47

注：GDP比、％、2011年
出典：OECD Family Database, 2016

画社会基本法」が策定され、「家庭生活」と「他の活動」の「両立」が目標として掲げられた（第六条）。二〇〇一年には内閣府に男女共同参画局が設置され、省庁をまたがる総合調整機関、いわゆる「ナショナル・マシーナリー」が本格的に導入された。

こうして日本の特徴は、フェミニズムや家族運動による「下から」の圧力や政党との連携ではなく、少子化問題と国際的な動きを背景にした「トップダウン」による両立支援、女性の就労支援が行われてきた、という点にある。二〇〇〇年代に入ると少子化対策基本法（二〇〇三年）、子ども・子育てビジョン（二〇一〇年閣議決定）などが策定されている。ただしこれらは民間企業を活用した女性の就労促進にとどまり、保育サービスへの公的支出は先進国で突出して低いままであり（表11-8）、保育の規制緩和も進んでいない。

政策転換のもう一つの試みは、二〇〇九年の民主党政権のもとでなされた。民主党は総選挙にあたって普遍的な子ども手当の導入を目玉政策のひとつに掲げ、政権獲得後は月額一万三千円の子ども手当を導入した。しかしこの政策は、選挙対策としてマニフェストに書き込まれたものにすぎず、女性運動や家族団体との連携は弱かった。恒久財源を見つけられなかったこともあり、それは「バラマキ」との批判を受け、自民党への政権交代によって廃止された。

こうして日本では、トップダウンによる民間市場を活用したワークフェア型の就労促進策も、アウトサイダーとの連携による「自由選択」を保障する改革も、体系的には行われてこなかった。これらの政治の不作為によって、「脱家族主義」への転換がいちじるしく遅れ[15]、少子化に歯止めがかからなくなっている。

終　章　日本の選択肢

1　本書の概要

本書では、欧米（アメリカ、イギリス、ドイツ、フランス、スウェーデン）と日本の福祉国家を対象とし、その形成と変容を一〇〇年にわたるタイムスパンのなかで比較してきた。イギリスとアメリカは、近代世界システムにおいて覇権を握った中核国であり、フランスとドイツはこれらの覇権に挑戦した大陸ヨーロッパの代表国である。スウェーデンと日本は半周辺にあり、一九世紀後半から本格的な工業化を遂げた。世界システムのうちで異なる位置づけにあったこれらの国では、異なる社会階層がヘゲモニーを握り、固有の社会規範を形成した。こうした歴史的遺制のうえに戦後レジーム（雇用・福祉政策の組み合わせ）が構築されていく。

第I部では、戦後レジームの形成過程を比較した。福祉国家をどうとらえるかはそれ自体が論争的なテーマである。本書では、第二次世界大戦後のブレトンウッズ体制（IMF＝GATT体制）と国内のフォーディズム（大量生産と大量消費を循環させる仕組み）という共通の枠組みのもとで、各国が福祉国家を選択していった、ととらえた。この時期にもっとも重要であったのは労使の権力関係であるが、宗教政党や保守政党の社会観、ジェンダー規範も制度に影響を与えた。各国の選択は、労使関係、政治制度（政党システムと制度の集権性）、主要な政治勢力の理念という三つに着目することで比較考察できる。本書では、自由主義、保守主義、社会民主主義レジームへの分岐がなぜ、どのように起こったのかを分析し、これらとの比較から日本の戦後レジームの位置づけを探った。

日本はまったく独自の道を歩んできたという評価もあるが、「例外」論はどの国にも存在する。戦後日本はブレトンウッズ体制に組み込まれて復興を遂げ、国内では一定の労使和解体制のもとで長期の経済成長を実現した。その労使関係は、労働組合のイデオロギー的分裂、企業別組合という特徴をみるかぎり、使用者優位であったととらえられる。日本は社会的な権力関係からみれば自由主義レジームに近く、公的福祉の水準は先進国で最低にとどめられた。ただし、約四〇年におよぶ一党優位体制を築いた自民党は、民間大企業の利益を反映するだけでなく、中小企業・自営業、地方農村部など幅ひろい層のニーズを吸いあげ、政治を媒介した利益分配（公共投資、補助金、保護規制）によって国民統合を図ろうとした。実際の政策立案が官僚に委ねられたこともあり、その制度構造は保守主義レジームと共通点の多いものとなった。自営業・被用者・公務員など職域ごとに分立した社会保険、「男性稼ぎ主」型家族への依拠、規制された労働市場や長期雇用の慣行などである。こうして日本は、小さな公的福祉、民間企業の企業福祉、低生産部門への保護規制、地方への公共投資、そして強固な男性稼ぎ主型家族を組みあわせたレジームとなった。

第Ⅱ部では、ブレトンウッズ体制の崩壊とグローバル化、フォーディズムの機能不全という共通の状況において、各国がどのように戦後レジームの再編を行ってきたのかを比較した。グローバル化、ポスト工業化、家族構造の変化は、福祉国家に相反するインパクトを与える。税や社会保険料を引き下げ、福祉（年金・医療支出など）を「縮減」するという圧力と、「新しい社会的リスク」に対応して福祉（若年層支援、家族政策、教育政策など）を「拡大」させる、という圧力である。したがって、「新自由主義」への収斂が生じているわけではない。どのような対応がとられるのかは各国の政治的選択に委ねられる。

本書では、二つの段階に分けて福祉国家再編の政治を分析した。第一は、一九九〇年代までの「経路依存」の段階である。すでにある福祉制度の受益者がどの程度広く、組織化されているかによって、改革への抵抗力が規定される。一方、政治制度の集権性（拒否権プレイヤーの多寡）によって、改革の推進力が規定される。既存の福祉制度・政治制度のもたらす経路依存によって、各国の選択は分岐していく。第二は、二〇〇〇年代以降に「経路依存」を超える改革が行われていく段階である。本書では「政治的機会構造」という概念を導入することで、この段階の改革を大きく二つのパターンに区分した。ひとつは政治的決定プロセスの集権化により、受益層の抵抗を回避した改革（福祉縮減）が実現される場合である。もうひとつは、「新しいリスク」にさらされた人びとが新たな支持層として再編されたり、それを支援する運動が政策決定に参画したりすることで、改革（福祉拡大）が実現される場合である。

第Ⅱ部の考察から明らかとなるのは、自由主義、保守主義、社会民主主義というレジーム区分を超える形で再編が進んでいる、ということである。たとえばスウェーデンは、もはや単純な高福祉・高負担の国ではなくなっている。フランスとドイツは九〇年代まで「インサイダー／アウトサイダーの分断」を抱えていたが、二〇〇〇年代に入ると対応が分岐している。これらと比較すると、日本では戦後レジームが八〇年代まで維持され、九〇年代に破たんに向かった後も、政治の機能不全により改革が進んでこなかった。今日の日本は、正規労働者と非正規労働者、男性と女性、都市部と地方など、「インサイダー／アウトサイダーの分断」をもっとも強く抱え込み、少子高齢化と膨大な財政赤字とあわせた三重苦に直面している。

第Ⅲ部では、おもな政策ごとに各国の取り組みを比較した。グローバル化のもとでどの国でも格差が拡大しているが、それへ対応には大きな違いがある。再分配政策を分岐させる要因として、既存のレジーム、政治制度の違い（小選挙区制か比例代表制か）、人種間の分断が指摘される。ただし、先進国で格差への対応の成否を決定づけるのは、たんなる再分配というよりも、「新しいリスク」への対応である。そこで本書では、労働市場改革、少子化への対応という二つの課題にしぼって先進国の対応をさらに比較した。

先進国では労働市場の二極化への対応として、「ワークフェア」と「アクティベーション」という分岐がみられる。分岐の要因として、産業構造の違い、政治制度の違いが挙げられる。本書ではこれらに加え、「政治的機会構造」という概念を導入し、トップダウン型の改革が行われる場合にはワークフェアが、アウトサイダーとの連携によって改革が進む場合にはアクティベーションがとられやすい、と論じた。

さらに先進国では、脱家族主義が進んでいる国と進んでいない国の分岐がみられる。その要因として、既存のレジームの違い、議会での女性代表の多寡、古いリスクへの支出との競合が挙げられる。本書ではこれらに加え、「政治的機会構造」の違いに着目し、トップダウン型の改革が行われる場合には市場を活用した女性の就労促進策が、女性の政治的影響力が拡大した場合には公的保育サービスの拡大など「自由選択」を保障する政策がとられやすい、と論じた。

2　福祉国家はどこに向かっているか

以上の考察を踏まえるならば、先進国の福祉国家はどこに向かっていると考えられるだろうか。戦後の先進国では、労使関係と政党競争がレジーム分岐のおもな要因となった。そこで争点となったのは、最低所得保障や社会保険の給付資格、給付水準をどう設定するか、という点であった。エスピン＝アンデルセンは「脱商品化」という指標を用いてこれらを統一的に比較した。ただし、制度形成を主導した論者の言説をふり返るならば、そこに「自由」という原理が潜在していたことにも注意を向けなければならない。

たとえばイギリスのベヴァリッジは、社会保障の目的を、「最低生活水準（subsistence）」の給付をつうじて「個人がそのうえに自分の生活を自由に築きあげることができる」よう保障することであるとした（Beveridge 1942: §10）。フランスのラロックは、その目的を、すべての個人に「不安定というリスク」からの保護を提供し、とりわけ労働をつうじて自活できる条件を保障することであるとした（Laroque 1946: 15）。ドイツのローテンフェルス覚書では「自助」と「補完性」という原則が唱えられ、社民党のゴーデスベルグ綱領では、「社会政策は個人が社会の中で自由に自己を発展させ、自己の責任において生活を形成できるための基本的条件を創出しなければならない」と述べられた。スウェーデン社民党の党首エルランデルや経済学者のレーン、メイドナーは、社会政策の理念として「自由選択（Valfriheten）」を掲げた。

戦後福祉国家とは、各人の自由な自己発展、それぞれの意思と選択にもとづく自立した生活のための基礎的な条件を保障しようとするものだった。それは（働ける人の）完全雇用を前提としていたとおり、資本主義と原理的に対立するものではなかった。言い換えれば、それは労使の階級対立の産物というよりも、一定の労使和解の産物であった。とはいえ、資本主義市場だけですべての個人に「自由」「自立」の条件を保障することはできない。資本主義市場が個人に強いるさまざまな不安定（病気、けが、老齢、失業など）と格差を抑制し、基礎的な所得をすべての人に保障することこそ、「自由」の条件と考えられたのである。

ただし、戦後福祉国家が保障する「自由」には、次のような制約がともなっていた。そもそも福祉国家とはブレトンウッズ体制とフォーディズムという二つの枠組みのなかに組み込まれていた。ブレトンウッズ体制は国境を超えた資本移動を規制し、フォーディズムは「規格化」された労働と消費、男性稼ぎ主型の家族モデルを個人に強いるという側面をもっていた。誰もが同じような労働に従事し、同じようなモデルの製品（テレビ、冷蔵庫、洗濯機、自動車など）を購入し、同じような家族を形成する。こうした画一的なライフスタイルと引きかえに、「豊かな社会」を実現することがめざされたのである。

一九七〇年代以降、戦後福祉国家は二つの方向から再編の圧力にさらされていく。一つはグローバル化と産業構造の変化にともなう競争圧力である。国境を超えた資本移動の規制が撤廃され、海外直接投資や為替取引が拡大し、生産の国際的分業が進んでいく。先進国の産業は、製造業から情報・サービス業へと移行していく。これらの変化にともなって、国家による雇用規制や手厚い社会保障は、経済成長の桎梏とみなされるようになっていった。とりわけ国際競争に直面する民間企業の使用者と労働者、統治エリート層は、新しい経済状況に適応する雇用・福祉政策への変革をめざすようになる。思想のレベルでも、この時期にはハイエクやフリードマンの「新自由主義」が広い影響力を獲得した。フリードマンによれば、政府が衣食住の画一的な基準を設定し、国民の生活水準を保障しようとするならば、個人の自己責任、多様性、創意工夫の精神が損なわれ、「自由」が圧殺されてしまう。政府の権力を抑制し、資本主義市場を活性化することこそ、「自由」を実現する条件となる（Friedman 1980）。

しかし、新しい経済状況への適応だけが問題となったわけではない。この時期に現れたもう一つの変化は、都市部の新興中産階級を中心として、戦後の「規格化」された労働や消費、ライフスタイルに対する批判が高まったことである。生活水準の向上した労働者の一部は、生産の自主管理、経営への参画、柔軟な働き方を求めるストライキや労働運動へと参加した。中産階級の一部は、戦後の生産至上主義を問いなおし、反公害・エコロジー運動、反原発運動、地域運動などの「新しい社会運動」の担い手となった。男性稼ぎ主型の家族のあり方を問いなおすフェミニズム運動も活性化した。これらの運動は、多様な働き方やライフスタイルを選択し、自己決定できる社会を求めるものだった。キッチェルトは新しい価値観を「リバタリアニズム」と呼んだが、本書ではこうした価値観を「自由選択」と総称した。

八〇年代に入ると、「規格化」された労働・ライフスタイルを前提とした戦後の雇用・福祉政策から排除され、「新しい社会的リスク」にさらされる人びと（短期雇用・パートタイマーなどの非典型労働者、ひとり親世帯、単身世帯など）が増大する。既存の政策によって「インサイダー／アウトサイダーの分断」が生みだされている、という認識が広がっていく。新しいリスクにさらされた人びと、「自由選択」を重視する一部の中産階級は、より多様な働き方やライフスタイルを保障する雇用政策、福祉政策への転換を求めていく。

なお同じ時期には、思想のレベルでも「リベラリズム」の再定義が論争となったことに触れておきたい。ジョン・ロールズは一九七一年に『正義論』を発刊し、リベラリズムの復権に大きな役割を果たした。ロールズによれば、誰もが自らの人生の目標（善の構想）を自由に選びとり、追求できる「公正な社会」を実現するためには、基本的な権利（政治・経済・市民的自由）が保障されるだけで十分ではない。人びとのあいだには生まれによる貧富の格差や能力の格差も存在する。実質的な機会均等を保障するためには、人生の出発点においてこれらの格差を埋めあわせる財やサービスの再分配が必要である（Rawls 1999）。ロールズの構想を引き継いだアマルティア・センは、社会的に望ましいとされることがらを実現できる可能性の集合を「潜在能力（capability）」と呼ぶ。誰もが等しく「潜在能力」を保障され、多様な選択肢のなかから自分の人生

図12-1　レジーム再編の方向性

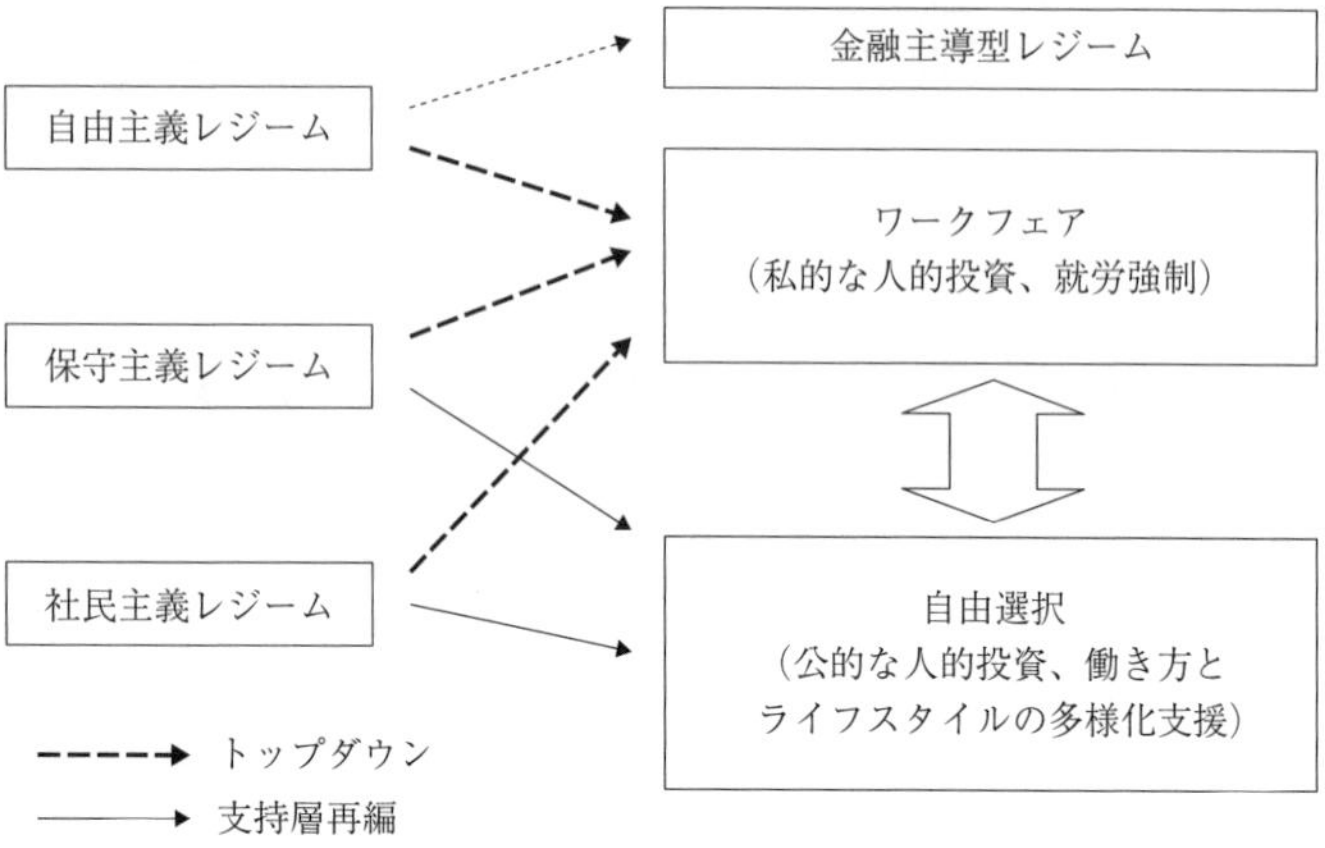

出典：筆者作成

を選びとることができなければならない。「潜在能力」を平等化するためには、同じような財やサービスを分配するだけでなく、各人の置かれた環境、身体的特徴、能力などに応じたきめ細かな財の分配、公共サービスの提供が必要である。こうして今日の規範理論では、「自由」という価値をどう実現するのかをめぐって、市場メカニズムを重視するのか、国家による財やサービスのきめ細かな分配を重視するのかという対立がつづいている。

以上のように、一九七〇年代から現在にかけて、福祉国家は二つの方向から再編を迫られ、異なるアクターが再編の担い手として浮上した。こうしたアクターの組み替えによって、今日の先進国は、レジームの区分を横断する形で、およそ二つの改革方向へと収斂しつつある（図12－1）。

アメリカなど一部の国は、グローバル化に合わせて産業構造を再編し、金融規制緩和、所得税減税、福祉縮減などをつうじて「金融主導型レジーム」へと向かっていった。本書では、このレジームをグローバル化にともなう必然的な帰結というよりも、[1]「政治的機会構造」の極端な閉鎖化、つまり労働組合・中産階級の政治的影響力の衰退と、金融業界や大企業経営者への権力集中という固有の政治状況においてもたらされたものととらえた。アメリカと同様の変化が他のヨーロッパ諸国に広がっているとはいえない。

自由主義レジームのイギリス、保守主義レジームのドイツ、社会民主主義レジームのスウェーデンでは、トップダウン型の政策決定がとられたときに「ワークフェア」型の政策が導入された。ブレア労働党政権やシュレーダー赤緑政権は「第三の道」を掲げ、人への投資を主張したが、積極的労働市場政策への支出が増えたわけではなかった。実際に行われたのは労働市場の規制緩和、受動的な失業給付や公的扶助の削減、就労を条件とした給付への転換などであった。スウェーデンの右派連立政権では、ラインフェルト首相のリーダーシップのもとで積極的労働市場政策への支出を減らし、就労義務を強化する改革が進められた。またこれらの政権では、公共サービス（教育、医療、ケアサービス）への市場原理の導入やエージェンシー化も進められた。

一方、保守主義レジームのフランス、社会民主主義レジームのスウェーデンでは、左派政党が「新しいリスク」にさらされた人びとを支持層へと組み込んだり、こうした人びとを支援する社会運動の政策決定への参加が行われたりした場合に、「自由選択」型の政策がとられた。スウェーデン社民党は八〇年代から福祉国家の「サービス化」と女性への両立支援を進め、二〇〇〇年代に入ると「自由選択」を政策理念に掲げて、アウトサイダーへの就労支援、両立支援策を推進した。フランスでは、反貧困アソシエーションや家族アソシエーションが政策決定へと参与し、「自由選択」をキーワードとした家族政策や、社会的排除への手厚い包摂政策が行われた。「自由選択」型の政策では、戦後福祉国家が前提としてきた「規格化」された労働のあり方、男性稼ぎ主モデルの家族が批判され、より多様な働き方、家族のあり方に応じたきめ細かな政策がめざされる。労働時間の柔軟化、フルタイムとパートタイムの均等待遇や選択制、公的保育サービスと民間非営利サービスの選択制、就労強制よりも家事・コミュニティ活動・公共セクター・民間セクターでの就労の選択制などである。

こうして先進国の雇用・福祉政策は、既存のレジーム分類を超えて、左右政党の党派性をも横断する形で、(2)いわば「上から」と「下から」というデモクラシーのあり方に応じて、「ワークフェア」と「自由選択」という新しい対抗軸のもとに再編される途上にある。

3　日本の選択肢

先進国の改革とその政治的条件を踏まえると、今後の日本に対していかなる選択肢が示唆できるだろうか。今日の日本社会は、格差拡大、急激な少子高齢化、財政赤字という三重苦に直面している。これらはいずれも、新たな社会経済状況に合わせて既存のレジームを再編する、という課題に失敗したことの帰結である。日本の問題点は、行きすぎた新自由主義的改革によって富裕層と貧困層への二極化が生じたということではなく、失業・低所得層への行きすぎた保護や再分配が行われているということでもない。他国に比べて水準の低い公的福祉が維持されたまま、「インサイダー／アウトサイダーの分断」が顕在化し、それへの実質的な対応が進んでこなかった、という点にある。一九九〇年代から試みられてきた「政治改革」とは、政界内部の権力獲得をめぐる競争と結びつくにとどまってきた。従来のレジームをどう再編するのかという大きなビジョンをめぐる競争は、今日に至るまで根づいていない。

レジーム再編の方向性に影響を与える要因は一つに絞られないため、将来の方向性を確定的に論ずることは困難である。公的福祉の受益層が狭く、（衆議院では）小選挙区中心の選挙制度をとり、高齢化にともなう支出が増大している点を鑑みれば、今後アウトサイダー向けの支援が強化される可能性は低い。他方、日本は高付加価値製品やサービスに強みをもつ調整的市場経済の一つに分類され、人種的分断も小さい。企業や家族といった公的福祉を代替してきた集団のつながりも希薄化している。これらの条件を鑑みれば、今後再分配を強化し、「人的資本への投資」へと舵を切る可能性もある。以下ではごく粗いスケッチにとどまることを承知のうえで、「古いリスク」と「新しいリスク」への対応に分けて、改革が進む条件を考えてみたい。

（1）古いリスクへの対応

ボノーリとリーバーが指摘するように、高齢化にともなう「古いリスク」への支出（医療、年金）と「新しいリスク」への支出（若年層・女性への支援）とのあいだには競合関係が生まれやすい（Bonoli and Reber 2010: 115）。高齢化の進度は国によって違いがあるものの、どの国でも過去二〇年のあいだに医療・年金制度の持続性を確保するための給付抑制策が進められてきた。医療制度は国による違いが大きいため（Huber and Stephens 2015: 267）、ここでは年金改革に絞ってみておこう。福祉国家形成期にあたる一九五〇～六〇年代には、付加年金を公的なものとするか、民間に委ねるかが政治的争点となった。しかし今日では、左右の党派対立を超えて、いくつかの共通する改革方向を抽出することができる（OECD, Pension at a Glance 2013）。①職域ごとの制度の格差をなくし、所得比例を強めることで、負担と給付の対応を明確化すること。②満額拠出期間の延長、給付開始年齢の引き上げなどをつうじて、給付の伸びを抑制すること。③公的年金を補う積立式の個人年金、企業年金を導入すること。④給付が最低生活水準に満たず、個人年金に加入する余裕もない高齢者に対しては、税などを財源とする最低保障年金を導入すること。これらの改革は、労使団体や受給者団体などの利害当事者ではなく、専門家の作る委員会や、少数の与野党議員で作る超党派の委員会で案が策定され、政府のリーダーシップのもとで実現されている(3)。人口動態にあわせた長期的な制度設計が必要な年金改革は、左右の党派対立、利害当事者の意見を反映した短期的な決定プロセスにはなじまないからである。

日本では、二〇一五年度から共済年金と厚生年金の一元化が行われたものの、給付開始年齢の六五歳以上への引き上げ、給付抑制策は、高齢者層の反発を恐れて進んでいない。最低保障年金も財源の問題から導入されておらず、非正規労働者の年金加入も、業界団体の反発によってわずかな規模にとどまっている（駒村二〇一四）。何より年金制度の全体像について、与野党のあいだに党派的な対立がつづいている。本来年金制度改革は、人口動態にあわせた長期的な設計を要するため、短期的な有権者の支持を見込んだ党派対立にはなじまない。制度の持続性に焦点を絞ったうえで、できるだけ早く超党派の合意を形成し、政府による強いリーダーシップのもとで改革を進める必要がある。

(2)　新しいリスクへの対応

今日の政治的な対抗軸は、「古いリスク」に対応する改革よりも、「新しいリスク」への対応において見いだせる。これまで日本では、「ワークフェア」と「自由選択」のいずれの政策も一貫したパッケージとしては実施されておらず、「インサイダー／アウトサイダーの分断」が固定化されてきた。これまでの本書の考察からは、およそ二つの改革方向を導くことができる。

第一は、「ワークフェア」型の政策を推進する、という方向である。この立場によれば、資本主義市場こそ個々人の能力や創意工夫を最大限に引きだし、選択の機会を最大化する。すべての人が労働に従事し、自らの技能を伸ばそうと競争することで、社会全体の活力も高まる。長期的な人口減少にみまわれ、膨大な財政赤字を抱える日本では、働かないで生活できる人をできるだけ少なくし、誰もが労働市場で働き、責任を負うよう促す政策が必要である。この「ワークフェア」型政策のポイントは、既存の雇用政策、福祉政策によって保護された人とそこから排除された人の違いを撤廃し、誰もが同じ条件のもとで競争する仕組みを作りあげる、ということである。

具体的には以下のような改革があげられる。正規・非正規の格差に関しては、労働市場を流動化（解雇規制の緩和、賃金の柔軟化など）し、雇用の場を拡大させる。生活保護・失業給付などの受動的な給付を減らし、代わりに職業訓練や就労活動を義務とする給付を導入する。公教育や積極的労働市場政策への支出を増やすのではなく、各人が私的な投資をつうじて必要な技能を身につけられるよう民間教育機関の参入を促す。家族への支援に関しては、育児手当・育児休暇などの現金給付を最小限にとどめ、女性が就労を行うほど所得が有利となるような制度を導入する。育児・介護ケアや教育サービスの規制緩和を進め、公的サービス・民間サービスの競合をつうじて消費者の「選択の自由」を広げる。

これらの改革は、部分的にではなく、一つのパッケージとして行われなければならない。そのためには各々の利害当時者から切り離された統治リーダーによるトップダウン型の決定プロセスが必要となる。たとえば、政党執行部に政策立案・資源配分の権限を集約する党組織改革を行うこと、政府のもとに専門の委員会や審議会を置き、少数の専門家によって政策を策定すること、戦略的なコミュニケーション部門を設置し、統治リーダーによる国民への直接的なコミュニケーションによって支持を調達できるようにすること、などである（ポグントケ、ウェブ編 二〇一四）。

第二は、「自由選択」型の政策を推進するという方向である。この立場によれば、資本主義市場だけですべての人に「自由」や「自立」を保障することはできない。個々人のあいだには生まれ育った環境の格差、生来の能力の格差、さまざまなハンディキャップの有無もある。他方で、個々人の価値観やニーズは多様化しており、最低水準の生活保障だけを行えばよいわけでもない。むしろ各人が働き方、ライフスタイルを自由に選択し、労働市場にとどまらない多様な回路をつうじて社会に参画できる条件を整えることが必要である。労働時間を減らし、非営利活動やボランティア活動に参加したり、家庭内のケア労働に参加したりすることも、社会参画のひとつの回路である。公共サービスの効率化は必要であるが、福祉政策の目的は、経済競争に打ち勝つための「投資」だけにはとどまらない。多様な価値観、多様なライフスタイルをお互いに認めあい、「自由選択」を保障することで、誰もが社会のなかに居場所をもち、その一員として包摂されることがその目的である。

具体的な改革として以下のようなものがあげられる。正規・非正規の格差に関しては、処遇・賃金の同一原則を定め、労働時間の柔軟化や選択制（労働時間貯蓄制度など）を進める。生活保護・失業給付を減らし、給付付税額控除など就労インセンティブを組み込んだ給付を増やす。同時に積極的労働市場政策や生涯教育を手厚くする。民間非営利団体と協力し、民間企業にとどまらない多様な包摂と支援の場を提供する。家族への支援に関しても、公的保育サービス、非営利団体、保育ママ、民間サービスの選択機会を提供し、選択にあわせたきめ細かな財政支援を行う、などである。これらの政策を実現するためには、先進諸国と比べて最低水準にとどまっている消費税を引き上げることも必要となるだろう。

こうした福祉拡大策は、「トップダウン」ではなく、支持層の広範な再編を条件とすると考えられる。正規労働者のみならず非正規労働者の利害を組み込んだ労働組合との協力、政党による若年層・女性・リバタリアン的価値をもつ中産階級への支持層拡大、アウトサイダーを支援する社会運動との連携、これらの運動の政策決定への参加拡大などである。

これら二つの改革方向の対抗が、政党同士の競争という形をとるとはかぎらない。他国の事例をみても、イギリス労働党、ドイツ社民党など左派政党が「ワークフェア」改革を進めた例がある。とはいえ、どちらの改革を選択するにせよ、強力な政治的正統性に裏づけされなければ実行は困難である。今日の日本は、どのような社会をめざすのか、さまざまなしがらみや個別利害を超えた大きな将来ビジョンの選択を必要としている。一人ひとりに対して将来の選択肢を提示するためには、ワークフェアを掲げてトップダウン型の意思決定をとる政党と、自由選択を掲げてアウトサイダーへの支持層拡大を進める政党を中心とした新しい政党の競争空間が構築されることが望ましい。政治の側がこうした条件を満たせるかどうか。そして一人ひとりがこうした条件にしたがって政治のあり方を厳しくチェックできるかどうか。これらの要件が、日本社会の将来を規定していくことになると考えられる。

註

序　章

（1）高齢者の雇用を促進するとしても、退職世代一人を支える現役世代の数が小さくなるというトレンドは変わらない。

（2）「新自由主義とは何よりも、強力な私的所有権、自由市場、自由貿易を特徴とする制度的枠組みの範囲内で個々人の企業活動の自由とその能力とが無制約に発揮されることによって人類の富と福利が最も増大する、と主張する政治経済的実践の理論である。」（ハーヴェイ 二〇〇七：一〇）

（3）福祉国家論が「収斂」論から出発し、「収斂のなかの多様性」を主題とするものへと発展してきた、という新川（二〇一一）のガザへの批判を参照。

（4）社会科学の方法に関する近年の議論として以下を参照。キングほか（二〇〇四）、ピアソン（二〇一〇）、アレキサンダーほか（二〇一三）、ブレディ、コリアー（二〇一四）。

（5）ウィレンスキーの場合、政府の福祉支出とは、老齢・遺族・障害年金、医療保険・サービス、労働市場政策、公的扶助、戦争犠牲者への給付などを指す。

（6）その起源のひとつとして、社会学者マックス・ヴェーバーの国家論を挙げることができる。ヴェーバーによれば、近代社会とはすべての社会関係が合理的に組織化されていく社会である。経済においては資本主義が、政治においては国家（官僚制）がそれぞれ発展する。資本主義の発展にともなって資本家と労働者という二大階級に収斂していくわけではない。むしろ官僚、技師、専門家など、公的・私的組織の両方で官僚制が肥大化していく（ウェーバー 一九八〇）。

（7）エスピン＝アンデルセン、ウォルター・コルピなど、おもに北欧の政治経済学者たちによって唱えられたこの理論では、左右政党の組織的な権力基盤（労働組合や使用者団体）が主題に据えられる。とりわけ、福祉国家の発展を規定するのは左派政党の影響力とされる。左派政党の影響力は、およそ二つの指標によって測られる。一つは労働組合の組織力である。労働組合の組織率が高いかどうか、組合が分裂せず単一に組織されているかどうかによって、労働者階級の「権力資源」が決まる。二つ目は政党の連合戦略である。労働者階級を支持基盤とするだけで議会の多数派を占めることは難しい。農民階級、中産階級など他の階級と戦略的に提携し、選挙で多数派をとって政権を獲得できたかどうか。以上の権力資源と政党の戦略によって、左派の権力の大きさが決まり、その違いが先進国の福祉国家の違いをもたらした、と説明される。

（8）エスピン＝アンデルセンは「脱商品化」の基準として以下を挙げている。年金に関しては①最低保障水準の置換率、②標準的な年金給付の平均額、③拠出期間、④年金支出に占める個人負担の割合。医療・失業保険に関しては①最初の26週間の給付の置換率、②受給資格に必要な雇用期間、③給付までの待機日、④給付期間。以上をスコア化して合計する。

なお「脱商品化」の定義をめぐっては今日までさまざまな論争が行われている。L・スクラッグは、エスピン＝アンデルセンの指標を修正し、年金、医療保険、失業保険の給付水準、給付期間、給付条件を新たに数値化した。ただし下の表のとおり、彼の測定でもレジームに応じた脱商品化度の違いは見いだせる（Comparative Welfare Entitlements Dataset by Lyle Scruggs, University of Connecticut）。

表　1990年の脱商品化度

スウェーデン	36.9
フランス	30.3
ドイツ	29.6
イギリス	23.8
アメリカ	19.0
日本	20.6

（9）たとえばジェーン・ルイス、ショーラ・オルロフなどフェミニストの研究者たちは、権力資源論が「男性稼ぎ主モデル」を前提としており、家庭のなかで家事労働に従事している女性たちを考慮に入れてこなかった、と批判している（Lewis 1992; Orloff 1993; Sainsbury ed. 1999）。女性にとっては「脱商品化」よりも前に労働市場に参画して働くこと、すなわち「商品化」されることのほうが重要である。「商品化」されることで無償の家事労働から解放され、より自由な立場を手に入れられるからである。こうした批判を受け、エスピン＝アンデルセンもまた二〇〇〇年前後から、女性の就労促進策を「脱家族主義（defamilialization）」という指標を用いて考察するようになっている（Esping-Andersen 1999; Esping-Andersen 2009. Cf. Orloff 2009）。脱家族主義については第11章第2節を参照。

(10) これらの議論によれば、福祉国家の導入に大きな役割を果たしたのは、労働勢力というよりも使用者の側である。福祉政策とは、労働力を安定的に供給し、資本主義を円滑に機能させるための政策である。たとえばスウェーデンの研究者ピーター・スウェンソンによれば、大きな福祉国家の典型とされるスウェーデンですら、福祉政策（医療・年金、雇用政策、ケアサービスなど）の導入をもたらしたのは、使用者団体の働きかけであった（Swenson 2002）。スウェーデンで普遍主義的な福祉国家が実現したのは、使用者団体と労働組合とのあいだに協力関係（階級交差連合）が形成されたからであった。またピーター・ホール、デヴィッド・ソスキスら「資本主義の多様性」を唱える論者によれば、手厚い失業保険や雇用保護がある国では、労働者が長期的な視点に立って自己に投資を行い、より高度な技能を身につけようとする。高度な技能をもつ労働者が必要となる産業構造の国では、手厚い雇用保護や失業保険を公的に整備することは、使用者にとってメリットとなる（Hall and Soskice eds. 2001）。つまり福祉政策のあり方は、それぞれの国の産業構造、彼らの言葉でいえば「生産システム」との関連から考察されるべきである。実際、使用者団体の組織化が進んだ国ほど公的社会支出も大きくなる、という（Schröder 2013: 74; Thelen 2014）。

こうしたとらえ方は、近年の「人的資本投資」論によってさらに強化されている。一九九〇年代以降の先進国では、公的扶助や失業保険などの受動的給付（働かなくとも生活できる給付）が削減される一方で、職業訓練や職業教育と結びついた給付が増大してきた（European Commission 2006）。福祉政策とは、労働市場から離脱した人びとの「就労可能性（employability）」を高め、彼ら・彼女らを労働市場へと送り返すための「投資」である、という見方が強まってきた（Pierson ed. 2001; OECD 2011）。エスピン＝アンデルセン自身、近年では「脱商品化」という言葉をほとんど用いなくなっている。モノづくりではなく、情報、技術開発、サービス提供などが中心となるポスト工業社会では、就労可能性を高める「社会的投資」こそが効率性と公平性を結びつける鍵となる、というのである（エスピン‐アンデルセン 二〇〇一b）。以上のような見方からすれば、福祉政策とは、そもそも労働力の「商品化」と親和的であり、今日では「再商品化（re-commodification）」を目的とするものとなっている、ということになる。

(11) ルームは職業への満足度、職業訓練の機会、職業以外の社会参画など、より広い指標を組みあわせて、（自己創造や自己発展も含めて）「脱商品化」度を測るよう提案している（Room 2000）。「脱商品化」概念を再検討した田中（二〇一―a）も参照されたい。

第Ⅰ部

第1章　福祉国家の前史

（1）福祉国家の前史をいくつの段階に分けるのかについては、さまざまな立場があり、定説は存在していない。ピーター・フローラは、国民国家形成に関するリプセット、ロッカンの有名な図式を援用し、四つの段階に区分する。（一）国境線が確定し、中央集権的な行政機構が整備される「国家形成（state formation）」の段階、（二）共通の国民意識が教育などをつうじて涵養される「国民形成（nation building）」の段階、（三）農業から商工業への「工業化（industrialization）」が進む段階、（四）労働者階級の政治参加によって「再分配（redistribution）」が行われ、福祉国家が成立する段階である（Flora and Heidenheimer eds. 1984; Flora ed. 1986-1987）。フランソワ＝サヴィエル・メリアンは、（一）慈善が中心の中世、（二）公的救貧（公的扶助）が整備される一七世紀以降、（三）労働者保護が導入される一九世紀、（四）社会保険が義務化される二〇世紀、という四つに分けている（Merrien et al. 2005）。

ただし、福祉国家形成に関する比較史研究は、まだ空白といってもよいほど手薄である。比較を意識した研究としてKaufman（2012）、リッター（一九九三）などがあるが、いずれもドイツを中心としたものにすぎない。思想的伝統の違いに着目したものとしてはAshford（1986）など。本章の叙述も、今後の本格的な比較史研究のためのたたき台を提供するものにすぎない。

（2）各国で長期的に形成された「ヘゲモニー」のあり方を理解するためには、「社会的亀裂（social cleavage）」という概念を参考にすることが有益である。政治学者のシュタイン・ロッカンとシーモア・リプセットは、西ヨーロッパの国民国家形成史を四つの段階に分け、それぞれに対応する社会的亀裂を以下の表のように指摘した（Lipset and Rokkan eds. 1967: 14）。彼らの「凍結」仮説によれば、政党政治が確立する二〇世紀初頭にどのような社会的亀裂が存在したのかによって、その後の政党システムが決定さ

表　国民国家と社会的亀裂

国家形成	中心（多数派文化）／周辺（少数派文化）
国民形成	世俗化／宗教（カトリック／プロテスタントなど）
産業化	一次産業／二次産業
再分配	資本家階級／労働者階級

れる。「一九六〇年代の政党システムは、少数の重要な例外を除いて、一九二〇年代の亀裂構造を反映している」(Lipset and Rokkan eds. 1967: 50)。亀裂が少ない場合には二党制が、多い場合は多党制が成立した。

リプセットとロッカンの社会的亀裂論は、福祉国家の形成史にも応用できる(Flora ed. 1986-1987)。これまでの研究では、宗教的亀裂と福祉国家の形成を比較した Kersbergen and Manow eds.(2009)、労働者階級と中産階級との連携に着目した Baldwin(1990)などがある。

(3) エスピン=アンデルセンは、家族、市場、国家による福祉供給の組みあわせを指して「福祉レジーム」と呼んだ。本書では、エスピン=アンデルセンの用語を引き継ぎつつ、雇用政策と福祉政策の連携を重視し、それらを「レジーム」と総称することにする。

(4) ほかに慈善組織教会のバーナード・ボザンケットなど(Freeden 1986; McBriar 1987)。

(5) 代表者はウィリアム・グラハム・サムナー(トラットナー 一九七八:八〇)。ただし、一九世紀アメリカでは州によって文化が大きく異なっていた。貧民に対する抑圧的な文化は奴隷制の残る南部に見られた、という指摘もある(Hanson 1994)。

(6) この時期には第三党である革新党も重要であった。

(7) 社会主義運動の勃興に対抗して、国家エリートの対応としてビスマルク社会保険を説明した古典的研究としてリッター(一九九三)。なお福祉国家形成に対する使用者団体の影響を重視する近年の動向に対応して、ビスマルク社会保険を使用者勢力による「ブルジョワ改革」の一環として説明する研究もあるが(Paster 2012: 50)、こうした解釈では、ドイツ福祉国家が伝統集団を活用しつつ形成された、という特徴はうまく説明できない。

(8) ただし石原は、一九世紀末スウェーデンの労働者階級の特徴として、「工業立地の地理的分散性や様々な生産様式の並存と出自の多様性によってきわめて不均質な構成を持っていた」と逆の指摘をしている(石原 一九九六:七六―七七)。とはいえ両者に共通するのは、スウェーデンの労働運動がイギリスのような職能別の組織をとらず、階級全体で組織され、かつ農民、中産階級とも連携していった、という点である。

(9) 飯田(一九九七:二〇五)。高田保馬による一九一九年の『社会学原理』、二一年の『社会と国家』、二三年の大山郁男『政治の社会的基礎』、福田徳三『社会政策と階級闘争』など。

（10） 一九四六年での年金加入者は四〇〇万人にとどまっていた（キャンベル 一九九五：八八）。

第2章 自由主義レジームの形成

（1） 戦後ヨーロッパが、アメリカの援助を背景とした「生産性の政治」を実現しつつも、各国ごとに異なる復興過程をたどり、ヨーロッパ統合へと向かっていくことを指摘した研究として廣田、森（一九九八）。

（2） 本書では、エスピン＝アンデルセンの三類型を基本的に踏襲する。ただしエスピン＝アンデルセン自身は、三類型を脱商品化指標と階層化指標から導いており、歴史的な形成過程を詳しく検討しているわけではない。

（3） Blakemore and Warwick-Booth（2013: Ch. 3）など。より詳しい通史の代表として、Fraser（2003）、樫原（一九七三—二〇〇五）がある。

（4） 一九六〇〜七五年の平均成長率は二・六％と先進国で最低水準に落ち込み、一九四九年、六八年、七六年の三度にわたるポンド切り下げを強いられた。

（5） 北アイルランドの自治は例外である。ただしスコットランド、ウェールズへの権限委譲は二〇世紀末のブレア政権の時代にようやく進んだ。

（6） ベヴァリッジの当初の案では、完全雇用政策によって、国民扶助の役割は徐々に少なくなっていくと考えられていた。ところが実際には、社会保障のなかで公民扶助が大きな規模を占めるようになる。

（7） しかし実際には、一九六〇年代以降に慢性疾患が増えていき、この仕組みは人びとのニーズに対応できなくなっていく。

（8） この時期の「コンセンサス」の中身に関しては多くの論争がある。もともと保守党が福祉国家に好意的であったという解釈として Hill（1993）。一方、福祉政策に対する大まかな「コンセンサス」にもかかわらず、イデオロギーのレベルでは、平等を重視する労働党と、市場の自由や効率性を重視する保守党のあいだに違いがあった、とも指摘される（Lowe 2005: 98）。

（9） ここでいう「リベラル」とは、二〇世紀初頭のアメリカにおいて自由主義を修正することで登場した立場を指す。個人の個性や人格の自由な発展のためには、政府が市場に介入し、さまざまな規制や再分配を行わなければならない、と考える立場である。

（10） 代表例は、バーンスタイン（一九七二）、Fraser and Gerstle（1989）。

（11）「一九三五年社会保障法は、ニューディールの雇用・失業対策の一環として立案され、労働市場の構造的な問題を解決することが同法の主眼とされた」（佐藤 二〇一三：四九）。

（12） 一九六〇年一〇・九％から一九八一年二〇・八％へと倍増する（OECD 1985）。

第3章 保守主義レジームの形成

（1） 福沢はこの時期のコンセンサスを、市場経済を国家が補完する「社会的」な自由主義であるとして、「新自由主義」と呼び換えている（福沢 二〇一二：九）。

第4章 半周辺国の戦後レジーム

（1） スウェーデンの福祉国家形成史の研究では、普遍主義的な制度となった要因が次のように説明されてきた。労働組合の高い組織率を背景として、戦前は労農同盟、戦後は労働者階級と中産階級との連合により、社会民主党が一貫して政権を維持しつづけたためである（Esping-Andersen 1992; 宮本 一九九四：岡沢 二〇〇九：渡辺 二〇〇二）。本章もおおむねこうした解釈に依拠している。なお近年では左派の権力よりも使用者団体の影響力を重視する研究もあるが（Swenson 2002）、それだけではスウェーデンで社民党の一党優位体制がつづいた理由をうまく説明できない（cf. Huber and Stephens 2001: 199）。

（2） 直接ミュルダールと関連するわけではないが、こうした「社会工学」的発想のひとつの負の側面が、一九三四年に社民党政権のもとで導入され、七〇年代まで維持された「断種法」である。この法律では、優生学的な発想にしたがって、知的障害者や精神病患者に強制的な不妊手術を行うことが認められた。誰もが労働に従事し、国民経済の発展に貢献する代わりに、普遍主義的な福祉国家の受益者となる、という考え方は、この権利―義務の対応から外れる（と考えられた）者の権利を軽視する危険性と隣りあわせだった（cf. 市野川 一九九九）。

（3） なお「選択の自由」という理念は、この時期の自由党、保守党の側からも掲げられていた。したがって、各人の人生を自らの手で決定できるよう保障する、という理念は左右に共有されていた。ただし違いはその保障の仕方にあった。社民党はより普遍主義的な仕方で負担（付加価値税）と給付（公的社会保障）を結合させようとしたのに対し、自由党、保守党はより選別的な仕方、つまり公的な社会保障の役割を最低生活水準にとどめ、民間保険や任意の職域保険の役割を拡大させるという方向をめざしていた。

（4） 以下の記述は、この論争を詳しく扱った渡辺（二〇〇二）におもに依拠した。

（5） 日本一一・一%、ドイツ二一・七%、スウェーデン三〇・二%、アメリカ一三・六%。なお税・社会保険料負担、公務員の数をみても、日本は先進国でもっとも「小さな政府」のひとつである。

（6） 冷戦の固定化という国際環境との対応から、国内で「生産性の政治」が成立したことを指摘した研究として、中北（二〇〇二）。

（7） 新川は、久米の説明がミクロレベルの労使協調に傾斜しており、マクロな労使の権力関係を十分考慮に入れていない、と批判している（新川 一九九九）。新川によれば、たしかに戦後の日本では「階級交差連合」が形成されたが、それは資本権力の優位のもとでなされたうえ、一九七〇年代以降は階級交差連合が解消され、より資本の利益に適合する形で福祉国家の再編がなされた。また三浦によれば、戦後日本の労使和解体制とは、女性の差別・排除を前提とした「ジェンダー別二重システム」であった（Miura 2012）。ただし三浦の研究に関しては、なぜとりわけ日本においてジェンダー差別的なシステムが構築されたのかが、かならずしも明らかにされていない。

（8） 武川によれば、日本で先進国並みの福祉国家がめざされるのは一九七〇年代であるが、この時期は戦後のブレトンウッズ体制が崩壊し、先進国が低成長へと移行する時期だった。欧米とのタイミングの違いにより、日本の福祉国家は未発達なままとなり、代わりに企業福祉や雇用保護という「機能的代替」が発展することになった、という（金編 二〇一〇）。グレゴリー・ガザは、日本を「特殊な国」とみなす根拠は希薄であり、高齢化の進展にともなって日本の福祉制度は他の国と収斂しつつある、と論じる（Kasza 2006）。

(9) これらのほか、日本は南欧諸国と同様、福祉の供給において家族の比重が大きく、公的福祉が未発達にとどまる「家族主義レジーム」である、という見方もある（cf. Ferrera 1996; 新川 二〇一一）。指標のとり方によってはこうした分類も可能であるが、本書では福祉国家の形成を主導した社会集団と「ヘゲモニー」を重視する。保守主義レジームにみられる伝統的な家族規範を超えて、日本や南欧諸国にのみ家族主義を掲げる固有のアクターが存在したとは考えにくいため、本書は別の見方をとる。

(10) 一つ目に、欧米諸国のあいだでも工業化や福祉国家化には五〇年以上のタイムラグがある。日本だけを別類型とする根拠がはっきりしない。二つ目に、そもそも時間軸を重視した分類にしてしまうと、どこからが「後発」かという別の論争が引き起こされてしまう。たとえば韓国、中国、ラテン・アメリカなどは日本と同じ類型なのだろうか。もしそれらが異なるのだとすると、時間軸に沿って類型が無限に増えていく可能性もある。

(11) ただし日本をフォーディズムのなかに位置づけるかどうかについては論争もある。一例として、山田（二〇〇八）。

(12) エスピン＝アンデルセンも、日本の福祉レジームは「自由主義―残余主義モデルと保守主義―コーポラティズムモデルの双方の主要要素を均等に組み合わせている」と述べている（エスピン‐アンデルセン 二〇〇一 a：xiii）。ただし重要なことは、ある時点のレジームの性格というよりも、それが形成された経緯であり、現在の変容過程である。したがって本書では、形成・変容を主導するアクターと権力関係に着目する。

(13) 総評は一九七五年のスト権ストの敗北によって労働運動の主導権をIMF-JCへと譲り渡す。一九八〇年代の国鉄・電信の民営化を経て（井戸 一九九八）、左派労働運動は解体へと向かっていった。

(14) 一九六〇年の江田三郎が主導した「構造改革」路線とその挫折に関しては新川（二〇〇七）を参照。

(15) 一九七四年までに東京、大阪、京都、横山など九つの都道府県で革新首長が誕生した。

(16) なお地方への公共投資、中小企業や自営業の保護は、ドイツ、フランス、イタリアなど大陸ヨーロッパ諸国でも広く見られる。

第Ⅱ部

第5章　福祉国家再編の政治

（1）その原因をめぐっては、経済学者のあいだでもさまざまな議論が積み重ねられてきた。景気の長期的な循環、技術革新の停滞、労働者の勤労意欲の低下、公共部門の肥大化による経済の非効率、などである。しかし国際経済学者のクルーグマンによれば、「本当の原因は分かっていない」（クルーグマン 二〇〇九：五一、二五二）。

（2）変動相場制とは、各国の通貨レートを国際収支に合わせて市場で調整する制度である。

（3）フォーディズムの機能不全に関しては、アグリエッタ（二〇〇〇）、アグリエッタ、ブレンデール（一九九〇）、Castel (1999) を参照。その要因は、利潤率の低下、中心と周辺の国際分業の変化（途上国の発展）など、さまざまに指摘されている。ここではアグリエッタにしたがって「規格化（normalization）」という性質に着目する。

（4）トゥレーヌ（一九八三）、Offe (1985)。日本でも、六〇年代後半から七〇年代にかけてはウーマン・リブ運動、ベ平連運動、公害闘争などが登場する。

（5）ヒルシュによれば、ポスト・フォーディズムとは、市場原理が前面に出た新たな調整様式を指す（ヒルシュ 二〇〇七：一三二―一四一）。その特徴は、（一）経済の「金融化」（短期的投機の拡大）、（二）情報通信技術の発展と生産の国際化、（三）賃金労働の多様化・非正規化・不安定化、（四）福祉支出の縮小、（五）教育・職業訓練によるワークフェアの広がりなどを含む。ジェソップもまた、フォーディズム以後の新たな国家のあり方を、人びとを経済競争へと駆り立てる「シュンペーター主義的ワークフェア国家」と呼んでいる（ジェソップ 二〇〇五：二五五―二五六）。しかし本書でみるように、すべての国で「金融化」や「ワークフェア化」が一様に進んでいるとはいえない。これらの定義はあまりにも雑多な要素を含みすぎており、個別の国の分析に使える概念となっていない。

（6）より詳しく言えば、ツェベリスは拒否権プレイヤーの数とイデオロギー的距離の二つを変数としている。ただしイデオロギー的距離を考慮に入れて国際比較を行うと、分析が複雑になりすぎるため、ここでは拒否権プレイヤーの数のみを考慮に入れ、政治制度の集権性を大まかに比較するにとどめる。

（7）シュミットは、統治エリート内部で制度変化への合意を形成する「調整的言説」と、一般民衆に働きかけて制度変化への合意を形成する「コミュニケーション的言説」を区別している。

（8）本書に近い視角から年金改革を比較した研究として Häusermann（2010）がある。

（9）タローは（一）政治参加のためのアクセスの開放性、（二）統治エリート内部の分裂と運動への同盟者の出現、（三）国家による運動抑圧の衰退を挙げている。なおキッチェルトは、政治的機会構造（社会運動に対する政治体制の開放性）に加え、運動の要求を実現する政治システムの能力も考慮する必要がある、と指摘している（Kitschelt 1986: 62）。本書では、アメリカの事例を扱う際、政治システムの機能不全（政治の不作為）が、政治的機会構造の閉鎖化をより促進させた、と位置づける。

第6章　新自由主義的改革

（1）日本の数値がいちじるしく低いのは、そもそも生活保護支出が抑制されてきたことによると考えられる。

（2）さらに水谷は、共和・民主党の権力構造と言説のあり方からアメリカ福祉国家改革を検討している（水谷 二〇〇七―二〇〇九）。

（3）一九八七年時点で二四〇〇億ドル（ストックマン 一九八七）。

（4）のちに大統領となるビル・クリントンは、この民主党指導者評議会の設立において中核的役割を担った。彼はサプライサイドに立った政策を主張し、その後は進歩的政策研究所のアイディアを取り入れていった（Hale 1995）。

（5）Blank and Haskins eds.（2001）、佐藤（二〇一四）。各州ごとの動向については渋谷、中浜編（二〇一〇）が詳しい。

（6）積極的労働市場政策への支出（GDP比）は、一九九三年の〇・二〇％から二〇〇一年の〇・一七％へと減少した（OECD Statistics, Public expenditure and participant stocks on LMP）。

（7）たとえばブッシュ政権で導入された二〇〇五年の個人年金口座の開設。社会保障税六・二％のうち四％までを個人口座に貯蓄でき、公的年金の民営化、個人化を推進した。

（8）サッチャーは一九八七年に行われたインタビューでも、「社会は存在しない」という有名な言葉を残している。「「私は問題を抱えている。政府が何とかすべきだ！」「私はホームレスだ。政府が家を提供すべきだ！」。こういう人たちは、自分の問題を社会のせいにするのです。でも社会とは何ですか？ そんなものは存在しないのです。……自分のことを自分で行い、そのうえで隣人を助けることが私たちの義務です。人生とは相互の義務を果たすことなのです。」（一九八七年九月二三日インタビュー）

（9） 一九八〇年五月のピーク二一・九％から一九八三年五月には三・七％へと下がった（Riddell 1985: 72）。

（10） おもな企業は以下のとおり。British Petroleum, Britoil, British Gas, Water Boards, British Steel, British Aerospace, British Airways, National Bus Company, British Telecom, Cables and Wireless, Jaguar, Rolls-Royce など。

第7章　社会民主主義の刷新

（1） Magnus 2002; Belfrage and Ryner 2009.

（2） 政治制度について一点補足しておくと、一九七〇年に二院制から一院制へと移行したことで集権度はより強くなった。

（3） 一九七〇年代の経済不況によって、スウェーデンでも一九七六〜八二年には自由党・保守党連立政権への政権交代が起こる。ただしスウェーデンは政労使のコーポラティズムを強化することでこの不況を乗りきり、社民党も短期間で政権に復帰した。労働組合側が賃金を抑制する代わりに使用者側は雇用保障と労働組合への経営の情報開示を約束し、政府は公共セクターでの雇用を約束する、という三者の妥協は「（ネオ・）コーポラティズム」と呼ばれ、スウェーデン・モデルの強固さを示すものとされた（ゴールドソープ編 一九八七）。

（4） ラーソンらは、社民党が国家による規制から個人の「自由選択」へと方針転換したものの、その過程は新自由主義と異なり、社会サービスの基準や評価をめぐる市場の「再規制」をともなった、と指摘している。

（5） この改革について、詳しくは井上（二〇〇三：四章）を参照。

第8章　保守主義レジームの分岐

（1） ドイツとフランスの福祉国家再編は、近年「二分化（dualization）」という言葉で表現されることが多い。ブリーゼスとシーライプ＝カイザーは、ドイツが労働市場でのワークフェア改革（低賃金労働の増加、高齢者などの就労促進）

を進めつつ、家族政策においては両立支援策をとっていることを、「二重の転換（dual transfurmation）」と称している（Blesses and Seeleib-Kaiser 2004）。エメネガーやパリエは、大陸ヨーロッパが正規労働者の保護を維持しつつ、その外部に非典型労働を増やしていることを「二分化」と評している（Emmenegger et al. 2012）。一方近藤は、ドイツの事例を「自由主義化」と位置づけている（近藤 二〇〇九）。これらの研究に対し、本章ではドイツとフランスの分岐を中心に考察する。

（2）ドイツは七〇年代の経済不況にはうまく対処した。中央銀行が政治からの独立性を保ち、通貨の安定を最優先する金融政策をとった。労働組合の中核だった金属労組IGメタルは過度の賃上げによる失業を恐れ、賃金抑制策をとった。こうして七〇年代のドイツでは、ある程度労使協調に近いメカニズムが機能し、失業とインフレが抑えられた。

（3）コール政権のもとでは、一九九二年の年金改革で受給開始年齢の六五歳への引き上げ、税込賃金スライド制から税引後賃金スライド制への変更などが行われた。しかしこれらの改革は高齢化に対応するには不十分であった。

（4）ドイツ再統一の福祉政策への影響についてはリッター（二〇一三）を参照。リッターによれば、一九九〇〜九四年のドイツ再統一の過程で、東ドイツの雇用・福祉政策は基本的に西ドイツのそれへと編入された。

（5）二〇一四年の平均世帯の代替率は五〇％である（Pension at a Glance 2015）。

（6）代表例は、フランスを不平等によって引き裂かれた社会として描くアメリカの研究者Smith（2004）、および日本の経済学者長部（二〇〇六）の研究である。これらは、フランスが公務員や公共セクター労働者の組合の既得権益に振り回され、競争力を喪失している、と断じている。ただし、これらはフランスの負の側面を強調する一方で、一九九〇年代から二〇〇〇年代に進んだ医療・年金改革、参入政策、就労支援、家族政策などの新たな動きについてはほとんど言及していない。

（7）例えば民間労働者の平均源泉徴収率は、七〇〜七五年の三九・〇％から八八〜九二年の四六・一％へと上昇し、使用者の負担も増大した（Palier 2002: 206）。

（8）一九七五年と二〇〇〇年で男性就業率を比較すると、五〇歳代後半で七八％から五二％へ、六〇歳代前半では五〇％から一〇％へと大幅に減少している（Ministère du travail 2008）。

（9）国民総生産比の毎年の医療支出の伸びは、一九七〇年四・九％→一九九〇年七・二％→二〇〇〇年八・〇％と拡大をつづけた（DREES 2007）。

（10）以下について、より詳しい分析は第11、12章を参照。

第9章　分断された社会

（1）ヴォーゲル（一九七九）。日本を「ポスト・フォーディズム」の一類型とする議論とそれへの反論として、加藤、スティーヴン編（二〇〇〇）。

（2）権力資源論を活用して戦後日本を統一的に分析した著作において、新川は一九八〇年代の日本を、労働権力の弱体化による「デュアリズム」の進行例として位置づけている（新川 二〇〇五）。また三浦は、自民党のイデオロギーの変容に着目する。戦後は生産主義・国家主義・協調主義という三つの要素を併せもっていたが、一九八〇年代から九〇年代にかけて「新自由主義」が全面化したという（Miura 2012）。またエステベス＝アベによれば、一九九四年の選挙制度改革により、日本はイギリスのウェストミンスター・モデルへと接近した（Estévez-Abe 2008）。これらはいずれも、今日の日本が「自由主義」あるいは「新自由主義」へと向かっている、とみなす議論といえる。
　一方大沢や宮本は、一九九七年の普遍主義的な介護保険法の成立、一九九八年の男女共同参画基本法制定など、女性を支援する政策が拡大している点にも注目している（宮本 二〇〇八：大沢 二〇〇七）。今日の改革過程は一方向的な「自由主義化」というよりも、複雑な「ジグザグ」の過程をたどっている、とされる。ただし新川によれば、これらの政策は女性の「労働力化」を意図したものであり、「自由主義化」という大きなすう勢には変わりがない（新川 二〇一一：三二八）。

（3）中北（二〇一四：八七）。この主張は八〇年代の「日本型多元主義」論へとつながっていく。

（4）たとえば石川真澄は、保守本流から田中派へと引き継がれる「軽武装、農村・自営業への配慮」と、中曽根の「軍備強化、大企業中心」という新保守主義とを対比している（石川、山口 二〇一〇：一四九）。渡辺治によれば、中曽根政権のブレーンとなった政策構想フォーラムのアイディアは、同時期のサッチャー政権、レーガン政権の新自由主義にならったものであった（渡辺 二〇〇四：一一九）。

（5） たとえば大嶽秀夫は、中曽根政権を「新保守主義」として位置づけるが、サッチャー政権やレーガン政権のように労働組合を敵視したわけではなく、日本の「八〇年代における民間企業の労使関係再編（労使協調、二重構造の強化、終身雇用維持など）は、欧米と異なる経済成長をもたらし、ネオ・リベラルとは異なる路線を強化することになった」、と指摘している（大嶽 一九九四）。

（6） バブル経済は、一九八五年プラザ合意以降の急激な円高と、中央銀行の金融緩和、政府による内需拡大を目的とした公共投資により、株式・土地への投機が拡大して引きおこされた。

（7） 民間政治臨調「政治改革基本方針」。その他、国民に開かれた国会、集権的な政治行政システムへの改革などが挙げられている。

（8） 小選挙区制のもとでは、各選挙区の候補者が一人となるため、公認候補を決定する党執行部の権限が強くなる。また政党助成金をどう配分するかも執行部が決めることになる。エステベス＝アベは、これらの変化を日本政治の「ウェストミンスター化」と呼んでいる。

（9） 社会保障改革では、とくに少子高齢化への対応が課題として掲げられ、「国民負担率を高齢化のピーク時において五〇％以下」とすることが目標とされた。

（10） 小泉政権で改革を担った竹中平蔵は、二〇〇五年以降の経済財政諮問会議が「改革の「エンジン」ではなく、利害がぶつかり合う「場」、すなわちアリーナになった」、と述懐している（竹中平 二〇〇六：三二八）。

（11） 二〇〇三年には「若者自立・挑戦プラン」が策定されたが、その対象者はキャリア教育で二〇万人、トライアル雇用で八万人（二〇〇一年から二〇〇四年まで）程度にとどまり（「「若者自立・挑戦プラン」にもとづく若年者雇用対策の推進」）、積極的労働市場政策への支出も、OECD平均の五分の一程度という低水準で推移している（OECD Statistics）。

（12） 第二次安倍政権（二〇一二・一二―）では官邸主導が強化され、増税よりも経済成長が優先されるなど、小泉の路線に回帰しているようにみえる部分もある。「骨太の方針二〇一三」では、社会保障について「自助・自立を第一に、共助と公助を組み合わせ……意欲ある全ての人々が就労などにより社会参加できる環境を整備する」とうたわれている。

二〇一二年年金改革では、（一）マクロ経済スライドが導入され、（二）被用者年金が一元化された。（三）非正規雇用者への適用拡大に関しては、当初の目標であった三〇〇万人に対して、外食・流通産業などからの反対があり、その対象は二五万人程度まで縮小した（駒村 二〇一四：七九）。これらの社会保障改革に比べ、労働市場改革は進んでおらず、「雇用と福祉を結びつける」という視点は弱いままにとどまっている。

第Ⅲ部

第10章　グローバル化と不平等

（1）上位一〇％と下位一〇％の所得格差は、一九八〇年代に七倍、九〇年代に八倍、二〇一五年には九・六倍へと広がった（OECD 2015）。

（2）このことは再分配の中身が支持調達にとって重要であることを示唆している。井手は、「低所得層も含めて広く負担を課すことに成功している国は、低所得層だけでなく、中高所得層も含め広い範囲で給付を行っている」として、スウェーデンのように負担と給付が普遍主義的であることが、大きな再分配を可能にしている、と論じている（井手ほか 二〇一六：三四）。しかし、給付と負担がともに広いからといって、再分配への支持が高まるとはかぎらない。スウェーデンの特徴は、単純な所得の再分配にあるのではなく、就労原則にもとづく就労支援に多額のコストを割いている、という点にある。こうした政策の中身が再分配の大きさにつながっている、と推測される。

（3）本書では、移民問題や極右政党の台頭が福祉国家に及ぼす影響について、正面から検討できていない。近年では極右政党の台頭による政党システムの変化を比較する研究も現れているが（Kriesi et al. 2008）、これらはまだ試論の域を出ていない。この問題は、本書のような先進国間の比較という狭い枠組みだけでは論じきれない。グローバル化のもとでの先進国・途上国間の格差への対応という大きな枠組みを設定しなければ、恣意的な議論になってしまう。この問題は今後の研究課題としたい。

第11章　新しいリスクへの対応

（1）　ＥＵ社会政策が市場統合を補完する「消極的統合」にとどまっている点に関しては、田中（二〇一一ｃ）を参照。

（2）　フレキシキュリティという言葉の多義性については Viebrock and Clasen（2009）を参照。

（3）　各国の労働市場政策は、近年まで改革がつづいているため、さまざまな形で類型化が試みられているが、まだ定説は確立していない。たとえばバルビエは、失業層に選別的な就労強制策を行う「リベラル」型と、より普遍的な就労能力向上を行う「普遍主義」型を区別している（Barbier 2006）。レドメルとトリッキィは、就労強制型と人的資源開発型を区別している（Lødemel and Trickey 2001）。これらは「アクティベーション」と一括されることも多いが（Eichhorst, Kaufmann and Konle-Seidl eds. 2008）、多くの場合「ワークフェア」と「アクティベーション」に区分される（Dingeldey 2007; 宮本 二〇一四）。なおこれらの類型論の整理として三浦、濱田（二〇一二）がある。

ただし、これらの類型は論者の関心に応じた記述レベルにとどまっており、いかなる要因が類型の違いをもたらすのか、こうした分岐が持続する条件とは何かについて、議論は深められていない。近年では、どちらの類型でもより市場メカニズムが重視され、給付を削減する方向へと向かっている、と論ずる研究もある（Lødemel and Moreira eds. 2014）。なおＥＵ諸国でのアクティベーション政策の限界については、Cantillon（2011）、田中（二〇一六ｂ：五―三五）を参照。

（4）　本書では、雇用と福祉を完全に切り離し、既存の社会保障を廃止（縮小）する代わりに、均一の生活所得をすべての人に無条件で給付する、という「ベーシック・インカム」政策を扱わない。その理由は第一に、この政策を国家単位で導入した事例はまだ存在しないからである。第二に、この政策は現実の合意形成が困難であるだけでなく、理論的にも問題が多い。均一の所得をすべての人に保障したとしても、それを活用する能力には個々人のあいだに大きな差異がある。個々人の置かれた環境も違う。この政策は、アマルティア・センのいう「潜在能力（capability）」の平等論と対極にあり（セン 一九九九）、本来の意図に反して大きな機会不平等を帰結することになるだろう。

（5）　この点は、使用者の戦略に焦点を合わせる近年の政治経済学のアプローチに共通する欠陥である。

（6）　なお詳しく言えば、彼らは三つの福祉レジーム論に応じて、人的資本形成のあり方を三つに区分している。比例代表制をとり、キリスト教民主主義政党の強い保守主義レジームでは、男性稼ぎ主の保護が重視されるため、未熟練労働層、若年層、女性への公的教育や支援は軽視される、という。ただし次節で述べるとおり、保守主義レジームの労働市場政策には近年大きな変化がみられるため、ここでは小選挙区制と比例代表制に合わせた二つの類型へと整理した。

（7） ホイゼルマンとクリージはこの新しい対立軸を「普遍主義／特殊主義」と呼び（Häusermann and Kriesi 2015）、ボーンシアは「リバタリアン・普遍主義／伝統主義・共同体主義」と呼んでいる（Bornshier 2011）。

（8） なお、一九九〇年代以降のオランダでは、手厚い福祉に依存する人を減らすため、福祉の受給資格を厳格化し（一九九六年の受給資格と就労義務を結合する改革、二〇〇二年の雇用・所得執行組織構造法など）、就労支援サービスに市場原理を導入し、積極的労働市場政策への支出を減らすなど、ワークフェア型の政策もとられてきた。こうした福祉改革の背景として、コーポラティズム型からトップダウン型への意思決定の転換があった、という評価もなされている（水島 二〇一二：六九）。オランダでは、働き方の多様化においてはコーポラティズム的な意思決定が機能したが、福祉改革ではトップダウン型の決定が行われたと考えられる。

（9） たとえば、短期雇用に関する保護の強さは、OECD の指標によると、ドイツで一九九〇年三・二五→二〇一二年一・〇〇と急激に縮小されたのに対し、フランスでは一九九〇年三・〇六→二〇一二年三・六三と強化されている（OECD Statistics, Strictness of employment protection, temporary contracts, 2016）。

（10） フランスの最低所得保障改革について、詳しくは田中（二〇一六b：三二〇―三五一）を参照。

（11） 「脱家族主義」政策をどういう指標で測るのかは、今日まで議論がつづいている。エスピン－アンデルセンは次の四つの指標を挙げている。①GDP 比家族向け公的サービス支出、②子育てへの補助（児童手当と税控除）、③保育サービスの公的カバー率、④介護ケアの公的カバー率（Esping-Andersen 1999: 61＝九七―九八）。なお「脱家族主義」とは、伝統的な男性稼ぎ主モデルから脱却し、多様な形の家族を支援する、という意味であり、家族そのものを否定するという含意はない。

（12） とくに高齢者向けケアサービスについて、政党間競争と政党組織に着目してスウェーデン、日本、アメリカを比較した研究として Hieda（2012）がある。

（13） なお使用者団体は、高齢化と労働力不足に対応して、女性の就労促進策を政府に要求する立場をとりやすい（Lambert 2008: 327）。

（14） 以下の叙述は田中（二〇一六a）と重複がある。

（15） たとえば世界経済フォーラムが発表するジェンダー・ギャップ指数のランキングでは、二〇一五年の日本は一四五か国中一〇一位となっている（World Economic Forum, The Global Gender Gap Report 2015）。

終　章　日本の選択肢

（1） たとえばR・ドーアは、①金融業の所得上昇、②金融派生商品の開発、③株主利益を重視する企業経営、④貯蓄から投資への転換という四つによって特徴づけられる「金融化」が、グローバル化にともなってヨーロッパや日本にも広がっている、と論じている（ドーア 二〇一一）。

（2） キッチェルトの指摘するとおり、今日の政党競争は、従来の右と左（市場重視か国家介入か）という対立だけでなく、「リバタリアン―権威主義」という文化的対立の軸を加えた四象限によって把握される（図5－2を参照）。右派のなかでも、市場の自由を重視し、ワークフェア改革を志向する勢力と、排外的なナショナリズムや伝統的家族の保持を掲げ、保護主義や移民排斥を唱える新右派とのあいだでは亀裂がある。左派のなかでも、「古いリスク」への画一的な対応を求める勢力と、個人の「自由選択」をより重視し、柔軟な働き方、多様な家族像、環境政策などを求める人びとのあいだでは対立がある。政党間競争がどのような形で現れるのかは、右派左派それぞれの内部でどの勢力がヘゲモニーを握るのかに依存する。四象限での政党競争の多様性を指摘した研究として、Bornscheir（2011）、Häusermann and Kriesi（2015）を参照。

（3） イギリスの一九八六年ファウラー改革、二〇〇〇年ブレア改革、スウェーデンの一九九八年社民党の改革、ドイツの二〇〇一年シュレーダー政権の改革、フランスの一九九三年ジュペ改革、二〇〇三年のラファラン改革など。各国の年金改革における政府主導を指摘する論文として伊藤（二〇一三）。

事項索引

さ　行

人名索引

文　献

[邦語文献]
アグリエッタ、ミシェル（1989）『資本主義のレギュラシオン理論——政治経済学の刷新』若森章孝ほか訳、大月書店
アグリエッタ、ミシェル、アントン・ブレンデール（1990）『勤労者社会の転換——フォーディズムから勤労者民主制へ』斉藤日出治ほか訳、日本評論社
アマーブル、ブルーノ（2005）『五つの資本主義——グローバリズム時代における社会経済システムの多様性』山田鋭夫、原田裕治ほか訳、藤原書店
天野拓（2009）『現代アメリカの医療改革と政党政治』ミネルヴァ書房
網谷龍介ほか編（2014）『ヨーロッパのデモクラシー［改訂第 2 版］』ナカニシヤ出版
有賀貞ほか編（1994）『世界歴史大系　アメリカ史 2』山川出版
アレキサンダー、ジョージほか（2013）『社会科学のケース・スタディ——理論形成のための定性的手法』泉川泰博訳、勁草書房
安野正明（2004）『戦後ドイツ社会民主党史研究序説——組織改革とゴーデスベルク綱領への道』ミネルヴァ書房
安保則夫（2005）『イギリス労働者の貧困と救済——救貧法と工場法』明石書店
飯尾潤（2007）『日本の統治構造——官僚内閣制から議院内閣制へ』中公新書
飯田泰三（1997）『批判精神の軌跡——近代日本精神史の一稜線』筑摩書房
五十嵐仁（1998）『政党政治と労働組合運動——戦後日本の到達点と 21 世紀への課題』御茶の水書房
生江孝之（1927）『社会事業綱要』巖松堂書店
井口泰（2006）「ドイツ「大連立政権」の成立と雇用政策のゆくえ」『海外社会保障研究』155 号、45-57 頁
石川真澄、山口二郎（2010）『戦後政治史（第 3 版）』岩波新書
石田雄（1984）『日本の社会科学』東京大学出版会
石田雄（1989）『日本の政治と言葉（上）「自由」と「福祉」』東京大学出版会
石原俊時（1996）『市民社会と労働者文化——スウェーデン福祉国家の社会的起源』木鐸社
石原俊時（2011）「市民社会と福祉国家」高田実、中野智世編『近代ヨーロッパの探究 15　福祉』ミネルヴァ書房、239-278 頁
市野川容孝（1999）「福祉国家の優生学——スウェーデンの強制不妊手術と日本」『世界』1999 年 5 月号、167-176 頁
井手英策、古市将人、宮﨑雅人（2016）『分断社会を終わらせる——「だれもが受益者」という財政戦略』筑摩選書
井手英策編（2014）『日本財政の現代史 1 ——土建国家の時代 1960～85 年』有斐閣
井戸正伸（1998）『経済危機の比較政治学——日本とイタリアの制度と戦略』新評論

伊藤武（2013）「日欧年金改革における福祉改革と福祉政治――比較事例分析からの接近」日本比較政治学会編『事例比較からみる福祉政治』ミネルヴァ書房、1-31頁
伊藤光利（1988）「大企業労使連合の形成」『レヴァイアサン』第2号、53-70頁
伊藤光利、宮本太郎編（2014）『民主党政権の挑戦と挫折――その経験から何を学ぶか』日本経済評論社
井上誠一（2003）『高福祉・高負担国家スウェーデンの分析――21世紀型社会保障のヒント』中央法規
猪木武徳（2009）『戦後世界経済史――自由と平等の視点から』中公新書
猪口孝（1983）『現代日本政治経済の構図――政府と市場』東洋経済新報社
今里佳奈子（2010）「スウェーデン福祉国家とジェンダー政策レジームの展開」『年報政治学』2010年2号、106-126頁
イングルハート、ロナルド（1978）『静かなる革命――政治意識と行動様式の変化』三宅一郎ほか訳、東洋経済新報社
イングルハート、ロナルド（1993）『カルチャーシフトと政治変動』村山皓ほか訳、東洋経済新報社
ウェーバー、マックス（1980）『社会主義』濱島朗訳、講談社学術文庫
ウォーラーステイン、イマニュエル（2013a）『近代世界システム1　農業資本主義と「ヨーロッパ世界経済」の成立』川北稔訳、名古屋大学出版会
ウォーラーステイン、イマニュエル（2013b）『近代世界システム2　重商主義と「ヨーロッパ世界経済」の凝集：1600-1750』川北稔訳、名古屋大学出版会
ウォーラーステイン、イマニュエル（2013c）『近代世界システム3　「資本主義的世界経済」の再拡大：1730s-1840s』川北稔訳、名古屋大学出版会
ウォーラーステイン、イマニュエル（2013d）『近代世界システム4　中道自由主義の勝利：1789-1914』川北稔訳、名古屋大学出版会
宇都宮深志編（1990）『サッチャー改革の理念と実践』三嶺書房
梅川正美（1997-2008）『サッチャーと英国政治』全3巻、成文堂
エスピン-アンデルセン（2000）『ポスト工業経済の社会的基礎――市場・福祉国家・家族の政治経済学』渡辺雅男、渡辺景子訳、桜井書店
エスピン-アンデルセン（2001a）『福祉資本主義の三つの世界――比較福祉国家論の理論と動態』岡沢憲芙、宮本太郎監訳、ミネルヴァ書房
エスピン-アンデルセン、イェスタ（2001b）『福祉国家の可能性――改革の戦略と理論的基礎』渡辺雅男、渡辺景子訳、桜井書店
エスピン-アンデルセン（2011）『平等と効率の福祉革命――新しい女性の役割』大沢真理監訳、岩波書店
OECD（2007）『世界の労働市場改革――OECD新雇用戦略』戎居皆和訳、明石書店
大河内一男（1940=1969）『大河内一男著作集第5巻　社会政策の基本問題』青林書院新社
大嶽秀夫（1994）『自由主義的改革の時代――1980年代前期の日本政治』中央公論社
大嶽秀夫（1999）『日本政治の対立軸――93年以降の政界再編の中で』中公新書
大竹文雄（2005）『日本の不平等――格差社会の幻想と未来』日本経済新聞社.

大沢真理（2007）『現代日本の生活保障システム――座標とゆくえ』岩波書店
大西健夫編（1992）『ドイツの経済――社会的市場経済の構造』早稲田大学出版部
岡沢憲芙（2009）『スウェーデンの政治――実験国家の合意形成型政治』東京大学出版会
岡沢憲芙、小渕優子（2010）『少子化政策の新しい挑戦――各国の取り組みを通して』中央法規
小川有美（2002）「北欧福祉国家の政治」宮本太郎編『福祉国家再編の政治』ミネルヴァ書房、79-116 頁
オコンナー、ジェイムズ（1981）『現代国家の財政危機』池上惇、横尾邦夫監訳、御茶の水書房
長部重康（2006）『現代フランスの病理解剖』山川出版社
笠木映理（2007）「医療制度――近年の動向・現状・課題（特集：フランス社会保障制度の現状と課題）」『海外社会保障研究』161 号、15-25 頁
樫原朗（1973-2005）『イギリス社会保障の史的研究』全 5 巻、法律文化社
加藤榮一（2007）『福祉国家システム』ミネルヴァ書房
加藤哲郎、ロブ・スティーヴン編（2000）『国際論争 日本型経営はポスト・フォーディズムか ?』窓社
カルダー、ケント・E（1989）『自民党長期政権の研究――危機と補助金』淑子カルダー訳、文藝春秋
河村哲二（1995）『パックス・アメリカーナの形成――アメリカ「戦時経済システム」の分析』東洋経済新報社
ガードナー、リチャード・N（1973）『国際通貨体制成立史――英米の抗争と協力』村野孝、加瀬正一訳、全 2 巻、東洋経済新報社
紀平英作（1993）『ニューディール政治秩序の形成過程の研究』京都大学出版会
君塚直隆（1998）『イギリス二大政党制への道――後継首相の決定と「長老政治家」』有斐閣
木村周市朗（2000）『ドイツ福祉国家思想史』未來社
キャンベル、ジョン・C（1995）『日本政府と高齢化社会――政策転換の理論と検証』三浦文夫、坂田周一監訳、中央法規出版
ギデンズ、アンソニー（1999）『第三の道――効率と公正の新たな同盟』佐和隆光訳、日本経済新聞社
ギャレット、ジェフリー（2003）「グローバル市場と国家の政治」河野勝、竹中治堅編『アクセス国際政治経済論』森屋朋子、河野勝訳、日本経済評論社、205-232 頁
ギルピン、ロバート（2001）『グローバル資本主義――危機か繁栄か』古城佳子訳、東洋経済新報社
金成垣編（2010）『現代の比較福祉国家論――東アジア発の新しい理論構築に向けて』ミネルヴァ書房
キング、G、R・O・コヘイン、S・ヴァーバ（2004）『社会科学のリサーチ・デザイン――定性的研究における科学的推論』真渕勝監訳、勁草書房
久米郁男（1998）『日本型労資関係の成功――戦後和解の政治経済学』有斐閣

久米郁男（2005）『労働政治——戦後政治のなかの労働組合』中公新書
久米郁男、キャサリン・セーレン（2005）「政治的課題としてのコーディネーション——調整型市場経済における労使関係の変化」『レヴァイアサン』35号、75-109頁
倉田賀世（2014）「メルケル政権下の子育て支援政策」『海外社会保障』186号、39-49頁
クルーグマン、ポール（2008）『格差はつくられた——保守派がアメリカを支配し続けるための呆れた戦略』三上義一訳、早川書房
クルーグマン、ポール（2009）『経済政策を売り歩く人々——エコノミストとセンスとナンセンス』北村行伸、妹尾美起訳、ちくま学芸文庫
クレッグ、H・アームストロング（1988）『イギリス労使関係制度の発展』牧野富夫ほか訳、ミネルヴァ書房
経済企画庁（1971）『昭和46年年次世界経済報告「転機に立つブレトンウッズ体制」』
ケイン、ピーター・J、アンソニー・G・ホプキンズ（1997）『ジェントルマン資本主義の帝国1 創生と膨張 1688-1914』竹内幸雄、秋田茂訳、名古屋大学出版局
コッカ、ユルゲン編（2000）『国際比較・近代ドイツの市民——心性・文化・政治』望田幸男監訳、ミネルヴァ書房
駒村康平（2014）『日本の年金』岩波新書
小峰敦（2007）『ベヴァリッジの経済思想——ケインズたちとの交流』昭和堂
近藤康史（2006）「「第三の道」以後の社会民主主義と福祉国家——英独の福祉国家改革から」宮本太郎編『比較福祉政治』早稲田大学出版部、3-25頁
近藤康史（2008）『個人の連帯——「第三の道」以後の社会民主主義』勁草書房
近藤正基（2009）『現代ドイツ福祉国家の政治経済学』ミネルヴァ書房
近藤正基（2013）『ドイツ・キリスト教民主同盟の軌跡——国民政党と戦後政治 1945〜2009』ミネルヴァ書房
ゴールドソープ、ジョン・H（1987）『収斂の終焉——現代西欧社会のコーポラティズムとデュアリズム』稲上毅ほか訳、有信堂高文社
ゴフ、イアン（1992）『福祉国家の経済学』小谷義次ほか訳、大月書店．
斎藤新、新川健三郎（1971）「ニューディール政策の展開」『岩波講座世界歴史27巻』岩波書店
斉藤純子（2010）「ドイツの児童手当と新しい家族政策」『レファレンス』60巻9号、47-72頁
阪野智一（2002）「自由主義的福祉国家からの脱却？——イギリスにおける二つの福祉改革」宮本太郎編『福祉国家再編の政治』ミネルヴァ書房、149-182頁
阪野智一（2011）「ニュー・レイバーとイギリス自由主義レジームの再編」新川敏光編『福祉レジームの収斂と分岐』ミネルヴァ書房、166-198頁
佐々木毅（1993）『アメリカの保守とリベラル』講談社学術文庫
サッチャー、マーガレット（1993）『サッチャー回顧録——ダウニング街の日々（上）』石塚雅彦訳、日本経済新聞社
佐々木毅、21世紀臨調（2013）『平成デモクラシー——政治改革25年の歴史』講談社
佐藤誠三郎、松崎哲久（1986）『自民党政権』中央公論社

佐藤千登勢（2013）『アメリカ型福祉国家の形成――1935年社会保障法とニューディール』筑波大学出版会
佐藤千登勢（2014）『アメリカの福祉改革とジェンダー――「福祉から就労へ」は成功したのか？』彩流社
サルトーリ、ジオバンニ（1992）『現代政党学――政党システム論の分析枠組み』岡沢憲芙、川野秀之訳、早稲田大学出版部
柴田三千雄ほか編（1995）『フランス史3　19世紀半ば～現在』山川出版社
渋谷博史、中浜降編（2010）『アメリカ・モデル 福祉国家Ⅰ』昭和堂
清水真人（2007）『経済財政戦記――官邸主導 小泉から安部へ』日本経済新聞出版社
社会保障運動史編集委員会編（1982）『社会保障運動全史』労働旬報社
シュタイン、ローレンツ（1991）『社会の概念と運動法則』森田勉訳、ミネルヴァ書房
新川敏光（1999）「権力資源論を超えて？――久米郁男著『日本型労使関係の成功―戦後和解の政治経済学』を読む」『大原社会問題研究所雑誌』482号、58-72頁
新川敏光（2005）『日本型福祉レジームの発展と変容』ミネルヴァ書房
新川敏光（2007）『幻視のなかの社会民主主義』法律文化社
新川敏光（2011）「日本型福祉レジーム論をめぐる対話」齋藤ほか編『社会保障と福祉国家のゆくえ』ナカニシヤ出版、69-92頁
新川敏光編（2011）『福祉レジームの収斂と分岐――脱商品化と脱家族化の多様性』ミネルヴァ書房
新川敏光ほか（2004）『比較政治経済学』有斐閣アルマ
自由民主党（1986）『自由民主党党史 資料編』自由民主党
ジェソップ、ボブ（2005）『資本主義国家の未来』篠田武司ほか訳、御茶の水書房
杉原四郎（1985）「西ドイツにおける社会保障の展開」東京大学社会科学研究所編『福祉国家2　福祉国家の展開［1］』東京大学出版会、59-112頁
須田俊孝（2006）「ドイツの家族政策の動向――第二次シュレーダー政権と大連立政権の家族政策」『海外社会保障』155号、31-44頁
スティグリッツ、ジョゼフ・E（2010）『フリーフォール――グローバル経済はどこまで落ちるのか』楡井浩一、峯村利哉訳、徳間書店
スティグリッツ、ジョゼフ・E（2012）『世界の99%を貧困にする経済』楡井浩一、峯村利哉訳、徳間書店
ストックマン、デイヴィット・A（1987）『レーガノミックスの崩壊――レーガン大統領を支えた元高官の証言』阿部司、根本政信訳、サンケイ出版
ストレンジ、スーザン（1998）『国家の退場――グローバル経済の新しい主役たち』櫻井公人訳、岩波書店
セイン、パット（2000）『イギリス福祉国家の社会史』深澤和子、深澤敦監訳、ミネルヴァ書房
セルドン、アンソニー編（2012）『ブレアのイギリス 1997-2007』土倉莞爾、廣川嘉裕監訳、関西大学出版部
セン、アマルティア（1999）『不平等の再検討――潜在能力と自由』池本幸生ほか訳、岩

波書店
空井護（1993）「自民党一党支配体制形成過程としての石橋・岸政権（1957-1960年）」『国家学会雑誌』106巻1.2号、107-160頁
竹中治堅（2006）『首相支配——日本政治の変貌』中公新書
竹中平蔵（2006）『構造改革の真実——竹中平蔵大臣日誌』日本経済新聞社
橘木俊詔（2006）『格差社会——何が問題なのか』岩波新書
建林正彦、曽我謙悟、待鳥聡史（2008）『比較政治制度論』有斐閣アルマ
田中角栄（1972）『日本列島改造論』日刊工業新聞社
田中拓道（2006）『貧困と共和国——社会的連帯の誕生』人文書院
田中拓道（2008）「現代福祉国家理論の再検討」『思想』1012号、81-102頁
田中拓道（2011a）「脱商品化とシティズンシップ——福祉国家の一般理論のために」『思想』1043号、145-162頁
田中拓道（2011b）「社会的なものの歴史」近藤康史、齋藤純一、宮本太郎編『社会保障と福祉国家のゆくえ——新たなる理念と制度の展望』ナカニシヤ出版、24-43頁
田中拓道（2011c）「社会的ヨーロッパと新しい福祉政治」田中浩編『EUを考える』未來社、30-49頁
田中拓道（2012）「公と民の対抗から協調へ—— 19世紀フランスの福祉史」高田実、中野智世編『近代ヨーロッパの探究15　福祉』ミネルヴァ書房、115-149頁
田中拓道（2016a）「保守主義レジームの多様性——日独仏福祉国家再編の分岐」宮本太郎、山口二郎編『リアル・デモクラシー——ポスト「日本型利益政治」の構想』岩波書店、281-308頁
田中拓道編（2016b）『承認——社会哲学と社会政策の対話』法政大学出版局
田中洋子（2006）「労働と時間を再編成する——ドイツにおける雇用労働相対化の試み」『思想』983号、100-116頁
タロー、シドニー（2006）『社会運動の力——集合行為の比較社会学』大畑裕嗣監訳、彩流社
嵩さやか（2006）『年金制度と国家の役割——英仏の比較法的研究』東京大学出版局
中央社会保障推進協議会編（2008）『人間らしく生きるための社会保障運動——中央社保協50年史』大月書店
ツェベリス、ジョージ（2009）『拒否権プレイヤー——政治制度はいかに作動するか』眞柄秀子、井戸正伸監訳、早稲田大学出版部
辻由希（2012）『家族主義福祉レジームの再編とジェンダー政治』ミネルヴァ書房
東京大学社会科学研究所編（1985）『福祉国家3　福祉国家の展開2』東京大学出版会
トゥレーヌ、アラン（1983）『声とまなざし——社会運動の社会学』梶田孝道訳、新泉社
戸田典子（2010）「失業保険と生活保護の間——ドイツの求職者のための基礎保障」『リファレンス』60巻2号、7-31頁
豊永郁子（2010）『新版 サッチャリズムの世紀』勁草書房
トラットナー、ウォルター・I（1978）『アメリカ社会福祉の歴史——救貧法から福祉国家へ』古川孝順訳、川島書店

ドーア、ロナルド（2011）『金融が乗っ取る世界経済—— 21 世紀の憂鬱』中公新書
内閣府『少子化対策白書』（各年度）
中北浩爾（2002）『一九五五年体制の成立』東京大学出版会
中北浩爾（2014）『自民党政治の変容』NHK 出版
中木康夫（1975-76）『フランス政治史』全 3 巻、未來社
中山洋平（2016）「福祉国家と西ヨーロッパ政党制の「凍結」——急進右翼政党は固定化されるのか？」水島治郎編『保守の比較政治学』岩波書店、25-56 頁
中野耕太郎（2015）『20 世紀アメリカ国民秩序の形成』名古屋大学出版会
長坂寿久（2000）『オランダモデル——制度疲労なき成熟社会』日本経済新聞社
西山隆行（2008）『アメリカ型福祉国家と都市政治——ニューヨーク市におけるアーバン・リベラリズムの展開』東京大学出版会
西山隆行（2016）『移民大国アメリカ』ちくま新書
二宮元（2014）『福祉国家と新自由主義——イギリス現代国家の構造とその再編』旬報社
日本再建イニシアティブ（2013）『民主党政権 失敗の検証——日本政治は何を活かすか』中公新書
野田昌吾（1998）『ドイツ戦後政治経済秩序の形成』有斐閣
野田宣雄（1997）『ドイツ教養市民層の歴史』講談社学術文庫
野林健ほか（2007）『国際政治経済学・入門［第 3 版］』有斐閣
ハーツ、ルイス（1994）『アメリカ自由主義の伝統——独立革命以来のアメリカ政治思想の一解釈』有賀貞、松平光央訳、講談社
バーンスタイン、バートン・J（1972）「ニューディール——リベラル改革の保守的成果」バーンスタイン編『ニュー・レフトのアメリカ史像——伝統史学への批判』琉球大学アメリカ研究所訳、東京大学出版会、216-237 頁
ハバーマス、ユルゲン（1979）『晩期資本主義における正統化の諸問題』細谷貞雄訳、岩波現代選書
ハリス、ジョゼ（2003）『福祉国家の父ベヴァリッジ——その生涯と社会福祉政策』柏野健三訳、ふくろう出版
バルビエ、ジャン＝クロード、ブルーノ・テレ（2006）『フランスの社会保障システム——社会保護の生成と発展』中原隆幸ほか訳、ナカニシヤ出版
ピアソン、クリストファー（1996）『曲がり角にきた福祉国家——福祉の新政治経済学』田中浩、神谷直樹訳、未來社
ピオリ、マイケル・J、チャールズ・F・セーブル（1993）『第二の産業分水嶺』山之内靖ほか訳、筑摩書房
平島健司（1994）『ドイツ現代政治』東京大学出版会
平島健司、飯田芳弘（2010）『ヨーロッパ政治史（改定新版）』放送大学出版会
ヒルシュ、ヨアヒム（2007）『国家・グローバル化・帝国主義』表弘一郎ほか訳、ミネルヴァ書房
廣田功、森建資（1998）『戦後再建期のヨーロッパ経済——復興から統合へ』日本経済評論社

福澤直樹（2012）『ドイツ社会保険史――社会国家の形成と展開』名古屋大学出版会
藤田伍一、塩野谷祐一編（2000）『先進諸国の社会保障 アメリカ』東京大学出版会
ブレア、トニー（2000）「『第三の道』――新しい世紀の新しい政治」『ヨーロッパ社会民主主義「第三の道」論集』生活経済政策研究所、27-39 頁
ブレア、トニー、ゲハルト・シュレーダー（2000）「共同声明＝第三の道／新中道」『ヨーロッパ社会民主主義「第三の道」論集』生活経済政策研究所
ブレイディ、ヘンリー、デヴィッド・コリアー（2014）『社会科学の方法論争――多様な分析道具と共通の基準』泉川泰博、宮下明聡訳、勁草書房
ボードリヤール、ジャン（1979）『消費社会の神話と構造』今村仁司、塚原史訳、紀伊國屋書店
ホーフスタッター、リチャード（1967）『アメリカ現代史―改革の時代』斎藤眞ほか訳、みすず書房
ホール、ピーター・A、デヴィッド・ソスキス（2007）『資本主義の多様性――比較優位の制度的基礎』遠山弘徳ほか訳、ナカニシヤ出版
ポグントケ、ウェブ編（2014）『民主政治はなぜ「大統領制化」するのか――現代民主主義国家の比較研究』岩崎正洋監訳、ミネルヴァ書房
ホブズボーム、エリック・J（1998）『イギリス労働史研究』鈴木幹久、永井義雄訳、ミネルヴァ書房
ポラニー、カール（2009）『［新訳］大転換――市場社会の形成と崩壊』野口建彦、栖原学訳、東洋経済新報社
堀江孝司（2005）『現代政治と女性政策』勁草書房
ボワイエ、ロベール（1990）『レギュラシオン理論［新版］――危機に挑む経済学』山田鋭夫訳、藤原書店
ボワイエ、ロベール（2011）『金融資本主義の崩壊――市場絶対主義を超えて』宇仁宏幸ほか訳、藤原書店
牧野裕（2014）『IMF と世界銀行の誕生――英米の通貨協力とブレトンウッズ会議』日本経済評論社
増田寛也（2014）『地方消滅――東京一極集中が招く人口急減』中公新書
待鳥聡史（2012）『首相政治の制度分析――現代日本政治の権力基盤形成』千倉書房
松澤弘陽（1973）『日本社会主義の思想』筑摩書房
松田亮三（2009）「ブレア政権下の NHS 改革」『海外社会保障』169 号、39-53 頁
マディソン、アンガス（2000）『世界経済の成長史 1820～1992 年』政治経済研究所訳、東洋経済新報社
三浦まり、濱田江里子（2012）「能力開発国家への道――ワークフェア／アクティベーションによる福祉国家の再編」『上智法学論集』56 巻 2・3 号、1-35 頁
水島治郎（2006）「オランダにおける新たな雇用・福祉国家モデル」『思想』983 号、167-184 頁
水島治郎（2012）『反転する福祉国家――オランダモデルの光と影』岩波書店
水谷（坂部）真理（2007-2009）「アメリカ福祉国家の再編（1）～（3）」『名古屋大学法政論

叢』220号、221号、229号
宮寺由佳（2008）「スウェーデンにおける就労と福祉——アクティベーションからワークフェアへの変質」『外国の立法』236号、102-114頁
宮本太郎（1999）『福祉国家という戦略——スウェーデンモデルの政治経済学』法律文化社
宮本太郎（2001）「社会民主主義の転換とワークフェア改革——スウェーデンを軸に」『年報政治学』2001年号、69-88頁
宮本太郎（2005）「未完の自由選択社会——G・レーンとスウェーデンモデル」古城利明編『世界システムとヨーロッパ』中央大学出版部、97-122頁
宮本太郎（2007）「スウェーデンの政権交代と新しい労働戦略」『生活経済政策』120号、25-30頁
宮本太郎（2008）『福祉政治——日本の生活保障とデモクラシー』有斐閣
宮本太郎（2009）『生活保障——排除しない社会へ』岩波新書
宮本太郎（2014）『社会的包摂の政治学——自立と承認をめぐる政治的対抗』ミネルヴァ書房
毛利健三（1990）『イギリス福祉国家の研究——社会保障発達の諸画期』東京大学出版会
毛利健三編（1999）『現代イギリス社会政策史 1945～1990』ミネルヴァ書房
矢野久、アンゼルム・ファウスト編（2001）『ドイツ社会史』有斐閣
安井宏樹（2004-2005）「シュレーダー政権『アジェンダ2010』の福祉・労働市場改革（上）（下）」『生活経済政策』95号、30-37頁、96号、46-52頁
山口二郎、中北浩爾編（2014）『民主党政権とは何だったのか——キーパーソンたちの証言』岩波書店
山田鋭夫（2008）『さまざまな資本主義——比較資本主義分析』藤原書店
山田昌弘（2004）『希望格差社会——「負け組」の絶望感が日本を引き裂く』筑摩書房
横山和彦、田多英範編（1991）『日本社会保障の歴史』学文社
リッター、ゲアハルト・A（1993）『社会国家——その成立と発展』木谷勤ほか訳、晃洋書房
リッター、ゲハルト・A（2013）『ドイツ社会保障の危機——再統一の代償』竹中亨監訳、ミネルヴァ書房
リハ、トマス（1992）『ドイツ政治経済学——もうひとつの経済学の歴史』原田哲史ほか訳、ミネルヴァ書房
臨調事務局（1981）『臨調　緊急提言（臨時行政調査会第1次答申）』行政管理研究センター
ルバヴ、ロイ（1982）『アメリカ社会保障前史——生活の保障：ヴォランタリズムか政府の責任か』古川孝順訳、川島書店
レイプハルト、アーレンド（1979）『多元社会のデモクラシー』内山秀夫訳、三一書房
レイプハルト、アレンド（2014）『民主主義対民主主義——多数決型とコンセンサス型の36ヵ国比較研究［第2版］』粕谷祐子、菊池啓一訳、勁草書房
レームブルッフ、ゲアハルト、フィリップ・シュミッター編（1986）『現代コーポラティ

ズム 2 先進諸国の比較分析』山口定監訳、木鐸社
労働省編（1981）『資料労働運動史　昭和 56 年度版』
労働政策研究・研修機構（2010）『欧米における非正規雇用の現状と課題――独仏英米をとりあげて』
渡辺治（1990）『「豊かな社会」日本の構造』労働旬報社
渡辺治（2004）『高度成長と企業社会（日本の時代史 27）』吉川弘文堂
渡辺博明（2001）『スウェーデンの福祉制度改革と政治戦略』法律文化社
渡辺博明（2010）「2010 年スウェーデン議会選挙――社会民主党の時代の終わり ?」『生活経済政策』166 号、23-27 頁
渡辺博明（2011）「スウェーデンの労働・福祉・政治」宮本太郎編『政治の発見第 2 巻　働く』風行社、180-207 頁
渡辺博明（2014）「北欧諸国」網谷龍介、伊藤武、成廣孝編『ヨーロッパのデモクラシー［第 2 版］』ナカニシヤ出版、333-378 頁
ヴェーバー、マックス（1998）『社会科学と社会政策にかかわる認識の「客観性」』富永祐治ほか訳、岩波文庫
ヴォーゲル、エズラ・F（1979）『ジャパンアズナンバーワン――アメリカへの教訓』広中和歌子、木本彰子訳、ティビーエス・ブリタニカ

［欧語文献］

Alesina, Alberto and Edward L. Glaeser (2004) *Fighting Poverty in the U.S. and Europe: A World of Difference*, Oxford University Press.
Armingeon, Klaus and Giuliano Bonoli eds. (2006) *The Politics of Post-Industrial Welfare State: Adapting Post-War Social Policies to New Social Risks*, Routledge.
Ashford, Douglas E. (1986) *The Emergence of the Welfare States*, Basil Blackwell.
Baldwin, Peter (1990) *The Politics of Social Solidarity: Class Bases of the European Welfare State, 1875–1975*, Cambridge University Press.
Barbier, Jean-Claude (2006) *Analyse comparative de l'activation de la protection sociale en France, Grand-Bretagne, Allemagne et Danemark*, Centre d'Etudes d'Emploi.
Barbier, Jean-Claude et Henri Nadel (2000) *La flexibilité du travail et de l'emploi*, Flammarion.
Beck, Hermann (1995) *The Origins of the Authoritarian Welfare State in Prussia: Conservatives, Bureaucracy, and the Social Question, 1815–70*, University of Michigan Press.
Beech, Matt and Simon Lee eds. (2008) *Ten Years of New Labour*, Palgrave Macmillan.
Belfrage, C. and M. Ryner (2009) "Renegotiating the Swedish Social Democratic Settlement: From Pension Fund Socialism to Neoliberalization", *Politics and Society*, vol. 37, no. 2, pp. 257–288.
Bell, Daniel (1960) *The End of Ideology: on the Exhaustion of Political Ideas in the Fifties*, Free Press of Glencoe（岡田直之訳『イデオロギーの終焉――1950 年代における政

治思想の涸渇について』東京創元新社、1969年).

Bergh, Andreas (2004) "The Universal Welfare State: Theory and the Case of Sweden", *Political Studies*, vol. 52, pp. 745-766.

Bergh, Andreas and Gissur Ó. Erlingsson (2008) "Liberalization without Retrenchment: Understanding the Consensus on Swedish Welfare State Reforms", *Scandinavian Political Studies*, vol. 32, no. 1, pp. 72-93.

Berkowitz, Edward and Kim McQuaid (1980) Creating the Welfare State, Praeger.

Bertram, Eva (2015) *The Workfare State: Public Assistance Politics from the New Deal to the New Democrats*, University of Pennsylvania Press.

Beveridge, William (1942) *Social Insurance and Allied Services, Report by Sir William Beveridge*, Majesty's Stationery Office (一圓光彌監訳『ベヴァリッジ報告——社会保険および関連サービス』法律文化社、2014年).

Blakemore, Ken and Louis Warwick-Booth (2013) *Social Policy: An Introduction*, 4th ed., Open University Press.

Blanc, Rebecca and Ron Haskins eds. (2001) *The New World of Welfare*, Brookings Institution Press.

Bleses, Peter and Martin Seeleib-Kaiser (2004) *The Dual Transformation of the German Welfare State*, Palgrave Macmillan.

Blomqvist, Paula (2004) "The Choice Revolution: Privatization of Swedish Welfare Services in the 1990s", *Social Policy & Administration*, vol. 38, no. 2, pp. 139-155.

Bonoli, Giuliano (2001) "Political Institutions, Veto Points, and the Process of Welfare State Adaptation", in P. Pierson ed. *The New Politics of the Welfare State*, Oxford University Press, pp. 238-264.

Bonoli, Giuliano and Franc Reber (2010) "The Political Economy of Childcare in OECD Countries: Explaining Cross-National Variation in Spending and Coverage Rates", *European Journal of Political Research*, no. 49, pp. 97-118.

Bonoli, Giuliano and David Natali eds. (2012) *The Politics of the New Welfare State*, Oxford University Press.

Bonoli, Giuliano and Bruno Palier (2007) "When Past Reforms Open New Opportunities: Comparing Old-age Insurance Reforms in Bismarckian Welfare Systems", *Social Policy and Administration*, vol. 41, no. 6, pp. 555-573.

Bornschier, Simon (2011) "The New Cultural Divide and the Two-Dimensional Political Space in Western Europe", in Z. Enyedi and K. Deegan-Krause eds., *The Structure of Political Competition in Western Europe*, Routledge, pp. 5-30.

Bourgeois, Léon (1896) *Solidarité*, A. Colin.

Bourgeois, Léon (1914) *La politique de la prévoyance sociale*, t. 1, *la doctrine et la méthode*, Fasquelle.

Brown, Michael K. (1999) *Race, Money, and the American Welfare State*, Cornell University Press.

Calder, G., J. Gass and K. Merrill-Glover (2012) *Changing Directions of the British Welfare State*, University of Wales Press.

Cantillon, Bea (2011) "The Paradox of the Social Investment State: Growth, Employment and Poverty in the Lisbon Era", *Journal of European Social Policy*, vol. 21, no. 5, pp. 432-449.

Castles, Francis, G. (2004) *The Future of the Welfare State: Crisis Myths and Crisis Realities*. Oxford University Press.

Castles, Francis G. (2006) "A Race to the Bottom?", C. Pierson and F. Castles eds., *The Welfare State Reader*, 2nd ed., Polity Press, pp. 226-255.

Castles, Frank and Robert D. Mckinlay (1979) "Does Politics Matter: An Analysis of the Public Welfare Commitment in Advanced Democratic States", *European Journal of Political Research*, no. 7, pp. 169-186.

Castel, Robert (1999) *Les métamorphoses de la question sociale*, Filio(前川真行訳『社会問題の変容――賃金労働の年代記』ナカニシヤ出版、2012 年).

CFDT (1998) *Résolution du Congrès de Lilles 1998*.

Chadwick, Andrew and Richard Heffernam (2003) *The New Labour Reader*, Polity Press.

Charle, Christophe (1991) *Histoire sociale de la France au 19e siècle*, Seuil.

Chatriot, Alain (2002) *La démocratie sociale à la française: l'expérience du Conseil national économique 1924-1940*, Découverte.

Clasen, Jochen ed. (2011) *Converging Worlds of Welfare? British and German Social Policy in the 21st Century*, Oxford University Press.

Clinton, Bill and Al Gore (1992) *Putting People First: How We Can All Change America*, Times Books.

Commaille, Jacques, Pierre Strobel et Michel Vilac (2002) *La politique de la famille*, Découcerte.

Commission Familles, vulnérabilité, pauvreté (2005) *Au possible, nous sommes tenus. La nouvelle équation sociale: 15 résolutions pour combattre la pauvreté des enfants*, Documentation française.

Conseil économique et social (1987) *Rapport de Wresinski: Grande pauvreté et précarité économique et sociale*, Journal Officiel.

Crepaz, Markus M. L. (2008) *Trust beyond Borders: Immigration, the Welfare State, and Identity in Modern Societies*, University of Michigan Press.

Culpepper, Pepper D., Peter A. Hall et Bruno Palier dir. (2006) *La France en mutation, 1980-2005*, Presses de la Fondation Nationale des Sciences Politiques.

Dagnaud, Mmonique (2009) *Martine Hirsch, le parti des pauvres: histoire politique du RSA*, Aube.

d'Addio and d'Ercole (2006) "Trends and Determinants of Fertility Rates in OECD Countries: The Role of Policies", *OECD Social, Employment and Migration Working Paper*.

Dallinger, Ursula (2010) "Public Support for Redistribution: What Explains Cross-National Differences?", *Journal of European Social Policy*, vol. 20, no. 4, pp. 333–349.

Dingeldey, Irene (2007) "Between Workfare and Enablement — The Different Paths to Transformation of the Welfare State: A comparative analysis of activating labour market policies", *European Journal of Political Research*, no. 46, pp. 823–851.

Damon, Jelien (2006) *Les politiques familiales*, Presses Universitaires de France.

DARES (1996) *40 ans de politique de l'emploi*, Documentation française.

Davidson, Alexander (1989) *Two Models of Welfare: the Origins and Development of the Welfare State in Sweden and New Zealand, 1888–1988*, Uppsala.

Dean, Hartley and Peter Taylor-Gooby (1992) *Dependency Culture: the Explosion of A Myth*, Harvester Wheatsheaf.

Domhoff, William and Michael J. Webber (2011) *Class and Power in the New Deal: Corporate Moderates, Southern Democrats, and Liberal-Labour Coalition*, Stanford University Press.

Dorey, Peter (1996) *British Politics since 1945*, Blackwell.

DREES (2007) *Cinquante-cinq années de dépenses de santé: une rétropolation de 1950 à 2005*, Documentation française.

Dupeyroux, Jean-Jacques et al. (2005) *Droit de la sécurité sociale*, 15e éd., Dalloz.

Dutton, David (1997) *British Politics since 1945: The Rise, Fall and Rebirth of Consensus*, 2nd ed., Blackwell.

Duvoux, Nicolas (2012) *Le nouvel âge de la solidarité*, Seuil.

Eardley, Tony et al. (1996) *Social Assistance in OECD Countries*, HMSO.

Eghigian, Greg (2000) *Making Security Social: Disability, Insurance, and the Birth of the Social Entitlement State in Germany*, University of Michigan Press.

Eichhorst, Kaufmann and Konle-Seidl eds. (2010) *Bringing the Jobless into Work?: Experiences with Activation Schemes in Europe and the US*, Springer.

Ellwood, David T. (1989) *Poor Support: Poverty in the American Family*, Basic Books.

Emmenegger, Patrick et al. (2012) *The Age of Dualization: the Changing Face of Inequality in Deindustrializing Societies*, Oxford University Press.

Emy, Hugh V. (1973) *Liberals, Radicals and Social Politics 1892–1914*, Cambridge University Press.

Esping-Andersen, Gøsta (1985) *Politics against Markets: the Social Democratic Road to Power*, Princeton University Press.

Esping-Andersen, Gøsta (1990) *The Three Worlds of Welfare Capitalism*, Polity Press (宮本太郎監訳『福祉資本主義の三つの世界――比較福祉国家の理論と動態』ミネルヴァ書房、2001年).

Esping-Andersen, Gøsta (1992) "The Making of A Social Democratic Welfare State", in K. Misgeld, K. Molin and K. Amark eds., *Creating Social Democracy: A Century of the Social Democratic Labor Party in Sweden*, Pennsylvania State University Press,

pp. 35-66.

Esping-Andersen, Gøsta (1996) *Welfare States in Transition: National Adaptations in Global Economies*, Sage (埋橋孝文監訳『転換期の福祉国家――グローバル経済下の適応戦略』早稲田大学出版部、2003 年).

Esping-Andersen, Gøsta (1999) *Social Foundations of Postindustrial Economies*, Oxford University Press (渡辺雅男、渡辺景子訳『ポスト工業経済の社会的基礎――市場・福祉国家・家族の政治経済学』桜井書店、2000 年).

Esping-Andersen, Gøsta (2009) *The Incomplete Revolution: Adapting to Women's New Roles*, Polity Press (大沢真理監訳『平等と効率の福祉革命――新しい女性の役割』岩波書店、2011 年).

Estévez-Abe, Margarita (2008) *Welfare and Capitalism in Postwar Japan*, Cambridge University Press.

European Commission (2006) *Employment in Europe 2006*, Office for Official Publications of the European Communities.

European Commission (2007) *Towards Common Principles of Flexicurity: More and Better Jobs through Flexibility and Security*, Office for Official Publications of the European Communities.

Evans, Brendan (1999) *Thatcherism and British Politics 1975-1999*, Sutton Publishing.

Ferrera, Maurizio (1996) "The 'Southern Model' of Welfare in Social Europe", *Journal of European Social Policy*, vol. 6, no. 1, pp. 17-37.

Ferrera, Maurizio (2008) "The European Welfare State: Golden Achievements, Silver Prospects", *West European Politics*, vol. 31, no. 1-2, pp. 82-107.

Fleckenstein, Timo (2010) "Party Politics and Childcare: Comparing the Expansion of Service Provision in England and Germany", *Social Policy and Administration*, vol. 44, no. 7, pp. 789-807.

Fleckenstein, Timo (2011a) *Institutions, Ideas and Learning in Welfare State Change: Labour Market Reforms in Germany*, Palgrave Macmillan.

Fleckenstein, Timo, (2011b) "The Politics of Ideas in Welfare State Transformation: Christian Democracy and the Reform of Family Policy in Germany", *Social Politics*, vol. 18, no. 4, pp. 543-571.

Flora, Peter ed. (1986-1987) *Growth to Limits: The Western European Welfare State Since World War II*, 3 vol., Walter de Gruyter.

Flora, Peter and Arnold J. Heidenheimer eds. (1984) *The Development of Welfare States in Europe and America*, Transaction Publishers.

Fourastié, Jean (1979) *Les Trente Glorieuses ou la Révolution invisible de 1846 à 1975*, Fayard.

Fox, Cybelle (2012) *Three Worlds of Relief: Race, Immigration, and the American Welfare State from the Progressive Era to the New Deal*, Princeton University Press.

Fraser, Derek (2003) *The Evolution of the British Welfare State, A History of Social*

Policy since the Industrial Revolution, 3rd ed., Palgrave Macmillan.

Fraser, Steve and Gary Gerstle eds. (1989) *The Rise and Fall of New Deal Order, 1930–1980*, Princeton University Press.

Freeden, Michael (1986) *Liberalism Divided: A Study in British Political Thought 1914–1939*, Clarendon Press.

Friedman, Milton & Rose (1980) *Free to Choose: A Personal Statement*, Harcourt Brace Jovanovich（西山千明訳『選択の自由——自立社会への挑戦』日本経済新聞出版社、2012年）.

Geck, L. H. Adolph (1963) *Über das Eindringen des Wortes "sozial" in die deutsche Sprache*, Otto Schwartz.

Geoffrey Garrett, Geoffrey (1998) *Partisan Politics in the Global Economy*, Cambridge University Press.

Giddens, Anthony (1973) *The Class Structure of the Advanced Societies*, Barnes and Noble（市川統洋訳『先進社会の階級構造』みすず書房、1977年）.

Ha, Eunyoung (2008) "Globalization, Veto Players, and Welfare Spending", *Comparative Political Studies*, vol. 41, pp. 783-813.

Hacker, Jacob S. and Paul Pierson (2010) "Winner-Take-All Politics: Public Policy, Political Organization, and the Precipitous Rise of Top Incomes in the United States", *Politics & Society*, vol. 38, no. 2, pp. 152-204.

Hacker, Jacob S. and Paul Pierson (2011) *Winner-Take-All Politics: How Washington Made the Rich Richer - and Turned Its Back on the Middle Class*, Simon & Schuster.

Haddon, Catherine (1994) *Making Policy in Opposition: the Commission on Social Justice 1992-1994*, Institute for Government.

Hale John F. (1995) "The Making of the New Democrats", *Political Science Quarterly*, vol. 110, no. 2, pp. 207-232.

Hall, Peter (1986) *Governing the Economy: The Politics of State Intervention in Britain and France*, Oxford Univ. Press.

Hall, Peter and David Soskice eds. (2001) *Varieties of Capitalism: the Institutional Foundations of Comparative Advantage*, Oxford University Press（遠山弘徳ほか訳『資本主義の多様性——比較優位の制度的基礎』ナカニシヤ書店、2007年）.

Handler, Joel F. (2004) *Social Citizenship and Workfare in the United States and Western Europe: The Paradox of Inclusion*, Cambridge University Press.

Hancké, Bob ed. (2008) *Debating Varieties of Capitalism: A Reader*, Oxford University Press.

Hanson, Russell (1994) "Liberalism and the Course of American Social Welfare Policy", in Lawrence C. Dodd and Calvin Jillson eds., *The Dynamics of American Politics: Approaches and Interpretations*, Westview Press, pp. 132-159.

Harrington, Michael (1962) *The Other America: Poverty and the United States*, Macmillan Company（内田満、青山保訳『もう一つのアメリカ——合衆国の貧困』日本評論社、

1965 年).

Harris, Jose (1992) "Political Thought and the Welfare State 1870-1940: An Intellectual Framework for British Social Policy", *Past and Present*, no. 35, pp. 116-141.

Harris, Jose (1994) "Beveridge's Social and Political Thought", J. Hallis, J. Ditch and H. Glennerster eds., *Beveridge and Social Security: An International Retrospective*, Clarendon Press, pp. 23-36.

Harvey, David (2005) *A Brief History of Neoliberalism*, Oxford University Press (渡辺治ほか訳『新自由主義——その歴史的展開と現在』昭和堂、2007 年).

Häusermann, Silja (2010) *The Politics of Welfare State Reform in Continental Europe: Modernization in Hard Times*, Cambridge University Press.

Häusermann, Silja and Hanspeter Kriesi (2015) "What Do Voters Want?: Dimensions and Configurations in Individual-Level Preferences and Party Choice", Gingrich and Ansell eds., *The Politics of Advanced Capitalism*, Cambridge University Press, pp. 202-230.

Hicks, Alexander and Joya Misra (1993) "Political Resources and the Growth of Welfare in Affluent Capitalist Democracies, 1960-1982", *American Journal of Sociology*, vol. 99, no. 3, pp. 668-710.

Hieda, Takeshi (2012) *Political Institutions and Elderly Care Policy: Comparative Politics of Long-Term Care in Advanced Democraties*, Palgrave Macmillan.

Hill, Michael (1993) *The Welfare State in Britain: A Political History since 1945*, Edward Eligar.

Himmelfarb, Gertrude (1984) *The Idea of Poverty: England in the Early Industrial Age*, Alfred A. Knope.

Hobhouse, Leonald T. (1911=1994) *Liberalism and Other Writings*, Cambridge University Press.

Hockerts, Hans Günter (1980) *Sozialpolitische Entscheidungen im Nachkriegsdeutschland: alliierte und deutsche Sozialversicherungspolitik 1945 bis 1957*, Klett-Cotta.

Huber, Evelyne and John D. Stephens (2001) *Development and Crisis of the Welfare State*, University of Chicago Press.

Huber, Evelyne and John D. Stephens (2015) "Postindustrial Social Policy", in Pablo Beramendi et al. ed., *The Politics of Advanced Capitalism*, Cambridge University Press, pp. 259-281.

Inglehart, Ronald and Wayne E. Baker (2000) "Modernization, Cultural Change, and the Persistence of Traditional Values", *American Sociological Review*, vol. 65, no.1, pp. 19-51.

Gelissen, John (2000) "Popular Support for Institutionalised Solidarity: A Comparison between European Welfare States", *International Journal of Social Welfare*, no. 9, pp. 285-300.

Gilens, Martin (1999) *Why Americans Hate Welfare: Race, Media, and the Politics of Antipoverty Policy*, University Of Chicago Press.

Gingrich, Jane and Ben W. Ansell (2015) "The Dynamics of Social Investment: Human Capital, Activation, and Care", Gingrich and Ansell eds., *The Politics of Advanced Capitalism*, Cambridge University Press.

Iversen, Torben (2005) *Capitalism, Democracy, and Welfare*, Cambridge University Press.

Iversen, Torben and Frances Rosenbluth (2010) *Women, Work, and Politics: the Political Economy of Gender Inequality*, Yale University Press.

Iversen, Torben and David Soskice (2006) "Electoral Institutions and the Politics of Coalitions: Why Some Democracies Redistribute More Than Others", *American Political Science Review*, vol. 100, no. 2, pp. 165–181.

Iversen, Torben and David Soskice (2009) "Distribution and Redistribution: the Shadow of the Nineteenth Century", *World Politics*, vol. 61, no. 3, pp. 438–486.

Iversen, Torben and John D. Stephens (2008) "Partisan Politics, the Welfare State, and Three Worlds of Human Capital Formation", *Comparative Political Studies*, vol. 41, no. 4–5, pp. 600–637.

Jansson, Bruce S. (1998) *The Reluctant Welfare State: Engaging History to Advance Social Work Practice in Contemporary Society*, 6th ed., Brooks Cole.

Jelle, Visser and Anton Hemerijck (1997) *A Dutch Miracle: Job Growth, Welfare Reform and Corporatism in the Netherlands*, Amsterdam University Press.

Jenson, Jane and Mariette Sineau (2001) "France: Reconciling Republican Equality with 'Freedom of Choice'", in J. Jenson and M. Sineau eds., *Who Cares? Women's Work, Childcare, and Welfare State Redesign*, University of Toronto Press, pp. 88–117.

Jessop, Bob (2002) *The Future of the Capitalist State*, Polity Press（中谷義和監訳『資本主義国家の未来』御茶の水書房、2007 年）.

Jobert, Bruno dir. (1994) *Le tournant néo-libéral en Europe: idées et recettes dans les pratiques gouvernementales*, Harmattan.

Kasza, Gregory (2006) *One World of Welfare: Japan in Comparative Perspective*, Cornell University Press（堀江孝司訳『国際比較でみる日本の福祉国家——収斂か分岐か』ミネルヴァ書房、2014 年）.

Katz, Michael B. (1986) *In the Shadow of the Poorhouse: A Social History of Welfare in America*, Basic Books.

Katz, Michael B. (2011) *The Price of Citizenship: Redefining the American Welfare State*, University of Pennsylvania Press.

Kaufmann, Franz-Xaver (2012) *European Foundations of the Welfare State*, Berghahn Books.

Kavanagh, Dennis and Anthony Seldon eds. (1989) *The Thatcher Effect*, Oxford University Press.

Kersbergen, Kees Van and Philip Manow eds. (2009) *Religion, Class Coalitions, and Welfare States*, Cambridge University Press.

Kitschelt, Herbert (1986) "Political Opportunity Structures and Political Protest: Anti-

Nuclear Movements in Four Democracies", *British Journal of Political Science*, vol. 16, no. 1, pp. 57-85.

Kitschelt, Herbert (1994) *The Transformation of European Social Democracy*, Cambridge University Press.

Kochan, Thomas A., Harry C. Katz and Robert B. McKersie (1986) *The Transformation of American Industrial Relations*, Basic Books.

Koopmans, Ruud (2010) "Trade-Offs between Equality and Difference: Immigrant Integration, Multiculturalism and the Welfare State in Cross-National Perspective", *Journal of Ethnic and Migration Studies*, vol. 36, no. 1, pp. 1-26.

Korpi, Walter (1989) "Power, Politics, and State Autonomy in the Development of Social Citizenship: Social Rights During Sickness in Eighteen OECD Countries Since 1930", *American Sociological Review*, vol. 54, no. 3, pp. 309-328.

Kriesi, Hanspeter et al. (2008) *West European Politics in the Age of Globalization*, Cambridge University Press.

Kriesi, Hanspeter et al. (2012) *Political Conflict in Western Europe*, Cambridge, Cambridge University Press.

Kymlicka, Will et al. (2006) "Do Multicultural Policies Erode the Welfare State?", K. Banting and W. Kymlicka eds., *Multiculturalism and the Welfare State: Recognition and Redistribution in Contemporary Democracies*, Oxford University Press, pp. 49-90.

Lacouture, Jean (1998) *Mitterand: une histoire de Français*, t. 2, *Les vertiges du sommet*, Seuil.

Lambert, Priscilla A. (2008) "The Comparative Political Economy of Parental Leave and Child Care: Evidence from Twenty OECD Countries", *Social Politics*, vol. 15, no. 3, pp. 315-344.

Laroque, Pierre (1945) «Le plan français de sécurité sociale», *Revue français du travail*, no. 1, pp. 9-20.

Laroque, Pierre dir. (1985) *La politique familiale en France depuis 1945*, Documentation française.

Laroque, Pierre (1993) *Au service de l'homme et du droit: souvenirs et réflexions*, Association pour l'Etude de l'Histoire de la Sécurité Sociale.

Larsson, Bengt, Martin Letell, and Hakan Thörn eds. (2012) *Transformations of the Swedish Welfare State: from Social Engineering to Governance*, Palgrave Macmillan.

Lazar, Marc (2000) «La République à l'épreuve du social», Marc Sadoun dir., *La démocratie en France*, t. 2, Gallimard.

Laybourn, Keith (1995) *The Evolution of British Social Policy and the Welfare State, c. 1800-1993*, Keele University Press.

Le Goff, Jacques (2004) *Du silence à la parole: Une histoire du droit du travail des années 1830 à nos jours*, Presses Universitaires de Rennes.

Leitner, Sigrid, Ilona Ostner and Christoph Schmitt (2008) "Family Policies in Germany", in Iona Oster and Christoph Schmitt eds., *Family Policies in the Context of Family Change: The Nordic Countries in Comparative Perspective*, VS Verlag, pp. 175–202.

Levitas, Ruth (2005) *The Inclusive Society?: Social Exclusion and New Labour*, 2nd ed., Palgrave Macmillan.

Lewis, Jane (1992) "Gender and the Development of Welfare Regimes", *Journal of European Social Policy*, vol. 2, no. 3, pp. 159–173.

Lipset, Seymour M. and Stein Rokkan eds. (1967) *Party Systems and Voter Alignments: Cross-National Perspectives*, Free Press.

Lis, Chatarina and Hugo Soly (1979) *Poverty and Capitalism in Pre-Industrial Europe*, Harvester Press.

Lupu, Noam and Jonas Pontusson (2011) "The Structure of Inequality and the Politics of Redistribution", *American Political Science Review*, vol. 105, no. 2, pp. 316–336.

Lødemel, Ivar and Amilcar Moreira eds. (2014) *Activation or Workfare?: Governance and the Neo-Liberal Convergence*, Oxford University Press.

Lødemel, Ivar and Heather Trickey (2001) *An Offer You Can't Refuge: Workfare in International Perspective*, Polity Press.

Magnus, Ryner, J. (2002) *Capitalist Restructuring, Globalization, and the Third Way: Lessons from the Swedish Model*, Routledge.

Maier, Charles S. (1977) "The Politics of Productivity: Foundations of American International Economic Policy after World War Ⅱ", *International Organization*, vol. 31, no. 4, pp. 607–633.

Marshall, T. H. (1964) "Citizenship and Social Class", in *Class, Citizenship, and Social Development*, Doubleday and Company（岩崎信彦、中村健吾訳『シティズンシップと社会的階級』法律文化社、1993 年）.

Martin-Roland, Michel et Pierre Favier (1995) *La décennie Mitterrand*, t. 1, *Les ruptures (1981–1984)*, Seuil.

Math, Antoine et Evelyne Renaudat (1997) «Developper l'accueil des enfants ou créer de l'emploi ?: une lecture de l'évolution des politiques en matière de modes de garde», *Recherches et prévisions*, no. 49, pp. 5–17.

Mcbriar, Alan M. (1987) *An Edwardian Mixed Doubles: the Bosanquets versus the Webbs, A study in British Social Policy 1890–1929*, Clarendon Press.

MEDEF (2000) «Refondation sociale», Assemblée Générale du MEDEF, le 18 janvier 2000 (http://www.medef.fr).

Melzter, Allan H. and Scott F. Richard (1981) "A Rational Theory of the Size of Government", *Journal of Political Economy*, vol. 89, no. 5, pp. 914–927.

Merrien, François-Xavier (1996) «Etat-providence et lutte contre l'exclusion», Serge Paugam dir., *L'exclusion: l'état des savoirs*, Découverte, pp. 417–427.

Merrien, Francois-Xavier, Raphael Parchet and Antoine Kernen (2005) *L'Etat social:*

une perspective internationale, Armand Colin.
Milkis, Sidney M. and Jerome M. Mileur eds. (2005) *The Great Society and the High Tide of Liberalism*, University of Massachusetts Press.
Ministère du travail, des relations sociales, des familles, de la solidarité et de la ville (2008) *Rapport du gouvernement sur les retraites*, Documentation française.
Ministère des affaires sociales et de la solidarité nationale (1985) *Les familles en France*, Docimentation française.
Misgeld, K., K. Molin and K. Amark eds. (1992) *Creating Social Democracy: A Century of the Social Democratic Labor Party in Sweden*, Pennsylvania State University Press,
Mishra, Ramesh (1999) *Globalization and the Welfare State*, Edward Elgar.
Miura, Mari (2012) *Welfare through Work: Comparative Ideas, Partisan Dynamics, and Social Protection in Japan*, Cornel University Press.
Morel, Nathalie (2007) "From Subsidiarity to 'Free Choice': Child- and Elder-care Policy Reforms in France, Belgium, Germany and the Netherlands", *Social Policy and Administration*, vol. 41, no. 6, pp. 618–637.
Morel, Nathalie, Bruno Palier and Joakim Palme eds. (2012) *Towards A Social Investment Welfare State?: Ideas, Policies and Challenges*, Policy Press.
Morgan, K. and K. Owen (2001) *Britain since 1945: the People's Peace*, Oxford University Press.
Morris, Michael (1989) "From the Culture of Poverty to the Underclass: An Analysis of a Shift in Public Language", *American Sociologist*, vol. 20, no. 2, pp. 123–133.
Murray, Charles (1984) *Losing Ground: American Social Policy, 1950–1980*, Basic Books.
Nobre, Charles (1997) *Welfare as We Knew It: A Political History of the American Welfare State*, Oxford University Press.
Obinger, Herbert, Peter Starke, and Alexandra Kaash (2012) "Responses to Labor Market Divides in Small States Since the 1990s", in Patrick Emmenegger et al. eds., *The Age of Dualization: the Changing Face of Inequality in Deindustrializing Societies*, Oxford University Press, pp. 176–200.
O'Connor, Brendon (2004) *A Political History of the American Welfare System: When Ideas Have Consequences*, Rowman and Littlefield Publishers.
O'Connor, Julia S. and Gregg M. Olsen (1998) *Power Resources Theory and the Welfare State: A Critical Approach*, University of Toronto Press.
OECD (1981) *The Welfare State in Crisis*, OECD Publishing.
OECD (1985) *Social Expenditure 1960–1990*, OECD Publishing.
OECD (1996) *The Knowledge-based Economy*, OECD Publishing.
OECD (2004) *Employment Outlook*, OECD Publishing.
OECD (2008) *Growing Unequal?: Income Distribution and Poverty in OECD Countries*, OECD Publishing（小島克久、金子能宏訳『格差は拡大しているか？——OECD 諸国における所得分配と貧困』明石書店、2010 年）.

OECD (2011) *Divided We Stand: Why Inequality Keeps Rising,* , OECD Publishing (小島克久、金子能宏訳『格差拡大の真実——二極化の要因を解き明かす』明石書店、2014 年).

OECD (2015) *In It Together: Why Less Inequality Benefits All,* OECD Publishing.

Offe, Claus (1985) "New Social Movements: Challenging the Boundaries of Institutional Politics", *Social Research,* vol. 52, no. 5, pp. 817–868.

Orloff, A. Shola (1993) "Gender and the Social Rights of Citizenship", *American Sociological Review,* no. 58, pp. 302–328.

Orloff A. Shola (2009) "Gendering the Comparative Analysis of Welfare States: An Unfinished Agenda", *Sociological Theory,* vol. 27, no. 3, pp. 317–343.

Palier, Bruno (2002) *Gouverner la sécurité sociale,* Presses Universitaires de France.

Palier, Bruno (2007) "Tracking the Evolution of a Single Instrument Can Reveal Profound Changes: the case of funded pensions in France", *Governance,* vol. 20, no. 1, pp. 85–107.

Palier, Bruno (2009) *La réforme des systèmes de santé,* 3e éd. Presses Universitaires de France.

Palier, Bruno ed. (2010) *A Long Goodbye to Bismark?: The Politics of Welfare Reform in Continental Europe,* Amsterdam University Press.

Parsons, Talcott (1951) *The Social System,* Routledge (佐藤勉訳『社会体系論』青木書店、1974 年).

Paster, Thomas (2012) *The Role of Businesses in the Development of the Welfare State and Labor Markets in Germany: Containing social reforms,* Routledge.

Patashnik, Eric (2015) "Paul Pierson's Dismantling the Welfare State: A Twentieth Anniversary Reassessment", *Political Science & Politics,* vol. 48, no. 2, pp. 267–269.

Paugam, Serge (1993) *La société française et ses pauvres,* Presses Universitaires de France.

Peacock, Alan and Hans Willgerodt eds. (1989) *German Neo-Liberals and the Social Market Economy,* Macmillan..

Peck, Jamie (2001) *Workfare States,* Guilford Press.

Pempel, T. J. (1998) *Regime Shift: Comparative Dynamics of the Japanese Political Economy,* Cornell University Press.

Perotti, Roberto (1996) "Growth, Income Distribution and Democracy: What the Data Say", *Journal of Economic Growth,* no. 1, pp. 149–187.

Pierson, Paul (1994) *Dismantling the Welfare State?: Reagan, Thatcher and the Politics of Retrenchment,* Cambridge University Press.

Pierson, Paul (2004) *Politics in Time: History, Institutions, and Social Analysis,* Princeton University Press (粕谷祐子監訳『ポリティクス・イン・タイム——歴史・制度・社会分析』勁草書房、2010 年).

Pierson, Paul ed. (2001) *The New Politics of the Welfare State,* Oxford University Press.

Piketty, Thomas (2013) *Le capital au XXIe siècle,* Seuil (山形浩生ほか訳『21 世紀の資本』みすず書房、2014 年).

Poulantzas, Nicos（1970）*Pouvoir politique et classes sociales de l'Etat capitaliste*, François Maspero（田口富久治、山岸紘一訳『資本主義国家の構造――政治権力と社会階級』全 2 巻、未來社、1978-1981 年）.

Procacci, Giovanna（1993）*Gouverner la misère: La question sociale en France（1789-1848）*, Seuil.

Quadagno, Jill（1996）*The Color of Welfare: How Racism Undermined the War on Poverty*, Oxford University Press.

Rawls, John（1999）*A Theory of Justice*, rev. ed., Harvard University Press（川本隆史ほか訳『正義論（改訂版）』紀伊國屋書店、2010 年）.

Riddell, Peter（1985）*The Thatcher Government*, Basil Blackwell.

Rodner, Lowe（2005）*The Welfare State in Britain since 1945*, Palgrave.

Rohrabacher, Dana（1988）"The Goals and Ideals of the Reagan Administration", B.B. Kymlicka, Jean V. Matthews, *The Reagan Revolution?*, Dorsey Press, pp. 25–41.

Rojas, Mauricio, *Sweden after the Swedish Model: From Tutorial State to Enabling State*, Timbro Publishers.

Room, Graham（2000）"Commodification and Decommodification: A Developmental Critique", *Policy and Politics*, vol. 28, no. 3, pp. 331–351.

Rostow, Walt W.（1960）*The Stages of Economic Growth: A Non-Communist Manifesto*, Cambridge University Press（木村健康ほか訳『経済成長の諸段階』東洋経済新報社、1961 年）.

Ruggie, John G.（1982）"International Regimes, Transactions, and Change: Embedded Liberalism in Postwar Economic Order", *International Organization*, vol. 36, no. 2, pp. 379–415.

Sainsbury, Diane（1996）*Gender, Equality and Welfare States*, Cambridge University Press.

Sainsbury, Diane ed.（1999）*Gender and Welfare State Regimes*, Oxford University Press.

Sassier, Philippe（1990）*Du bon usage des pauvres: histoire d'un thème politique*（*16e-20e siècle*）, Fayard.

Schmidt, Vivien A.（2002a）"Does Discourse Matter in the Politics of Welfare State Adjustment?", *Comparative Political Studies*, vol. 35, pp. 168–193.

Schmidt Vivien A.（2002b）*The Futures of European Capitalism*, Oxford University Press.

Schröder, Martin（2013）*Integrating Varieties of Capitalism and Welfare State Research: A Unified Typology of Capitalisms*, Palgrave Macmillan.

Schuldes, Martin（2012）*Retrenchment in the American Welfare: The Reagan and Clinton Administrations in Comparative Perspective*, LIT Verlag.

Schwander, Hanna and Silja Häusermann（2013）"Who is In and Who is Out?: A Risk-based Conceptualization of Insiders and Outsiders", *Journal of European Social Policy*, vol. 23, no. 2, pp. 248–269.

Sellier, François（1984）*La confrontation sociale en France: 1936–1981*, Presses Universitaires de France.

Sen, Amartya (1992) *Inequality Reexamined*, Russell Sage Foundation（池本幸生ほか訳『不平等の再検討――潜在能力と自由』岩波書店、1999年）.

Skocpol, Theda (1995) *Social Policy in the United States: Future Possibilities in Historical Perspective*, Princeton University Press.

Smith, Timoty B. (2004) *France in Crisis: Welfare, Inequality and Globalization since 1980*, Cambridge University Press.

Steck, Philippe (2005) "Les prestations familiales", Comité d'histoire de la sécurité sociale, *La sécurité sociale: son histoire à travers les textes*, t. 4, *1981-2005*, Association pour l'étude de l'histoire de la sécurité sociale.

Steinmetz, Georges (1993) *Regulating the Social: The Welfare State and Local Politics in Imperial Germany*, Princeton University Press.

"Symposium: Paul Pierson's Dismantling the Welfare State: A Twentieth Anniversary Reassessment", (2015) *Political Science and Politics*, vol. 48, no. 2.

Swenson, Peter A. (2002) *Capitalists against Markets: the Making of Labor Markets and Welfare States in the United States and Sweden*, Oxford University Press.

Taylor-Gooby, Peter ed. (2004) *New Risks, New Welfare: The Transformation of the European Welfare State*, Oxford University Press.

The Poor Law Report of 1834 (1974) Penguin Books.

Thelen, Kathleen (2014) *Varieties of Liberalization and the New Politics of Social Solidarity*, Cambridge University Press.

Timonen, Virpi (2003) *Restructuring the Welfare State: Globalization and Social Policy Reform in Finland and Sweden*, Edward Elgar.

Vail, Mark I. (2011) *Recasting Welfare Capitalism: Economic Adjustment in Contemporary France and Germany*, Temple University Press.

Viebrock, Elke and Jochen Clasen (2009) "Flexicurity and Welfare Reform: A Review", *Socio-Economic Review*, vol. 7, no. 2, pp. 305-331.

Weaver, R. Kent (1986) "The Politics of Blame Avoidance", *Journal of Public Policy*, vol. 6, no. 4, pp. 371-398.

Weir, Margaret, Shola Orloff and Theda Skocpol eds. (1988) *The Politics of Social Policy in the United States*, Princeton University Press.

Welshman, John (2006) *Underclass: A History of the Excluded, 1880-2000*, Bloomsbury Academic.

Wilensky, Harold L. (1975) *The Welfare State and Equality: Structural and Ideological Roots of Public Expenditure*, University of California Press（下平好博訳『福祉国家と平等――公共支出の構造的・イデオロギー的起源』木鐸社、2004年）.

Wilson, William Julius (1987) *The Truly Disadvantaged*, University of Chicago Press.

Wren, Anne (2013) *The Political Economy of the Service Transition*, Oxford University Press.

Yerkes, Mara A. (2011) *Transforming the Dutch Welfare State*, Polity Press.

著者紹介

1971年兵庫県生まれ．国際基督教大学教養学部卒業，フランス社会科学高等研究院DEA課程修了，北海道大学大学院法学研究科博士後期課程単位取得退学．博士（法学）．北海道大学法学部講師，新潟大学法学部准教授などを経て，現在，一橋大学大学院社会学研究科教授．専門は政治理論，比較政治．

主な著作に『貧困と共和国――社会的連帯の誕生』（人文書院，2006年，社会政策学会奨励賞），『福祉レジームの収斂と分岐――脱商品化と脱家族化の多様性』（共著，ミネルヴァ書房，2011年），『近代ヨーロッパの探究15 福祉』（共著，ミネルヴァ書房，2012年），『よい社会の探求――労働・自己・相互性』（風行社，2014年），『承認――社会哲学と社会政策の対話』（編著，法政大学出版局，2016年），などがある．

福祉政治史
格差に抗するデモクラシー

2017年2月20日　第1版第1刷発行
2018年7月20日　第1版第4刷発行

著　者　田《た》　中《なか》　拓《たく》　道《じ》

発行者　井　村　寿　人

発行所　株式会社　勁《けい》　草《そう》　書　房

112-0005　東京都文京区水道2-1-1　振替　00150-2-175253
（編集）電話　03-3815-5277／FAX　03-3814-6968
（営業）電話　03-3814-6861／FAX　03-3814-6854
本文組版　プログレス・精興社・松岳社

ISBN978-4-326-35169-5　　Printed in Japan